居安思危
思则有备
有备无患
——《左传》

田小皖

财富规划必读良册系列丛书

资产保护与风险隔离操作实务

田小皖 张研 著

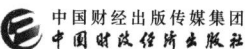
中国财经出版传媒集团
中国财政经济出版社

图书在版编目（CIP）数据

资产保护与风险隔离操作实务 / 田小皖，张研著.--北京：中国财政经济出版社，2022.4

ISBN 978-7-5223-0696-4

Ⅰ.①资… Ⅱ.①田…②张… Ⅲ.①资产管理－风险管理－研究 Ⅳ.①F20

中国版本图书馆CIP数据核字（2021）第154607号

责任编辑：陈志伟　　　　　　责任印制：史大鹏
封面设计：卜建辰　　　　　　责任校对：胡永立

资产保护与风险隔离操作实务
ZICHAN BAOHU YU FENGXIAN GELI CAOZUO SHIWU

中国财政经济出版社 出版

URL：http://www.cfeph.cn
E-mail：cfeph@cfeph.cn

（版权所有　翻印必究）

社址：北京市海淀区阜成路甲28号　邮政编码：100142
营销中心电话：010-88191522
天猫网店：中国财政经济出版社旗舰店
网址：https://zgczjjcbs.tmall.com
北京时捷印刷有限公司印刷　各地新华书店经销
成品尺寸：170mm×240mm　16开　17.5印张　244 000字
2022年4月第1版　2022年4月北京第1次印刷
定价：98.00元
ISBN 978-7-5223-0696-4
（图书出现印装问题，本社负责调换，电话：010-88190548）
本社图书质量投诉电话：010-88190744
打击盗版举报热线：010-88191661　　QQ：2242791300

推荐序

家族掌门人必须掌握的"资产保护与风险隔离"

非常高兴受到田小皖先生的邀请,为其即将付梓的《资产保护与风险隔离操作实务》作序。仔细翻阅了他花费近两年时间撰写的这本书稿,非常欣慰的是,这本书显而易见地填补了家族办公室行业关于资产保护和风险隔离这类技术性操作书籍的空白,系统地将案例与工具结合的实操性发挥到极致。

田小皖律师在业内以实务见长,在资产保护、家族宪章、家族保护人法律服务方面尤其有心得,既拥有这几方面的综合能力,又笔耕不辍,发表多篇专业文章,这在国内家族办公室行业也是屈指可数的。

多数成功企业家,虽然在事业上非常成功,但总认为资产保护与风险隔离距离家族和企业很远,往往是遇到事情后再来"临时抱佛脚",达不到科学管治的效果。如何帮助家族企业掌门人树立更好的资产保护框架,引导他们正确运用风险隔离工具,不再为"保护而保护",这本书非常生动地以案例加实操解读的方式剖析了个中要害。给企业家的启示就是,学会拥抱"专业",理性地进行资产保护与风险隔离早期规划和工具使用。

本书共有十个章节,其中我对"保护与隔离的评测""信托——资产保护还是非法避债""婚姻财产协议安排""隔离与保护方案的基础环境"等章节印象深刻。我接触的家族掌门人以及行业从业者，他们往往会忽略资产保护的核心究竟是什么，保护与隔离的评测维度有哪些。书中特别强调资产保护的两大逻辑：风险切割，以及建立"保险柜"。切断风险传导，是一种常规的做法，但也有局限性，很多风险其实并不能做到完全切割，而且自身风险的破坏力也很大，那就要长远考虑建立"保险柜"的必要性，从资产种类分散化、资产地域分散化的角度出发，合理利用保险、信托等法律工具。

实践过程中，家族尤为关注信托工具的使用，往往容易产生误解的是，他们认为信托设立是全能的，而在本书中，田律师特别强调"要设置一个合法有效并具有隔离功能的信托并非易事，需要我们深刻理解"。如何设立资产保护信托，田律师给出了具体路径，它首先要满足几个条件：在没有债务危机时设立信托、设立人不宜在信托中保留过多权利、设立不可撤销信托、不设信托期限、设置非固定分配条款及保护性条款等。

有了核心要义——对资产保护与风险隔离的理解和应用，再加上田律师在本书列举的丰富案例，构建了一站式"资产保护学堂"，不仅清楚地再定义了市场上对于"资产保护与风险隔离"的准确涵义，还"手把手"地帮助大家构建起框架思维，是一本难得的"教科书"。非常感谢田律师愿意花精力来"辅导"大家，共同创建健康有序的行业生态，为行业发展带来更大价值。

惠裕全球家族智库　范晓曼

资产保护与风险隔离是财富管理和财富传承行业的热门话题,人人都在谈资产保护,种种操作都能隔离风险。高净值客户的资产保护与风险隔离同时涉及到境内外的法律、税务、金融服务,代持、保险、信托、离岸配置、资产出境、税务规划、反洗钱、个人破产等表面上互不相干的话题都可以统一在资产保护与风险隔离下。

对客户来说,资产保护与风险隔离的方案具有"短期不可验证性",如何明确自己的需求、如何从"民间智慧"及"专业见解"中挑选出适用的坚固方案是一大考验。本书除了介绍资产保护与风险隔离的具体方法外,还讨论了风险的分析、方法的评测标准等,希望在方法论上给读者一些启发。

动笔之前,笔者做了基本的网络检索,发现保护与隔离的话题虽老,但却没有书籍专门论述。在处理过足够多的案例后,笔者对这一话题进行了长久的系统性思考和整理,才抱着接受挑战的心理动笔。如何把一个内涵丰富、实务性强的话题清晰、有条理地展现出来是笔者一直要面对的难题,书稿虽几经调整最终成文,但无论是行文结构的逻辑性还是术语定义的周严性,仍达不到"操作指引"的标准,最多算是个人实务经验的总结。

资产保护与风险隔离是个没有定论的话题,每个人对它都会有自己的理解,行业的发展也日新月异,笔者的理解不可避免带有认知局限及实践局限，欢迎大家批评指正。

  本书主要由田小皖律师起草，张研律师编写了第八章，雷雅婷律师进行了编辑、润色。

田小皖

2022年2月

序章　资产风险隔离为何重要 / 001

第一章　资产风险——看不见的危机长啥样 / 009

　　一、企业端风险：天有不测风云 / 012

　　二、个人端风险：人有旦夕祸福 / 018

第二章　保护与隔离的评测——什么是好的方案 / 035

　　一、资产风险隔离：资产保护的核心 / 035

　　二、两种对立的利益：债权人vs债务人 / 038

　　三、合法性、时间、成本 / 047

　　四、保护与隔离的评测维度 / 054

第三章　代持——为资产戴上面具 / 064

　　一、代持的原因及风险 / 066

　　二、股权代持协议及效力分析 / 074

　　三、其他代持行为分析 / 079

　　四、如何做好代持及如何解除代持 / 081

第四章　婚姻财产协议安排——纸短情长，金钱爱情皆可得 / 084

　　一、婚姻财产协议 / 085

　　二、资本运作中的配偶同意函 / 096

第五章　保险——熟悉却又陌生的工具 / 107

　　一、保险的隔离功能 / 109

　　二、保险金信托——化学反应 / 122

第六章　信托——资产保护还是非法避债 / 129

　　一、逃避债务与资产保护的界限 / 130

　　二、如何设立资产保护信托 / 143

　　三、失败的资产保护信托案例分享 / 149

第七章　离岸配置——别把鸡蛋放在一个篮子里 / 155

　　一、离岸金融中心的作用 / 158

　　二、资金出境方案全解析 / 160

　　三、金融账户涉税信息自动交换机制（CRS）/ 171

第八章　税务风险隔离——规划风控两手抓 / 197

　　一、高净值个人的税务风险分析 / 197

　　二、税务风险防范 / 218

　　三、高净值个人的税务规划和隔离手段 / 219

第九章　其他——隔离与保护方案的基础环境 / 225

　　一、反洗钱——魔高一尺道高一丈 / 225

　　二、跨境执行——债权隔山海 / 240

　　三、个人破产制度——诚实而不幸者的福音 / 247

第十章　案例——一千个客户，一千种规划 / 253

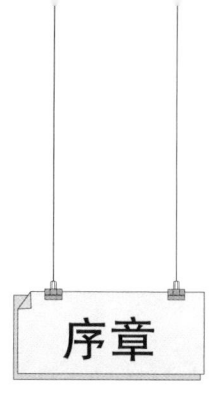

序章

资产风险隔离为何重要

——防患于未然者易，除患于已然者难

贾某某在美破产重组案

贾某某是LSW的创立者。LSW成立于2004年，于2010年8月在中国创业板上市，是当时行业内中国A股唯一上市公司；版权分销、视频第一股、盒子、超级电视……"LSW"几乎成了那几年网络视频行业的"弄潮儿"，不断成为第一家"吃螃蟹"的公司。LSW的创立者贾某某在20年内完成了华丽转身，从地方税务局网络技术管理员到LSW创立者，再到2016福布斯中国富豪榜第37位。

然而好景不长，从2017年开始，LSW经营急转直下，7月发生了两件标志性事件：一是贾某某去美国洛杉矶"开例会"，此后就没有回国；二是贾某某直接所持LSW股份因个人债务被法院全部冻结。贾某某自2017年赴美后，一直忙于电动汽车项目，出任电动汽车公司CEO，不时发布项目进展"挑逗"国内债权人神经，同时也一再表示一定会妥善处理国内债务。国内媒体对于贾某某的报道画风大变，从"他会如何解决乔布斯也未曾攻破的难题"的推崇，到"下月回国贾某某"的戏谑。2019年10月，贾某某在美申请个人破产重组，该事件迅速占据国内财经媒体头条，一时间"神操作""无耻老赖"各种评价满屏皆是，引发众议。

法律分析

贾某某破产重组事件的相关文件公布在网站①上,包括《资产负债附录及财务事项说明》(Schedules of Assets and Liabilities and Statement of Financial Affairs)。这份文件中有很多值得关注的细节,例如他有3个孩子和3套房、妻子在他提起破产前几天在成都相关法院提起离婚诉讼、中国企业家俱乐部的会员资格值10万元钱、没有设立不可撤销信托等,文件将一个中国企业家的财富、生活、债务、雄心纤毫毕现地展示在公众面前,让公众得以近距离一探富豪的世界。下面就让我们一起看看这份文件中究竟透露了哪些债务信息。

1. 贾某某的资产及债务情况(见表0-1、表0-2)

表0-1　　　　　　　　　　　　　　　　　　　　　　　　　　　　单位:美元

资产	不动产	其他财产	合计
	4 773 946.48	1 412 114 733.11	1 416 888 679.59

表0-2　　　　　　　　　　　　　　　　　　　　　　　　　　　　单位:美元

债务	有担保债务	非优先无担保债务	合计
	1 209 437 065.82	2 564 019 294.73	3 773 456 360.55

资产的主要部分为非上市公司股份,其价值如表0-3所示:

表0-3　　　　　　　　　　　　　　　　　　　　　　　　　　　　单位:美元

公司名称	占比	估值
Leshi Information Technology Co., Ltd(退市)	23.08%	219 169 850.00
Le Holding(Beijing)Co.Ltd	92.07%	不确定
Beijing Baile Culture Media Co., Ltd	99%	不确定
Scent(Beijing)Technology Co., Ltd	2.27%	1 918 309.86
West Coast LLC(6.16% of Smart King Ltd)	100%	862 241 246.67
Pacific Technology Holding(10% holdings of Smart King Ltd)	Per agreement	320 000 000.00
LeLe Holdings Ltd.	100%	不确定
Ford Field International Limited	100%	不确定
Champ Alliance Holdings Limited	100%	不确定

---

① https://dm.epiq11.com/case/yt1/documents.

从整体上看，贾某某负债37.7亿美元，资产仅为14.2亿美元，且资产中的大部分为非上市公司的股份（估值并不公允），故贾某某处于严重资不抵债状态，其申请破产符合法律规定（注：加粗部分为此次破产重组财产）。贾某某的债务主要分两部分：（1）真正的个人债务为632 587 273.46美元；（2）因承担担保责任而产生的债务3 113 109 842.24美元。债务中，有担保部分共24笔，主要涉及长江证券、工商银行、民生信托、光大兴隆信托、国泰君安证券、华福证券、华融证券、华兴国际信托、东方证券、平安银行、平安证券、上海懒财、上海启程月明、西部证券、武汉信贷等。对于有担保的债务，也存在担保物（如LSW股票）价值降低、不能覆盖债务的风险。

无担保非优先债务共79笔，前十大无担保非优先债权人如表0-4所示：

表0-4　　　　　　　　　　　　　　　　　　　　　　　　　　　　单位：美元

编号	名称	无担保债权金额
1	英大资本	2.79亿
2	中信银行	2.33亿
3	平安银行	2.06亿
4	浙江中泰创展	1.82亿
5	民生信托	1.75亿
6	重庆战略性新兴产业乐视云专项股权投资基金合伙企业	1.399亿
7	临汾投资	1.399亿
8	平安证券	1.392亿
9	长江证券（上海）资产管理公司	1.118亿
10	华融证券	0.874亿

2.贾某某的重组计划

根据重组方案公布的内容，有如下细节值得注意：

（1）贾某某将破产重组资产（不包括中国境内财产）放入一个美国信托，该信托在电动汽车公司股票上市后进行分配；

（2）放入信托的贾某某的财产包括：①100% West Coast LLC 的股份；②Smart King Ltd.147 058 823股股票。

贾某某披露的电动汽车公司的股权结构图如图0-1所示：

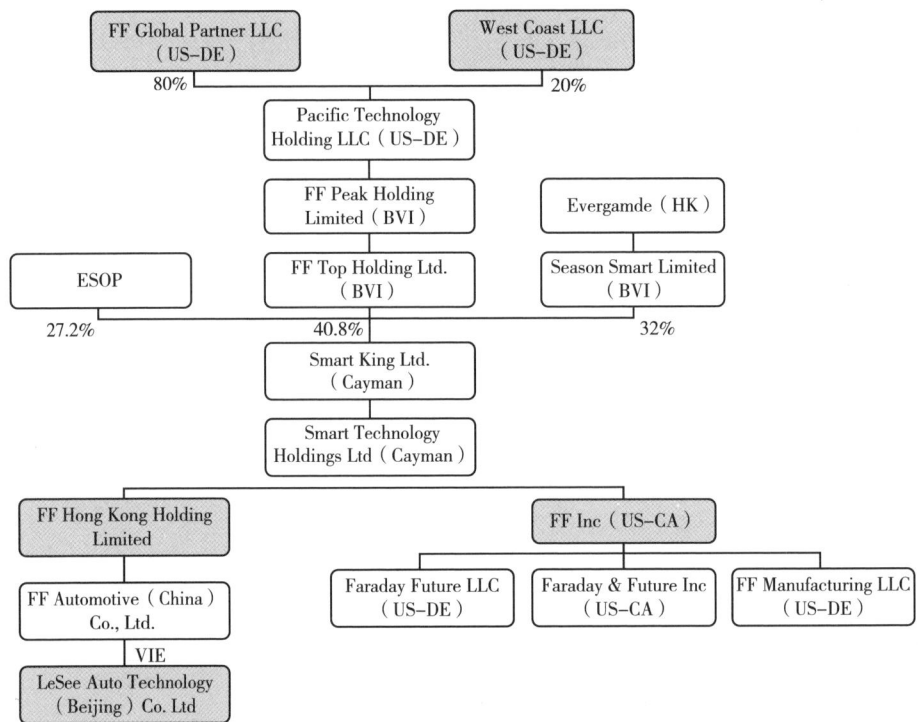

图0-1 电动汽车公司的股权结构图

从图0-1可见，West Coast LLC及Smart King Ltd.主要对应电动汽车公司的权益。贾某某在重组方案中用大篇幅叙述了电动汽车公司的宏伟商业计划，向债权人表明：①电动汽车公司的业务很有前途；②现在是电动汽车公司融资的关键阶段；③电动汽车公司上市后通过信托向债权人分配利益；④如果重组不成，电动汽车公司事业被强制出售，将极大减少债权人受偿的可能性。

（3）重组方案通过方式。无须法院参与的自愿重组（Consensual Restructuring）应得到90%以上债权（本金）以上通过；如果达不到自愿重组的标准，但有2/3以上受影响的债权金额或1/2以上受影响的债权人通过，且经法院认可，也可以实施法院组织下的重组（Prepackaged Plan，方式和效果与Consensual

Restructuring差不多）。

（4）重组方案通过的影响。参与的债权人取得信托利益，视为对债务的清偿，所有债权人不得就债务采取任何追偿行为，解除相关追偿措施。贾某某得以从债务中解脱，而且相关债务的共同债务人（如甘某某）也得以解脱。

（5）重组方案未通过的后果。贾某某多次表明，希望各债权人同意重组方案，如重组方案未能通过，贾某某可能申请美国《破产法》第7章下的破产，到时其名下所有资产均会被法院处理，而法院的处理方式并不能体现这些资产（尤其是电动汽车公司事业）的真正价值。

（6）重组方案中的伏笔。①激励计划：重组方案通过后，电动汽车公司为了激励高管（包括贾某某）可能实施股权激励计划，该激励计划将稀释电动汽车公司目前的股权份额。贾某某依据该激励计划取得的权益是个人的合法财产，不受重组方案约束。②重组的财产范围：重组财产只包括中国境外财产，原因是：首先，客观上来说，中国境内财产不能放入美国信托；其次，中国境内财产已被众多采取了查封、扣押等执行措施。

3.离婚

《资产负债附录及财务事项说明》显示，甘某某于2019年10月在成都提起离婚诉讼。美国破产重组与中国技术性离婚结合正是贾某某手法精妙之处。根据我国《民法典》的规定及甘某某、贾某某签署的一系列债务文件，甘某某作为共同债务人涉及债权共16笔，金额高达1 037 175 740.76美元。对于这些债务，贾某某在破产重组方案中特地说明"同意重组方案，意味着对贾某某、甘某某等放弃追索权利"，故如果重组方案通过，则甘某某对于婚姻共同债务无须偿还。技术性离婚后则甘某某无须承担离婚以后贾某某的任何债务，故美国破产重组与离婚也将使甘某某取得"自由身"。

说是技术性离婚，是因为贾某某在《资产负债附录及财务事项说明》里披露：在破产申请前1年内，贾某某给了甘某某共51万美元用作家庭开销；每月7万多美元的收入大部分也被用于家庭生活支出，如此周到的安排实在难以看出"感情确已破裂"。

4. 留给债权人的选择

在贾某某申请破产重组前，中国债权人可以在中国主张权利，取得生效裁决后，在中国申请执行，或可以去美国申请承认和执行，也可在美国法院直接提起诉讼。

破产重组的法律后果在客观上逼迫中国债权人进行选择。如果同意重组，则债权人在中国、美国均不得再向贾某某主张债权，中国债权人取得的有效法院判决、仲裁裁决均不得在美国申请承认和执行，贾某某将在美国取得"自由身"，债权人只能寄希望于电动汽车公司能成功上市，以此从信托中分享利益，这听起来有点像第二次"让我们为梦想窒息"。另外，从《资产负债附录及财务事项说明》可知，贾某某的很多主要债权人既有担保债权，也有无担保债权，且这些债权人很多已经在国内采取司法措施、控制担保物，如果他们申请参与重组计划，是否需要停止、解除已经采取的司法措施？若以放弃目前可以得到的利益来换取电动汽车公司未来上市受偿的可能性，则比单纯的无担保债权人面临更复杂的考虑因素。

如果不同意重组，中国债权人可以继续在中国范围内主张权利，毕竟美国的破产程序并不会得到中国的司法认可。对于有担保（抵押、质押）的中国债权人，贾某某的破产重组并不会影响他们的担保利益；对于无担保的中国债权人，很明显贾某某在中国境内的个人财产已经不可能提供任何清偿，只能寄希望于贾某某在美国的电动汽车公司资产，如不同意重组，则连"为梦想窒息"的可能性也没有了。

2020年5月，破产重组最终方案得以通过，贾某某获得了喘息机会。贾某某以持有电动汽车公司的权益（及以后上市收益的可能性）为对价，换取了参与债权人的支持，参与债权人不得在美国以外的任何管辖地（美国境内自方案生效之日起贾某某个人债务解除）直接主张追究贾某某个人债务责任，或衍生性地以贾某某债权人（包括单独或共同向贾某某索赔）的名义提起任何新诉讼。据悉，在本书写作时（2021年2月）其电动汽车公司又开始在中国境内开设新公司，开启了进入中国市场的征程，说不定那些让人窒息的梦想真的实现了。

贾某某从2016年高位质押LSW股票，到败走美国、几番"融资"，以及破产、离婚，他的操作其实可以概括为：通过在美国申请破产以电动汽车公司的权益来进行破产重组从而获得在美的"自由身"，通过与甘某某在国内离婚以期进行风险切割，以及通过重组方案中包含的共同债务免除条款来让前妻甘某某获得"自由身"。我们只能感叹贾某某精明、老辣，但还真挑不出他明显的违法之处。

上述分析内容大部分来自事件发生时笔者受界面新闻邀请撰写的文章《贾某某破产重组之"精明"，以及中国债权人之艰难选择》[2]，但需要注意的是，2020年5月最终公布的破产方案与文中2019年10月第一次公布的破产方案有些微差异，不过这对文章内容并没有实质影响。值得一提的是，本案未尝没有更好的解决方案，只是需要提前做好布局与规划。贾某某可以在风险没有显现的时候，利用各种合法的制度工具、金融工具进行风险隔离操作，例如，可以在公司上市初期还未负担担保义务之前，在境外设立不可撤销信托，并且实际交付信托资产（现金、保险、股票等），这样的操作可以较为合法地剥离出安全资产，信托财产不会受到本人债务的影响。很多境外上市的企业家，在公司上市之前，将自己持有的公司股权转移至信托持有，就是基于这种风险隔离的考虑。

上文发出之时正是事件讨论热烈的时候，此文被各主流财经媒体转载，赚取了一波热度和点击量，笔者也接到了一大批咨询电话，第一类是贾某某的债权人，询问如何应对、是否应该参与、如何参与贾某某的破产重组程序；第二类是很多类似于贾某某的企业家、高净值人士，向笔者讲述自己的情况，提出自己的风险隔离、资产保护的需求。他们对贾某某巧妙地利用了美国个人破产及中国离婚两个法律制度进行风险切割十分钦佩，也提出了自己的一些想法，这些想法大多来源于很多律师、财富从业者或是自己的"民间智慧"。上述咨询反映出高净值人士对于资产保护及风险隔离的需求十分旺盛，但可供借鉴的

---

[2] https://m.jiemian.com/article/3618575.html。

经验却寥寥可数,亟须一个比较完整、系统的指南来向大众揭开资产风险隔离的神秘面纱,这也是笔者撰写本书的原因。

资产保护与风险隔离本质上是一个事物的两个方面,都是为了满足高净值人士的资产安全需要,有些方案侧重风险应对与处理,有些方案则侧重资产的保全与配置。市场上的财富管理从业者不会特意区分这两个概念,故本书除非特别强调,否则也不对这两个概念作区分。

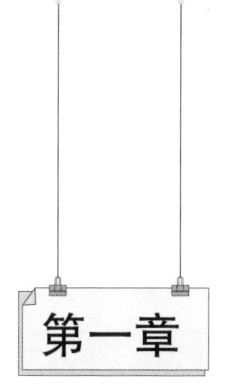

第一章

资产风险——看不见的危机长啥样

随着我国经济的发展,居民人均收入水平不断提高,高收入人群越来越多,这些人被称为高净值人士。根据2019年6月5日招商银行和贝恩公司联合发布的《2019中国私人财富报告》,2018年国内可投资资产在1 000万元以上的中国高净值人士数量达197万人,坐拥61万亿元可投资资产。也就是说,不到千分之二的人群持有超过三分之一的个人财富。2021年2月8日,胡润研究院发布的《2020胡润财富报告》显示,中国持有600万元资产的"富裕家庭"数量首次突破500万户,比上年增加1.4%;千万元资产的"高净值家庭"202万户,比上年增加2%;亿元资产"超高净值家庭"13万户,比上年增加2.4%。其中,亿元资产"超高净值家庭"总财富为94万亿元,占比64%;3 000万美元资产"国际超高净值家庭"总财富为89万亿元,占比61%,如表1-1所示。

表1-1

600万元资产"富裕家庭"数量（单位：户）	千万元资产"高净值家庭"数量（单位：户）	亿元资产"超高净值家庭"数量（单位：户）	3 000万美元"国际超高净值家庭"数量（单位：户）	20亿元企业家人数（单位：人）	百亿元企业家人数（单位：人）	千亿元企业家人数（单位：人）
3 990 800	1 613 450	107 560	71 270	7 200	1 250	60

（来源于：胡润研究院）

随着个人财富、家庭财富的增长,高净值客户对于资产安全的担忧与日俱增。"月满则亏,水满则溢",这大概是对风险最通俗、最诗意的解释。

本章主要探讨资产风险对个人财富的影响及应对。

案例回顾

我们回顾下序章里的贾某某破产重组案，来一窥资产风险的真面目。贾某某的《资产负债附录及财务事项说明》对其财产种类及债务种类进行了描述，这些债务有的是直接个人债务，有的是因承担担保责任产生的连带债务。从披露文件看，贾某某真正的个人债务很少，大多数是为公司运营所提供的担保产生的债务。主要债权人为金融机构、供应商或合作商、配偶（离婚财产分割或赔偿）、近亲属、朋友，共同债务人为配偶（共同担保行为）、关联公司。贾某某与爱人甘某某共同为部分交易提供了担保，成为共同债务人；贾某某为关联公司向金融机构的借款提供了担保，所以贾某某与关联公司也成为共同债务人。

另外，《资产负债附录及财务事项说明》中列出了法庭的一些提问，法院希望通过这些问题了解申请人（债务人）是否不当利用个人破产制度来逃避债务、侵犯债权人利益。了解这些问题及背后的含义，我们可以看出破产申请人会利用什么方法来侵犯债务人利益，以及破产等资产风险的隔离会与哪些因素有关，如表1-2所示。

表1-2

法庭问题	分析
是否处于婚姻状态？	夫妻共同财产制度是个人财产处置的重大考虑因素，涉及共同债务的认定、偿还，也涉及共同财产分割。
居住地是否施行夫妻共有财产制度？	
申请破产前一年，是否向内部人偿付债务？	向内部人的提前偿还会侵害其他债权人的利益。
申请破产前一年，是否支付或转移财产且内部人就此受益？	由第三人替债务人持有财产，该财产可能脱离破产清算财产范围，从而不被清算，侵害债权人的利益。
申请破产前两年，是否有赠与行为（高于600美元）？	使债务人财产脱离破产清算财产范围的方法包括不当使用、消费、慈善、赠与等法律行为。
申请破产前一年，是否有财产丢失、遗弃、被盗、赌博？	使债务人财产脱离破产清算财产范围方法也包括丢失、遗弃、被盗、赌博等事实行为，这些行为可能是由债务人故意或重大过失造成的。

续表

法庭问题	分析
申请破产前一年,是否向第三人转让财产,让其替代偿还债务?	由第三人替债务人持有财产进行对部分债权人清偿,侵犯其他债权人利益。
申请破产前两年,是否非正常商业条件的转让财产?	非正常商业条件的转让财产往往也是值得高度怀疑的行为,特别与关联人之间的关联交易往往伴随着巨大的利益输送。
申请破产前十年,是否向设立的信托转让财产?	信托财产独立是信托法的基础原理,高净值人士往往更容易利用这点进行资产保护。
申请破产前一年,是否关停、出售、转让、转移名下的金融账户?	金融账户变动往往意味着资产的处置、变换。
申请破产前一年,是否拥有保管箱(保管证券、现金、其他重要物品)?	资产的物理隔离是非常有效而且难以探察的资产"硬"隔离方法,不记名的金融资产、由金融资产转化而来的高价值动产都是物理"硬"隔离的对象。
申请破产前一年,是否在住处以外的地方存放财物?	
是否持有或控制别人所有的财物,包括借用、借放、为他人信托持有?	所有权可以细分为持有、管理、受益等权能,对于很多财产不拥有所有权但不妨碍实际使用、受益。
申请破产前一年,是否拥有个人公司或与公司有关联关系的公司(独资所有、合伙人、董事、高管、持有5%以上股份)?	个人通过机构(包括公司、合伙等)进行利益输送是最常见的不当行为。

法庭提出这些问题的目的就是防止债务人在申请破产之前采取一些逃债操作以最大限度保护债权人利益。对于破产申请人的部分不当的资产处置行为,法庭可以撤销,以保证债权人利益。

高净值人士的资产种类多、数量大、地域分布广,主要包括:住宅、车辆、游艇、飞机等不动产和特殊动产,家庭物品(家具、瓷器等)、电器、贵重的收藏品(古董、字画、艺术品等)、体育及爱好用品、枪支、衣物、珠宝、宠物、现金、储蓄存款,债券及交易性金融资产(债权、基金、投资账户)、非上市股票等(在公司或非公司的非上市股票或权益)、政府债、公司债及其他可转换或不可转换票据、退休金、养老金、预付押金、年金,信托、未来财产权益、受益权,专利、版权、商标、商业秘密及其他知识产权、特许权及其无形资产，退税、其他未付款（未付工资、未付保险赔付等）、保险、他人死亡安排的受益权（生存信托的受益权等）、对第三人的请求权、捕鱼权等其他资产。

在我国，高净值人士的资产可能包括[3]：工资收入、劳务所得、银行存款、现金、第三方支付平台账户资金、住房公积金账户资金等现金类资产；投资或者以其他方式持有股票、基金、投资型保险以及其他金融产品和理财产品等享有的财产权益；投资境内外非上市股份有限公司，有限责任公司，注册个体工商户、个人独资企业、合伙企业等享有的财产权益；知识产权、信托受益权、集体经济组织分红等财产权益；所有或者共有的土地使用权、房屋等财产；交通运输工具、机器设备、产品、原材料等财产；个人收藏的文玩字画等贵重物品；债务人基于继承、赠与、代持等依法享有的财产权益；债务人在破产申请受理前可期待的财产和财产权益；其他具有处置价值的财产和财产权益。

上述资产的流动性不同，现金、上市公司股票流动性较高，个人物品流动性较差；资产的物理形态也不同，大家熟悉的股票、债券等是金融资产，知识产权、特许权、经营权、交易撤销权、信托受益权等是无形资产，房、车、珠宝等是有形资产；资产形式及公示方法和隐私性也不同，金融资产信息管制多，有统一登记制度，透明程度最高，流动性也最好；房产、车辆、知识产权等也有统一登记制度，容易被查询，变现流动性稍差；而部分实物资产不要求登记、公示相对难以获取所有权信息，流动性较差。

回到本节的重点—资产风险，了解资产风险的来源和种类是进行资产保护及风险隔离的基础工作。

一、企业端风险：天有不测风云

"Power invariably means both responsibility and danger." 实力永远意味着责

---

[3] 《深圳经济特区个人破产条例》第三十三条。

任和危险。企业是企业家最大的事业和资产,同时也是最大的风险来源。我们从贾某某破产案中能直观地看到企业经营风险是如何将企业家个人"拉下水",它往往通过如下途径传导。

(一)企业主的连带责任担保

贾某某负债37.7亿美元,真正的个人债务约6.3亿美元,而因承担担保责任产生的债务约31.6亿美元,究其缘由是我国金融制度决定了民营企业在融资时,很难仅以信用贷款,必须向金融机构提供足额的担保,最常见的是房地产等"硬资产"的抵押,并且,企业家个人往往要为企业的借款提供连带责任保证。一旦企业发生经营困难不能偿还贷款时,债权人就会同时向企业及其担保人主张权利,特别是在我国现在对个人执行力度不断增加的背景(失信被执行人制度、限制高消费制度、限制出境制度、拒不执行生效判决罪)下,对企业家"动手"是最直接的催收手段。企业主的连带责任担保导致了形式上公司是"有限责任"、实质上企业主是无限责任的情况。现实中类似的例子比比皆是:

某某光电股份有限公司("某某公司")是上市公司,主营业务为蓝宝石晶体材料、蓝宝石制品的研发、生产和销售。左某波是某某公司的实际控制人,褚某某是左某波的妻子,左××是左某波的女儿。因生产经营需要,某某公司及其关联企业多次与向金融机构或个人借款,左某波、褚某某、左××经常为企业的借款提供连带责任担保。某某公司于2017年向朱某某分两次借款7 600万元、7 400万元,因某某公司未能按时偿还,朱某某起诉至法院,法院作出(2018)浙01民初×××号、×××号两份判决,判令某某公司偿还7 600万元、7 400万元,并要求左某波、褚某某和左某某对债务承担连带责任。

中国银行股份有限公司××分行与徐某某、唐某某签订《最高额保证合同》一份,约定由徐某某和唐某某对江市黎里镇某某丝织厂与其签订的编号为中银(吴江中小)授字2012年第×××号的《授信额度协议》项下发生的最高本金余额为800万元的债权提供连带责任保证担保,保证期间为上述授信额度协议生效之日起至该协议规定的授信额度使用期限届满之日起两年；担保的范围包括主债权本金、基于本金发生的利息（包括法定利息、约定利息、罚息、复利）、违约金、损害赔偿金和实现债权的费用（包括但不限于诉讼费用、律师费用等）以及其他应付费用。现某某丝织厂不能履行还款义务，中行××分行起诉至法院，法院作出（2014）吴江商初字第××××号判决，判令徐某某、唐某某等对某某丝织厂债务承担连带清偿责任。

2013年6月24日，长丰科源银行与长丰某某公司签订了一份流动资金借款合同，约定长丰某某公司从长丰科源银行借款，保证人为安徽省汇金融资担保有限责任公司、长丰某某公司股东丁某荣、王某媛，保证人愿意为上述债务提供连带责任保证，保证期间为债务人履行债务期限届满之日起二年，保证人担保的主债权金额为人民币200万元整及本合同保证担保范围内的费用，保证人担保的范围包括主合同项下的债务本金、利息、复利、罚息、违约金、损害赔偿金以及诉讼费、执行费、律师费、差旅费等债权人实现债权的一切费用。因长丰某某公司无法履行合同债务，长丰科源银行起诉至法院，法院作出长民二初字第××××号判决，判令被告汇金公司、丁某荣、王某媛等对借款本金200万元、借款期限内的利息44 432.76元及逾期罚息、律师代理费7 000元承担连带清偿责任。

（二）"刺破公司面纱"

1897年英国判例Salomon v.A.Salomon & Co.Ltd.明确了公司和股东具有相互分离的法律地位，即公司拥有独立的法律人格和地位，并以公司财产对外承担相应的法律责任，这便是最早的制度基础。但是在某些情况下，公司的独立法律人格可能被滥用，成为股东逃避债务、转移资产的掩护，这时候，公司已经沦落为非法行为的工具，不再具有独立的法律人格，对于这样的公司，需要从法律上否认其独立的法人资格。这一制度，我们称之为"刺破公司面纱"或者"公司独立人格否认制度"等，该制度在英国、美国、中国法律中均有体现。

在英国，判例Prest v Petrodel Resources Limited最早确立了"刺破公司面纱"制度的触发条件——即"隐藏原则"和"逃避原则"。"隐藏原则"是指公司的独立人格是用来隐藏股东真实状态，例如公司为个人收取财产的情况，常见的情形是董事成立有限公司以收取秘密利润或违反信托义务而获得利益。"逃避原则"则是指个人利用其所控制公司的独立人格来规避个人现有义务，保护个人免受索赔，例如用公司避债，在"刺破公司面纱"之前个人不承担任何债务。

我国《公司法》第20条第3款规定的公司人格否认制度与普通法系的"刺破公司面纱"制度有着异曲同工之妙："公司股东滥用公司法人独立地位和股东有限责任，逃避债务，严重损害公司债权人利益的，应当对公司债务承担连带责任"。此款在司法实践中已有成熟案例。

河南省某某园林有限公司、王某军合资、合作开发房地产合同纠纷案[④]

2015年11月24日，某某园林公司与苏州某某公司签订《合作协议书》，约定双方合作开发鹿邑县综合治理改造工程。2016年9月29日，苏州某某公司与其法定代表人唐某某签订《代偿及转让协议》，唐某某向苏州某某公司支付鹿邑县工程项目应收款项之后，苏州某某公司将上述《合作协议书》的项目投资本金、保证金、投资利润等全部债权以及与转让债权相关的其他权利均转让给唐某某行使。因某某园林公司未能按合同履行，唐某某起诉至法院，要求某某园林公司履约，王某某、张某1、张某2、伟民置业公司、某某置业公司滥用公司法人独立地位与股东有限责任，应当对公司债务承担连带责任。

该案经一审、二审，均认定被告应返还保证金、投资款并支付工程利润，被告仍不服，向最高人民法院提起再审，最高人民法院认为原审已查明，张某1、张某2为某某园林公司的股东，张某1担任某某园林公司的监事和财务负责人，张某2担任某某园林公司的执行董事。唐某某提交的某某园林公司两个银行账户交易明细以及张某1个人多个银行账户的交易明细显示，鹿邑县财政国库支付中

[④]（2020）最高法民申1106号。

心汇入某某园林公司账户的多笔款项转入了张某1个人账户内,张某1个人账户与某某园林公司及张某2的账户之间存在频繁、巨额的资金往来,张某1、张某2以及某某园林公司在原审中未对此进行举证说明或作出合理解释,在某某园林公司对唐某某的债务未予清偿情形下,二审依据《公司法》第二十条第三款关于"公司股东滥用公司法人独立地位和股东有限责任,逃避债务,严重损害公司债权人利益的,应当对公司债务承担连带责任"的规定,判决张某1、张某2对某某园林公司的债务承担连带责任并不缺乏证据证明,适用法律亦无不当。

从该案我们可以看出,股东与公司之间存在频繁、巨额资金往来,股东对此未进行举证说明或作出合理解释,可能被认定股东与公司财产混同,会导致股东对公司债务承担连带责任;不是公司股东的自然人代表公司签订合同并行使公司款项支出审批权,可能被认定为公司实际控制人;关联公司之间频繁、巨额的资金往来,在未对资金往来的用途举证说明或作出合理解释的情况下,可能会被认定为财产混同,导致关联公司对债权人承担连带责任。

就我国目前的实际情况看,除上市公司或拟上市公司治理较为合规外,民营公司绝大多数存有公司治理问题,公司创始股东视公司为私人物品,从业务、人事到财务上直接管控公司,把公司当成自己意志的延伸,很容易被法院认定为公司人格与股东混同,从而被"刺破公司面纱",股东被要求直接承担公司的经营责任。所以企业家要充分了解相应的法律规定,合规经营,避免公司独立人格被否认。否则,一旦企业发生债务,企业家就要自掏腰包,得不偿失。

(三)企业主为公司经营承担责任

公司经营要遵守法律法规,为社会提供优质的产品或服务。正常情况下,公司要为本身的经营行为承担责任,股东对此不需要承担责任。比如公司的产品出了质量问题,消费者只能向公司主张权利,监管机构一般也只会监督、处置公司本身。

但是,在特殊情况下,公司经营出现重大问题,责任的承担就突破了公司的"有限责任",公司控股股东、大股东也要为此直接承担责任。比较典型的例子是，公司发生重大安全生产责任事故，对此负有管理责任的控股股东/大股东很可能因此承担刑事、行政、民事责任；或是公司提供的产品或服务不符合标准侵害了广大消费者的利益，且情形特别严重的，负有管理责任的控股股东/大股东也会被追究刑事、行政、民事责任。

长生生物疫苗事件综述

2018年7月，国家药品监督管理局通报长春长生狂犬病疫苗生产记录造假，国务院组成调查组赴长春调查。随后中国证监会对长生生物立案调查，长春新区公安分局对长春长生狂犬病疫苗事件立案调查，董事长高某芳与4名高管被带往公安机关接受调查。2019年11月8日，长春长生经吉林省长春市中级人民法院民事裁定宣告破产，11月27日，长生生物股票被摘牌。

长生疫苗事件涉及如下法律责任：（1）刑事责任：长生生物董事长高某芳涉嫌生产销售劣药罪、非国家工作人员行贿受贿罪、挪用资金罪；（2）行政责任：长生生物被撤销、吊销药品批准证明文件、合格证、《药品生产许可证》，罚没款共计91亿元。深交所对长生生物实施重大违法强制退市措施；证监会对高某芳及其他3名董事采取终身市场禁入措施；（3）破产：经长春市中级人民法院民事裁定，宣告长春长生破产。

股东享有公司的有限责任保护是公司法基本原则，从现实看，因公司经营违法而牵连控股股东或大股东的，均发生在公司经营有重大违法时，公司在此危难之际，企业主个人也面临"生死存亡"，多年辛苦经营所得的财富可能会瞬间蒸发。

综上可见，企业经营风险能通过三种方式向企业家传导：1.企业家为企业债务提供连带责任担保，在企业不能清偿债务时，承担连带担保责任；2.企业治理不合规，公司股东等滥用"有限责任"侵害他人利益，导致公司的独立人格被否认，公司股东对公司债务承担连带责任；3.公司未能依法依规从事生产经营、提供合格产品或服务，导致公司控股股东或大股东直接承担刑事、行政、民事责任。

二、个人端风险：人有旦夕祸福

除了上述分析的企业风险及其向个人的传导外，高净值人士因自身直接产生风险的情形更为普遍，风险可能来源于相关法律事件或法律行为，具体情形也更为多样、复杂，会因为相关法律事件或法律行为产生风险，如表1-3所示。

表1-3

法律行为	法律事件
个人债务—个人借贷、风险投资对赌等	生死：继承或被继承
婚姻关系变更—共同债务承担、共同财产分割	行为能力丧失
个人行政/刑事责任—内幕交易、税务处罚等	意外事件
个人不当行为—高消费、赌博、吸毒等	

（一）法律行为

1.个人债务

在生活中，个人可能因为各种各样的原因背负个人债务，比较常见的是因创业或经营向亲戚朋友、生意伙伴借款，但因公司经营未能达到预期而无法偿还个人债务。尤其是2020年以来，因新冠肺炎疫情下商业大环境的变化及企业运营成本的提高，很多创业者都负债累累，在我国目前暂未形成完善的个人破产制度的情况下，个人债务的桎梏会终身束缚创业者和企业主。

很多创业者历尽千辛万苦将企业做大做强，步入了借助资本力量发展的快车道。然而投资是精明而冷酷的商业行为，投资者往往要与创业者签订详细的投资协议，投资协议最常见的是业绩对赌条款（业绩补偿条款），由创业者承诺投资后几年的业绩标准，若创业者未能达到该标准，创业者要向投资者"赔钱"（现金补偿）或"赔股"（股权补偿），例如：

如果标的公司201×年度实际净利润低于201×年度承诺净利润，投资方有权选择以下方式要求实际控制人、原股东和标的公司对投资方予以补偿：

(1）现金补偿

原股东、实际控制人应以向投资方支付现金的方式进行补偿。现金补偿的金额为C1，其计算公式为：C1=（201×年度承诺净利润-201×年度实际净利润）÷201×年度承诺净利润×投资方投资价款总额×[1+10%×（自投资完成之日起至投资方收到补偿款之日的实际天数÷365天）]。如果投资方在收取现金补偿款时应缴纳税款，则原股东、实际控制人、标的公司应给予投资者相应的额外补偿，以确保投资方实际收到的现金补偿款项金额不少于C1。投资方也可以要求标的公司以向投资方定向现金分红（原股东放弃现金分红的权利）的方式要求标的公司给予现金补偿C1。

该对赌条款核心是以年利10%为标准、以未完成对应的投资金额为基数，由创业者向投资者支付利息。这样的对赌条款还算温柔，有的对赌条款则约定在一定情形下（如未能按期上市），投资有权让创业者回购股份，回购的对价往往是投资金额附加年度固定利息。但问题在于，创业者在创业期间就已经将资金全部投入企业经营，很难再有资金来完成回购。

对于对赌协议的效力，我国司法持明确的认可态度，特别是投资者与"目标公司的股东或者实际控制人"之间的对赌协议原则上都是有效的。

《全国法院民商事审判工作会议纪要》第二条第（一）关于"对赌协议"的效力及履行，"实践中俗称的'对赌协议'，又称估值调整协议，是指投资方与融资方在达成股权性融资协议时，为解决交易双方对目标公司未来发展的不确定性、信息不对称以及代理成本而设计的包含了股权回购、金钱补偿等对未来目标公司的估值进行调整的协议。从订立'对赌协议'的主体来看，有投资方与目标公司的股东或者实际控制人'对赌'、投资方与目标公司'对赌'、投资方与目标公司的股东、目标公司'对赌'等形式。人民法院在审理'对赌协议'纠纷案件时，不仅应当适用合同法的相关规定，还应当适用公司法的相关规定；既要坚持鼓励投资方对实体企业特别是科技创新企业投资原则，从而在一定程度上缓解企业融资难问题，又要贯彻资本维持原则和保护债权人合法权益原则，依法平衡投资方、公司债权人、公司之间的利益。对于投资方与目标公司的股东或者实际控制人订立的'对赌协议',如无其他无效事由,认定有效并支持实际履行,实践中并无争议。"

2. 婚姻关系变更

结婚、离婚是最为公众熟悉的可能引发财产变动的法律事件,以企业家为代表的高净值人士的婚姻法律需求极其旺盛,而婚姻财产的规划及分割也是当事人特别关注的事项。高净值人士离婚财产分割的难点不在房子、车子、抚养费,而主要在于增值性强的股权类、投资类资产以及债务(尤其是夫妻共同债务)的处理。

我国法律采取夫妻共有财产制,即在没有另行约定的情况下,原则上双方对于婚后取得的财产"一人一半",婚后产生的债务也有可能"一人一半"成为共同债务。这种财产和债务变动影响在夫妻之间互相传导,让婚姻为个人资产带来了一定不稳定性和风险。这种影响势必会波及第三方,尤其是共同经营企业的合作伙伴及债权人,因此,高净值人士的婚姻状况往往备受瞩目。

(1)个人财产与共同财产的区分。尽管《民法典》采用了正向描述附加反向排除的方法来勾画夫妻共同财产与个人财产的边界,但是仍然无法穷尽全部财产的持有、管理和受益形式。财产的形式多种多样,收益的产生千变万化。原则上,只要是婚后产生的财产性收益都应该是夫妻共同财产。但是现实永远比理论复杂。

例如,A先生婚前在银行存了1亿元,一直存在银行收取利息,1亿的本金及利息都属于婚前的个人财产,但是当A先生用这1亿元买理财做投资时,收益就是夫妻共同财产;A先生在婚前有某支股票5万股,婚后一直没有操作(即买入卖出),这5万股及其分红或股票升值部分都是婚前的个人财产,但如果A婚后有了操作,这5万股其及分红或股票升值很可能(全部或部分)转化为夫妻共同财产;A先生在婚前有房产,婚后房产及其升值都是个人财产,但婚后房产出租所得租金是夫妻共同财产。

司法的逻辑是,婚前个人财产在婚后的无风险收益还是个人财产,一旦涉及婚后的管理、运营,其收益及婚前个人财产本身就有可能转化为共同财产。

对此,《民法典》婚姻家庭编的解释规定:"夫妻一方个人财产在婚后产生的收益,除孳息和自然增值外,应认定为夫妻共同财产。"

经常有高净值人士找到我们,他/她们与配偶关系紧张,可能或正在筹划离婚,迫切需要寻找"资产风险隔离"的方法,以减少离婚财产分割损失,他们常有的一个困惑是:婚前个人所有的股权在婚后还是不是个人财产?从法律上说,股权是一项综合性权利,包括分红收益权、清算分配权、增资权、任命权、监督权等。从目前的法律规定及司法实践看,对于股权所代表的经济权益(分红收益、清算收益、转让收益等),符合条件的往往会被认定为夫妻共同财产,但是对于其他权利(监督权、选任权、转让权),一般不会认定为夫妻共有。

最高人民法院在(2014)民二终字第48号案中的观点是:

"关于艾某、张某田提出的股权转让未经艾某同意,股权转让协议无效的上诉理由,本院认为,股权作为一项特殊的财产权,除其具有的财产权益内容外,还具有与股东个人的社会属性及其特质、品格密不可分的人格权、身份权等内容。如无特别约定,对于自然人股东而言,股权仍属于商法规范内的私权范畴,其各项具体权能应由股东本人独立行使,不受他人干涉。在股权流转方面,我国《公司法》确认的合法转让主体也是股东本人,而不是其所在的家庭。本案中,张某田因转让其持有的工贸公司的股权事宜,与刘某平签订了股权转让协议,双方从事该项民事交易活动,其民事主体适格,意思表示真实、明确,协议内容不违反我国《合同法》《公司法》的强制性规定,该股权转让协议应认定有效。"

2021年1月1日《中华人民共和国民法典》婚姻家庭编的解释(一)第七十三条规定:

"人民法院审理离婚案件,涉及分割夫妻共同财产中以一方名义在有限责任公司的出资额,另一方不是该公司股东的,按以下情形分别处理:

(一)夫妻双方协商一致将出资额部分或者全部转让给该股东的配偶,其他股东过半数同意,并且其他股东均明确表示放弃优先购买权的,该股东的配偶可以成为该公司股东；

（二）夫妻双方就出资额转让份额和转让价格等事项协商一致后，其他股东半数以上不同意转让，但愿意以同等条件购买该出资额的，人民法院可以对转让出资所得财产进行分割。其他股东半数以上不同意转让，也不愿意以同等条件购买该出资额的，视为其同意转让，该股东的配偶可以成为该公司股东。

用于证明前款规定的股东同意的证据，可以是股东会议材料，也可以是当事人通过其他合法途径取得的股东的书面声明材料。"

条文使用了"出资额"这一概念，而未使用股权的表述，这说明股权本身并不是被分割的对象。同时，依据《民法典》婚姻家庭编"夫妻一方个人财产在婚后产生的收益，除孳息和自然增值外，应认定为夫妻共同财产"的规定及通行的司法实践，婚前股权婚后增值部分应属于夫妻共同财产。

（2）个人债务与共同债务的区分。高净值人士离婚时经常会遇到婚姻期间债务的承担问题，婚姻期间债务可能是夫妻一方个人直接产生的，也可能是因家族企业产生的。如果该债务是夫妻共同债务，则债权人就可以要求夫妻双方共同承担，对于婚姻期间所产生的债务是否是共同的债务的认定，司法实践经一系列的调整后，在《民法典》中第1064条明确下来：

"夫妻双方共同签名或者夫妻一方事后追认等共同意思表示所负的债务，以及夫妻一方在婚姻关系存续期间以个人名义为家庭日常生活需要所负的债务，属于夫妻共同债务。

夫妻一方在婚姻关系存续期间以个人名义超出家庭日常生活需要所负的债务，不属于夫妻共同债务；但是，债权人能够证明该债务用于夫妻共同生活、共同生产经营或者基于夫妻双方共同意思表示的除外。"

总结第1064条的规定，产生夫妻共同债务有三种情况：（1）双方共同认可的债务；（2）以个人名义为家庭日常生活需要所负的债务；（3）一方在婚姻关系存续期间以个人名义超出家庭日常生活需要所负的债务，但是该债务用于夫妻共同生活、共同生产经营的。现实中，问题往往发生在对于第3种情况的判定。

金某与建银文化产业股权投资基金（天津）有限公司合同纠纷案[⑤]

作为曾红极一时的影视文化公司，北京小马奔腾文化传媒股份有限公司（简称"小马奔腾"）制作过多部脍炙人口的影视作品，更是资本圈竞相追捧的对象。然而，2014年1月2日，因其创始人李某突然离世，这家民营传媒公司开始陷入混乱，先是姑嫂内斗导致控制权易主；后是当初签署对赌协议的投资人提起仲裁申请，要求当初的融资方（包括李某的遗产继承人）履行标的6.35亿元的回购义务。

金某与李某于1993年11月19日结婚，李某于2014年1月2日去世。李某作为小马奔腾的大股东与包括建银文化基金在内的多名投资人签订了投资协议，约定了对赌条款，明确若小马奔腾未在2013年12月31日前实现合格上市，则李某需履行股权回购义务。

本案争议焦点是小马奔腾未能如约上市且李某去世，此时金某是否因与李某具有夫妻关系而应承担股权回购义务。建银公司作为原告起诉金某，要求其履行回购义务，此案历经一审和二审，最终北京高院认定金某应在2亿元范围内承担回购责任。

关于夫妻一方的回购义务是否构成共同之债，北京高院结合案件事实进行了论述：

焦点问题：案涉债务是否属于李某、金某夫妻共同经营所负债务。

A. 金某是新雷明顿公司（小马奔腾前身）设立时登记的法定代表人和股东，后经过数次变更，法定代表人变更为李某。李某在签订案涉协议引入建银文化基金时明确其为小马奔腾的实际控制人，这也是股权投资合同中实际控制人承担股权回购责任的通常做法。

B. 涉案协议显示：李某在英属维尔京群岛注册成立并持有100%股权的BVI公司，BVI公司和霸菱分别对另一家在英属维尔京群岛注册成立的公司小

[⑤]（2018）京民终18号。

马奔腾集团公司持有76.81%、23.19%股份,新雷明顿公司(小马奔腾前身)及其附属公司与小马奔腾集团公司间接控制的湖南优化公司之间签署了一系列控制协议,金某既是小马奔腾集团公司的董事,又是湖南优化公司的董事,并签署了相关决议。

关于金某担任小马奔腾集团公司董事的事实,建银文化基金不能通过公开渠道获取其相关信息,但提供了一系列的证据证实金某在小马奔腾集团公司任职董事。金某作为小马奔腾集团公司、湖南优化公司董事,参与了公司经营;其签署相关公司的解除VIE架构的各种决议,应当知悉李某与建银文化基金关于股份回购的协议安排。

C.李某去世后金某的一系列行为证实李某、金某夫妻共同经营公司。

首先,2014年1月27日,小马奔腾的法定代表人变更为金某,小马奔腾2014年第一次临时股东大会决议所附金某简历显示:"1995年开始,作为雷明顿和小马奔腾公司创始人之一,早期参与公司的创建和经营,后作为李某董事长的智囊,为决策献计献策"。小马奔腾的官方微博亦如此介绍其董事长金某。金某现仍然为小马奔腾的董事。其次,金某、李某(金某、李某之女)在诉李某云、邓某辉(李某的父母)继承纠纷一案,金某在李某云、邓某辉未到庭的情况下,请求分割继承仅为李某名下的银行存款与房产;针对李某名下持有的登记注册于北京的小马奔腾、腾骏贸易、鹏丰投资、小马力合、小马欢腾的股份,金某提起了股东资格确认诉讼,要求法院确认金某为李某名下持有的公司股份的股东,判令上述公司对公司章程和股东名册中关于股东及其出资额的记载进行相应修改,并办理工商变更登记手续。北京市朝阳区人民法院支持了金某的上述请求。

从上述分析可以看出,金某对于案涉协议约定的股权回购义务是明知的,并参与了公司的共同经营,案涉债务属于李某、金某夫妻共同经营所负债务。小马奔腾案是典型的创业未成导致家人承担债务的事件,法院的认定、分析和判决都是合理合法的,法院在本案事实基础上论述了法条的关键要素"一方债务用于夫妻共同生活、共同生产经营"在案件中如何体现。这个问题十分重要，接下来我们花些时间看另外一个案件——

上海用×投资管理合伙企业（有限合伙）诉陆某奇、何某逸、杭州荷×假期旅行社有限公司增资纠纷案[⑥]

2015年11月，用×合伙企业与陆某奇、荷×公司签订《增资协议》，明确：陆某奇系荷×公司股东，用×合伙企业为投资人；用×合伙企业通过增资入股的方式成为荷×公司的新股东，对应的股东出资为2 000万元，其中16万元作为公司的注册资本；在完成增资的登记手续后，用×合伙企业持有荷×公司8%股权。之后，三方签订《补充协议》，约定：陆某奇承诺荷×公司在2016年6月30日前完成在全国中小企业股份转让系统的挂牌转让和做市交易；若荷×公司逾期未完成挂牌转让与做市交易，用×合伙企业有权要求陆某奇按用×合伙企业对荷×公司的实际出资额并加计年化7%利息的总金额回购其在荷×公司的全部股份……在陆某奇与用×合伙企业签订涉案《增资协议》时，陆某奇与何某逸之间的夫妻关系尚属存续期间。2016年11月4日，陆某奇与何某逸协议解除婚姻关系。因荷×公司未能完成合同约定事项，触发协议约定的回购条款。原告用×合伙企业诉至法院，要求两被告陆某奇、何某逸共同承担责任。

本案主要争议焦点为涉案债务是否属于夫妻共同债务。法院生效裁判认为：陆某奇的回购义务产生于2016年6月30日，当时两被告仍系夫妻关系，且金额达2 000万元，明显超出家庭日常生活所需。争议在于回购之债是否基于夫妻共同意思表示，或用于夫妻共同生活、共同生产经营。首先，系争回购之债并非基于两被告共同意思表示。夫妻共同意思表示的情形包括夫妻双方共同签字或者夫妻一方事后追认等情形。本案中原告未提供证据证明存在前述情形，仅凭何某逸知晓陆某奇从事经营行为就推定何某逸对陆某奇的融资行为及回购责任存在共同意思表示，没有法律规定，本院不予认定。其次，系争回购之债未用于夫妻共同生活、共同生产经营。用×合伙企业基于《补充协议》要

[⑥]（2019）沪02民终834号。

求陆某奇承担回购责任，只要满足回购条件即可，而不论是何原因触发回购条件。对陆某奇而言，该回购债务属于纯负担债务，其并没有因负担回购债务而直接获取款项或者其他利益，不存在用于夫妻共同生活、共同生产经营的前提。故涉案债务不属于夫妻共同债务。

两案的差别来源于配偶是否介入了家族企业的生产经营，在小马奔腾案中，企业主李某妻子金某深度参与了小马奔腾的经营，故其对李某所负之债承担责任；在荷×公司案中，企业主陆某奇的爱人何某逸未被证明参与公司经营，也不能证明该2 000万元涉案债务"用于夫妻共同生活、共同生产经营"，因此该债务不能被认定为夫妻共同债务。

大多数法域均认可，夫妻之间有关于婚姻财产的约定的，以约定优先；没有约定或约定不明的，适用法定婚姻财产制度。综观全球，法定的婚姻财产制度为两种，即共有财产制和分别财产制。图1-1是各国对于婚姻财产制度的粗略统计。

高净值人士配偶国籍/经常居住地、婚姻缔结地、夫妻财产所在地均可能在国外，这些因素可能导致高净值人士离婚时财产分割的法律适用极其复杂。

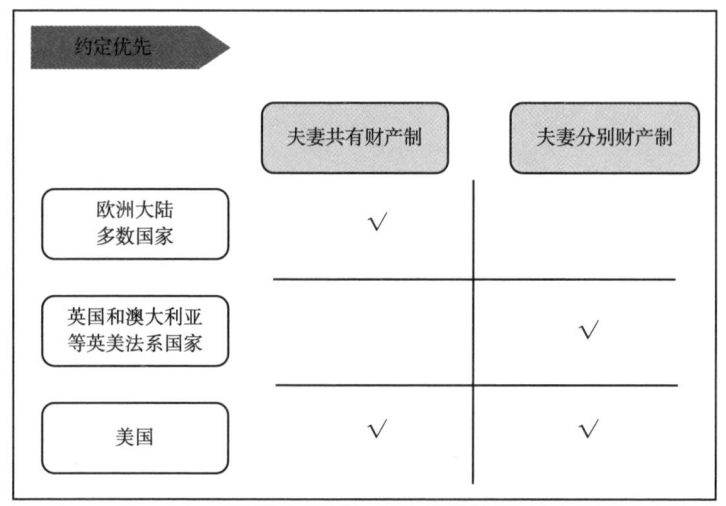

图1-1　各国婚姻财产制度对比

3. 个人行政/刑事责任

之前我们分析过公司经营过程产生的风险可能突破"有限责任"向企业主个人传导。但除了受企业"牵连"外，企业主个人也可能直接因行为不合法、不合规而受到行政或刑事处罚。

税务行政处罚：

国家税务总局责成江苏等地税务机关调查核实有关影视从业人员"阴阳合同"中的涉税问题（2018年06月03日）

针对近日网上反映有关影视从业人员签订"阴阳合同"中的涉税问题，国家税务总局高度重视，已责成江苏等地税务机关依法开展调查核实。如发现违反税收法律法规的行为，将严格依法处理。

国家税务总局将在已经部署开展对部分高收入、高风险影视从业人员依法纳税情况进行评估调查的基础上，进一步强化风险防控分析，加大征管力度，依法查处违法违规行为。

国家税务总局在2018年中期发出上述通知，以回应社会关切。此前，某微博大V突然爆料某当红女星在电影拍摄过程实际取得片酬3 000万元，只对其中1 000万申报纳税，其余2 000万元，以拆分合同方式逃避个人所得税。

经查，江苏省税务局依据《中华人民共和国税收征管法》第三十二条、第五十二条的规定，对范某某及其担任法定代表人的企业追缴税款2.55亿元，加收滞纳金0.33亿元；依据《中华人民共和国税收征管法》第六十三条的规定，对范某某采取拆分合同手段隐瞒真实收入偷逃税款处4倍罚款计2.4亿元，对其利用工作室账户隐匿个人报酬的真实性质偷逃税款处3倍罚款计2.39亿元；对其担任法定代表人的企业少计收入偷逃税款处1倍罚款计94.6万元；依据《中华人民共和国税收征管法》第六十九条和《中华人民共和国税收征管法实施细则》第九十三条的规定，对其担任法定代表人的两家企业未代扣代缴个人所得税和非法提供便利协助少缴税款各处0.5倍罚款，分别计0.51亿元、0.65亿元。

依据《中华人民共和国刑法》第二百零一条的规定，由于范某某属于首次被税务机关按偷税予以行政处罚，且此前未因逃避缴纳税款受过刑事处罚，依据法律规定，行为人在税务机关下达追缴通知后在规定期限内缴纳税款、滞纳金、罚金的，依法不予追究刑事责任；超过规定期限不缴纳税款和滞纳金、不接受行政处罚的，税务机关将依法移送公安机关处理。

经查，2018年6月，在税务机关对范某某及其经纪人牟某某所控制的相关公司展开调查期间，牟某某指使公司员工隐匿、故意销毁涉案公司会计凭证、会计账簿，阻挠税务机关依法调查，涉嫌犯罪。现牟某某等人已被公安机关依法采取强制措施，案件正在进一步侦查中。

同时，国家税务总局已部署开展规范影视行业税收秩序工作，对在2018年12月31日前自查自纠并到主管税务机关补缴税款的影视企业及相关从业人员，免予行政处罚，不予罚款；对个别拒不纠正的依法严肃处理；对出现严重偷逃税行为且未依法履职的地区税务机关负责人及相关人员，将根据不同情形依法依规严肃问责或追究法律责任。高净值人士的税务合规问题一直是悬在头上的"达摩克利斯之剑"，随着国家税务法律的健全以及征缴能力的提升，高净值人士需要重新建立税务合规观。鉴于高净值人士税务风险的常发性，本书设专章讨论。

刑事处罚：

除了税务风险外，还有其他风险，也可能使得高净值人士身陷囹圄，令其多年累积的财富、苦心经营的事业瞬间崩塌，家族稳定生活也被倾覆。

徐某内幕交易及离婚案综述

徐某，浙江宁波人，炒股风格以"快准狠"而出名，被称为"私募一哥"。徐某早年是宁波的一位散户，因擅长股市投资，在股市中获取巨额收益。2009年，徐某成立上海泽×投资管理有限公司并自任总经理，开始进军私募界。泽×旗下的产品因多次取得私募冠军而受到中国资本市场的关注。2015年11月1日，徐某因涉嫌非法手段获取股市内幕信息，从事内幕交易、操纵股票交易价格等违法犯罪，被公安机关依法采取刑事强制措施。2016年4月29日，徐某因涉嫌操纵证券市场及内幕交易犯罪，被依法批准逮捕。2017年1月23日，山东省青岛市中级人民法院一审认为徐某构成证券市场操纵罪，判处有期徒刑5年零6个月，同时判处罚金110亿元，没收案件违法所得约93.37亿元。2019年3月底，徐某妻子应某向上海市黄浦区人民法院提交请求离婚起诉状。

徐某案发后，家庭名下接近210亿元的资产都受到查封，包括泽×公司的资产、徐某父母名下以及夫妻名下的所有资产。据悉，徐某所得赃款已全部被追缴，徐某妻子称其中涉及至少约120亿元为夫妻共同合法财产。2019年3月底，徐某妻子应某向上海市黄浦区人民法院提交请求离婚起诉状。在不减刑的情况下，徐某的出狱时间是2021年7月9日。随着徐某出狱日期临近，徐某案中涉及的财产甄别终于有了进展。2020年5月31日，应某在微博中透露其从青岛中院获知，徐某案件的资产甄别阶段终于进入尾声，但微博同时提到，因资产甄别时间长达3年，导致被冻结合法资产严重缩水。

公开资料显示，2015年徐某被依法逮捕时，青岛市公安局冻结了徐某持有的6家上市公司资产，分别为大恒科技、宁波中百、东方金钰、文峰股份、华丽家族、长航油运。经过近4年时间，除当时仍未恢复上市的长航油运外，5家公司的股价基本腰斩，华丽家族和东方金钰跌幅甚至超过70%。5家公司的总市值也从徐某被捕时的669亿元，缩水至目前的228亿元，市值累计蒸发441亿元。

徐某刑事犯罪已被法律公正处理，但后续的财产处理因为涉及因素太多，并不像刑事案件那样推进顺利，但徐某一人犯罪却不可避免地"连带"了家人、朋友利益受损，表明了资产风险隔离的重要性。

4. 个人不当行为

过度炫富型消费、吸毒、赌博是十分有害的个人行为，因此家破人亡的不在少数。以赌博为例，近几年来在国内媒体上经常能看到企业家因在境外赌博欠下巨额债务而拖垮企业的新闻。通常来说，赌债往往是非法且不能得到法律支持的，所以赌债无须偿还。这种法律认知在中国内地法下是正确的，但是当适用中国澳门等赌博合法地法律时，赌债也可以成为合法债务，可以得到中国内地法律的支持。

宋某、李某隆股权转让纠纷二审由最高人民法院审理判决[⑦]，十分具有指导意义。宋某、李某隆股权转让纠纷案中一个重要的审理要点是关于《借款协议》及案涉系列股权转让协议是否因以赌债为基础而无效，即境外赌债合法性的问题。

宋某主张《借款协议》及案涉系列股权转让协议系由发生在澳门特别行政区的赌债而产生，因赌债不受我国大陆地区法律保护，以赌债为基础的合同应属无效。对此，《中华人民共和国涉外民事关系法律适用法》第四十一条规定"当事人可以协议选择合同适用的法律。当事人没有选择的，适用履行义务最能体现该合同特征的一方当事人经常居所地法律或者其他与该合同有最密切联系的法律"。在澳门特别行政区发生的赌债，在没有证据表明当事人约定适用其他法律的情况下，应适用履行义务最能体现赌债特征的博彩机构经常居所地及与赌债有最密切联系的澳门特别行政区法律认定其法律效力。因此，对宋某主张应当适用我国内地法律认定《借款协议》及案涉系列股权转让协议因基于赌债发生而无效的主张，法院不予支持。

除了个人法律行为能给资产带来风险，那些不受人的主观控制但能够引起法律关系变动的事件也可以影响资产安全。

（二）法律事件

1.死亡

（1）死亡最直接的影响就是引发继承。继承指将死者生前的财产和其他合法权益转移至有权取得该项财产的人的法律制度。按我国法定继承规则，在没有特殊继承安排的情况下，遗产由第一顺位继承人继承，且原则上由第一顺位继承人平均分配，在没有第一顺位继承人时，由第二顺位继承人继承。

《民法典》第一千一百二十七条　遗产按照下列顺序继承：

[⑦] （2016）最高法民终 152 号。

（一）第一顺序：配偶、子女、父母；

（二）第二顺序：兄弟姐妹、祖父母、外祖父母。

继承开始后，由第一顺序继承人继承，第二顺序继承人不继承；没有第一顺序继承人继承的，由第二顺序继承人继承。

继承事件之所会成为资产的风险，主要是因为：第一，被继承人去世后，要先行处理被继承人的债务，继承人能取得的遗产是偿还被继承人债务、税金之后的剩余资产。若是后续出台遗产税，会对可被继承的遗产数额产生较大影响；第二，《民法典》引入了遗产管理人，"遗产管理人应当履行下列职责：（一）清理遗产并制作遗产清单；（二）向继承人报告遗产情况；（三）采取必要措施防止遗产毁损、灭失；（四）处理被继承人的债权债务；（五）按照遗嘱或者依照法律规定分割遗产；（六）实施与管理遗产有关的其他必要行为"。从被继承人去世到继承人取得遗产之间需要经历遗产管理流程，这个过程往往会持续一定时间，可能会带来遗产经营、管理方面的问题，间接导致遗产价值减少。第三，各继承人能力及意愿不同，平均分配遗产的原则会导致不能"物尽其用"，如家族企业股权的继承，涉及公司管理、运营，不宜采用平均分配方式。第四，法定继承的分配方式可能无法体现被继承人的意愿。第五，新继承人的诞生会导致继承人顺位变化或是同一顺位的分配份额变动。

2013年12月，中国著名云南籍企业家郝某某在法国收购红酒庄，郝某某及12岁的儿子等人乘直升机视察酒庄，途中飞机失事，机毁人亡。郝某某去世后，年近90岁的老父亲与儿媳妇打起巨额遗产继承官司，遗产纠纷案值高达200亿元。

（2）死亡可能会打乱财产的正常管理过程。以股权代持为例，无论是受益所有人还是名义所有人去世，都会影响股权代持的履行，甚至发生改变代持的情况。再如对于投资管理，死亡事件给了管理人利用职务便利侵害权益人的机会，可能导致债务人不归还财产的情况发生。例如，某书法家作品很多，自己的作品还与别的艺术家的作品进行交换，有些作品外借给别人，所有的作品都在他一人脑中，也正是因为他的个人影响力，才能"等价交换"及"有借有还"。一旦他遇到意外,这些交换及借还就会成为一笔糊涂账,借出的艺术作品很可能就有借无还了。

2.行为能力丧失

俗话说,"天有不测风云,人有旦夕祸福"。行为能力丧失是众多意外中令人唏嘘的一种,法律上是指个人因为意外或疾病导致认知及表达能力障碍,成为法律上的"限制民事行为能力人"或"无民事行为能力人"。行为能力丧失后,并不发生继承,而是由无民事行为能力人的监护人行使监护权,代为占有、处置财产,监护人直接代替被监护人行使财产权利,继承人一般无权干涉,因此,取得了监护权也相当于间接占有了巨额财富。很多高净值人士家庭关系复杂,如何确定监护人以及依据什么原则处置财产会产生很多争议。

李某平监护权案件

李某平,1949年2月出生,曾被誉为"百年慈善第一人",也是被中国红十字会授予"慈善家"荣誉的第一人,同时还以"好莱坞影星丈夫"、"数十亿遗产继承者"、中国第一辆劳斯莱斯的拥有者等身份被人熟知。

2016年年底,网曝李某平患重病、财产被侵吞的消息,随后媒体上又出现李某平本人澄清,并称每晚被人灌下11颗安眠药的报道。据报道,网上关于李某平患病财产被侵吞的帖子是家属代表韩女士委托朋友发布的,工作人员则帮李某平刊登澄清声明,称韩与李毫无瓜葛,并指责家人送李某平进疗养院,让他受尽折磨。这场围绕李某平展开的争夺战随之浮出水面,交战双方分别是李某平的亲属及追随他多年的身边工作人员。据公开报道显示,2016年3月,李某平被中日友好医院诊断为脑萎缩和脑蛋白轻度病变。8月,他又被安定医院诊断为阿尔茨海默症。病中,李某平与某公司签订了一份资产管理协议书,将其在北京的全部地产及其他物业,包括土地与房屋、在中国大陆拥有所有权的不动产和物业,均交由这家公司管理。协议签订后,这些房产被用于担保借款2.5个亿。2017年7月13日,北京市朝阳区人民法院正式认定李某平为限制民事行为能力人。

第一章 资产风险——看不见的危机长啥样

李某平的例子突显出预防行为能力丧失时监护人争议的重要性。若是提前做好防范,在自身还清醒时指定监护人(即意定监护),能够极大避免意外发生时众人争夺监护权这一混乱的情形,不让非法之徒有机可趁。

《民法典》第三十三条规定:"具有完全民事行为能力的成年人,可以与其近亲属、其他愿意担任监护人的个人或者组织事先协商,以书面形式确定自己的监护人,在自己丧失或者部分丧失民事行为能力时,由该监护人履行监护职责。"

上述我们讨论了个人端风险的产生,正如企业端风险发生后会向外传递一样,个人端风险也会向利益相关者传导。

个人风险向配偶的传导:从贾某某的案例、小马奔腾的案例、徐某的案例可以看出,基于法定的夫妻共同财产制,一方的风险会自然向配偶传导,尽管可以采用婚姻财产协议约定个人分别财产,但双方的约定不足以对抗第三人,也不能对抗公权力(如受到行政处罚、刑事处置等)。

除了法定夫妻共同财产制外,很多时候第三人(特别是金融机构)在与企业或企业主个人发生业务关系时,会要求配偶签署承担连带担保责任的协议,以此捆绑夫妻双方。并且从《民法典》的夫妻共同债务的认定标准可知,不但共同认可的债务是夫妻共同债务,"用于夫妻共同生活、共同生产经营"的也是夫妻共同债务。

个人风险向家庭传导:基于家庭共同生活的特性,风险很容易跨家庭代际传递。前述左某案例中,公司实际控制人左某的全家都要为公司负债提供担保。金融机构在与民营企业发生业务关系时,总是要牢牢"捆绑"住企业主家人,所谓"有限责任"被各种担保协议突破,这样的捆绑已是标准风险防控的操作。

风险也经常从年轻一代往老一代或家庭传递。常见的有年轻一代的婚姻关系变动导致家族财富被离婚分割,以及各种"坑爹"事件的发生,这种传递会影响家族整体的资产安全。

HX药业的前身,是成立于1966年的乡镇日用化工厂,在创始人罗某鹏带领下,从乡镇化工厂发展成为一个知名医药化工生产企业,并于2006年成功上市。

从2004年4月开始，父亲罗某鹏有意让儿子罗某竑上位接管公司，罗某竑于2009年4月当选为HX药业董事长。2010年9月，罗某鹏将其所持有的3 480万股（占总股本的21.68%）HX药业股份转让给罗某竑，后者以24.67%的持股比例，成为HX药业实际控制人。

此后至2013年9月30日，罗某竑共5次减持HX药业股份，合计数量1 980万股，持股比例降至18.31%。2014年5月8日，坊间传闻称，因嗜赌，罗某竑欠债5亿元，不得已贱卖其持有的HX药业全部股权（占比18.31%）套现3.8亿元，用来偿还赌债；而罗某竑的同乡，接盘人王某富，被指一直在为罗某竑提供赌资。这一不逊于商战影视剧奇诡情节的描述，让这场交易充斥着阴谋论的想象空间。

清空HX药业所有股权，放弃公司实际控制人权力，究竟是否因为"少帅"罗某竑赌场失利抑或中了别人设计的局所导致，外人不得知。但令人唏嘘的是，将一个乡镇日化工厂打造成上市公司，罗某鹏耗费了40年，而罗某竑仅用了不到4年时间就失去了对HX药业的控制权。罗某竑的行为对家族整体的资产安全都造成了损害，产生了严重的后果。

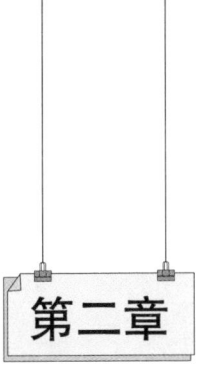

第二章
保护与隔离的评测——什么是好的方案

《红楼梦》第十三回写道:"……常言'月满则亏,水满则溢',又道是'登高必跌重'。如今我们家赫赫扬扬,已将百载,一日倘或乐极悲生,若应了那句'树倒猢狲散'的俗语,岂不虚称了一世的诗书旧族了!""……莫若依我定见,趁今日富贵,将祖茔附近多置田庄房舍地亩,以备祭祀供给之费皆出自此处,将家塾亦设于此。合同族中长幼,大家定了则例,日后按房掌管这一年的地亩、钱粮、祭祀、供给之事。如此周流,又无争竞,亦不有典卖诸弊。便是有了罪,凡物可入官,这祭祀产业连官也不入的。便败落下来,子孙回家读书务农,也有个退步……"这是秦可卿临终之前对王熙凤的告诫之语,"登高必跌重"体现了兴衰交替的传统哲学思想,将部分财富放入祭祀产业这一相对安全稳定的去处,隔离未来的不确定性以留后路,则体现了资产风险隔离的远见和智慧。中国古代居安思危的哲学思想,在今天,尤其是在资产风险隔离问题上也值得我们学习借鉴。

一、资产风险隔离:资产保护的核心

人们一生辛勤积累财富,都有一种自然需求,那就是通过一些方式保护来之不易的财富免受生活"惊涛骇浪"的波及。很多企业家经历商海沉浮,在取得一定体量的财富后,会想到将部分经营成果固定下来,以应对未来企业经营的不确定性。从最宽泛的意义上说，资产风险隔离就是客户通过筹划、配置以隔绝风险或保护资产安全。下面我们来看风险隔离的具体应用场景。

客户A在经济运行波动剧烈的国家/地区居住和工作，为了避免生意失败波及家庭生活的稳定，他想采用某些方式把已经获得的经营成果"固定"下来，假如以后生意失败，也不至于毫无保障。

客户B是互联网出行行业的新锐，看好国内的共享出行业务，进行了初步的商业可行测试后，在几个城市推出了共享电动汽车，为了抢占市场，B客户引入了投资，将自有资金、投资资金及客户押金全都用于投放共享电动汽车。然而共享电动汽车业务的前景并不是很明确，经过几轮市场拓展，公司的营收并不像预测那么乐观，他需要采取一些措施避免创业失败致使"满盘皆输"。

客户C在中亚某国经营多年，从20世纪90年代的"倒爷"开始，充分利用中国制造产业优势，将中国的优质产品"捣腾"到这个国家，所获颇丰。他不但自己发展还带动乡里朋友一起进军该国，多年开拓之后，在当地有了大量财富积累，俨然已成一股势力。他多次提到当地政府的不合理的行政处罚及税收政策的随意性，流露出深深的不安全感。同时，他看好国内的产业发展机会，想重新回到国内发展。

客户D居住、工作在诉讼成风的国家地区，他从事着高风险的行业，行业竞争激烈，产品也有风险性，整个社会都有好讼的风气，投机性诉讼、超高的惩罚性赔偿（赔偿数额与实际损失没有关系）比比皆是。同样的，一些成功的专业人士，在某些专业领域执业多年，仍然面临着日常的执业风险，很多风险可能产生巨大的赔偿责任，并且不被执业保险所覆盖，他们都渴望把半生辛苦所获保全下来，以远离执业风险。

以律师、会计师、保荐代表人为例，他们是资本市场不可或缺的一环，IPO、重组、发债等都需要律师意见、审计意见、保荐意见，按照《证券法》有关规定，律师、会计师、保荐代表人都要为自己出具的意见承担责任，一旦发行人存有虚假陈述、披露不实等行为，律师、会计师、保荐代表人很可能要承担巨大赔偿责任，赔偿数额远远超过他们的服务收费。

2020年12月底，杭州中院就债券持有人起诉五洋建设、陈志樟、德邦证券、大信会计、锦天城律所、大公国际证券虚假陈述责任纠纷案件作出一审判决。法院认定，德邦证券系案涉债券承销商、大信会计为用于债券公开发行的五洋建设年度财务报表出具审计报告，均未勤勉尽责，对案涉债券得以发行、交易存在重大过错，应对五洋建设应付债务承担连带赔偿责任；判决德邦证券、大信会计就五洋建设总计494 303 965.14元债务本息承担连带赔偿责任；对五洋建设的2.47亿元债务承担连带赔偿责任；认定大公国际作为债券发行的资信评级机构、锦天城律所为债券发行出具法律意见书，均未勤勉尽责，存在一定过错，法院酌定大公国际在五洋建设应负责任10%范围内，锦天城律所在五洋建设应负责任5%范围内承担连带责任。即德邦证券与大信会计共同赔偿7.4亿元，大公国际连带赔偿7 400万元，锦天城律所连带赔偿3 700万元。2021年9月，二审维持一审判决。

上述几个例子只是风险的"冰山一角"，却足以摧毁个体的安稳人生。不过风险管理不是一个新的概念，人们就如何应对风险进行了很多探索。保险制度就是个伟大的发明，投保人缴纳保费，承保人面向多个投保人对一定范围内的风险承保，通过汇集与分散风险来进行风险管理；有限责任也是个伟大的制度工具，自然人按照法律规定注册有限责任公司，成为股东，从而享受与公司债务隔离的优待，自然人在有限责任制度的庇护下可以充分创业创新。但是保险的保障范围是有限的，保险公司也只是对很小范围的风险（人身、健康、部分责任等）提供保险服务；有限责任也不能切断股东与公司之间的约定责任。可见，每种方法、制度、工具都有自己的适用范围和条件，当我们谈论资产风险及其隔离方法，应该先从宏观处着眼，了解风险的种类、来源，知晓风险隔离如何评测，最后来探讨保险、有限责任等具体的隔离方法。

在风险隔离中，我们需要随时关注一对相互矛盾又相互依存的利益，它们的纠缠是风险隔离避不开的话题。

二、两种对立的利益：债权人 vs 债务人

原油宝穿底事件：债权人 vs 债务人

A 先生，长期从事金融市场投资，对于股票、期货等颇有研究，也颇有收获。2020 年受新冠肺炎疫情、地缘政治、短期经济冲击等综合因素影响，国际原油市场波动剧烈，市场价格不断创历史最低点。A 先生认为国际原油已无下降空间，他借助以前熟悉股票、期货的融资渠道，融资几千万元，买入 WTI 原油 5 月期货合约多头产品，美国时间 2020 年 4 月 20 日，WTI 原油 5 月期货合约 CME 官方结算价为 –37.63 美元/桶。由于技术原因，A 先生未能及时平仓，不但亏完全部本金，还要承担巨额平仓损失。第二天一早，A 先生就接到了融资资金提供者的催款电话，放下电话，A 先生想起资产风险隔离，立即联系了律师。

A 先生自信果敢，投资经营经验丰富，也拥有巨额财富，生活平顺，资产风险离他甚远，大概也只有"事到临头"才会想起做资产风险隔离的律师朋友，但是我们此时还能否接受 A 先生的委托为他提供资产风险隔离服务呢？

我们知道，任何工具都有适用条件、范围，以信托为例，它是非常好的资产隔离的制度工具，在设立人与受托人信托公司签订信托协议之后，设立人必须将信托财产转移至信托下，此后，信托公司按照信托协议持有、管理、处置信托财产，并让受益人受益。境内外信托法均规定，一旦信托设立、信托财产转移至信托后，信托财产就不再属于设立人的个人财产，而属于信托公司，从而完成了与设立人的风险隔离。但是，这里隐藏着一个问题。

假如，设立人 S 与信托公司签订了信托协议，设立家族信托，并将 5 000 万元资金转至信托公司。不久以后，S 以前的债权人 P 在法院起诉，要求 S 偿还债务 5 000 万元，法院判决也支持这个诉讼请求。问题是，基于信托法的规定，这 5 000 万元已经不是 S 的个人财产，而是独立的信托财产。同样，如果随后 S 破产，信托财产仍然是属于信托公司的独立财产，也不属于 S 的破产财

产。债权人P无权触及信托里的5 000万元信托资金，无法用该资产满足自己的债权。

信托设立人的债权人、破产管理人无法刺穿信托，把信托资金用于偿还设立人的个人合法债务或是破产债务，这便是信托的资产风险隔离功能。资产风险隔离通常是建立在债权人的痛苦之上的，明明信托资产与设立人有关联，就是无法用以偿还债务，特别是当设立人除信托资产之外没有其他财产或个人财产清偿债务，且债务人及其家人还能作为受益人从家族信托中受益时，这种强烈的不平衡感便达到无以复加的地步。

同理，A先生在个人财产已经资不抵债、融资债权人已经找上门的情况下，筹划、执行资产风险隔离，是不是侵犯了债权人的合法权益，是不是建立在债权人的痛苦之上？资产保护与风险隔离涉及两种对立的利益：一边是债务人有自由合理处置、规划个人财产的权利；另一边是债权人有被按时、足额清偿的权利。这两种权利是天平的两端，如何平衡是门复杂的艺术，不同时代的法律总是在这两者来回游走以求平衡。

重新回到上述信托案例，1571年之前，在英国，当债务人担负巨额债务后，把个人财产转移至配偶、关联人等第三方名下并设立信托，是一种常见、合法的做法。债权人可以继续要求债务人（设立人）偿付债务，但债务人（设立人）在设立信托之后已无个人财产可供偿债。此种资产风险隔离的操作收割了债权人合理的清偿希望，让债权人痛苦万分。这样的做法在16世纪的英国被运用到极致，使得有钱人事实上可以有效地隔离债务。很明显，这样的做法是不诚信的，是欺诈性的，极大影响了正常的社会经济交往，必须被制止。债务人的财产应该被用来清偿债务，债权人的利益应当得到保护。

英格兰在1571年制定了第一部保护债权人、防止债务人利用包括信托在内的各种不诚信方法来阻挠债权人实现其合法债权的法案——伊丽莎白法案（Fraudulent Conveyances Act 1571[8]，直译为《欺诈转让法》）。伊丽莎白法案赋予了债权人向法院申请撤销债务人欺诈转让行为的权利，即撤销债务人在欺诈

---

[8] https://en.m.wikipedia.org/wiki/Fraudulent_Conveyances_Act_1571。

债权人的意图下将财产转让给第三人的行为,以此保护债权人。

因此,在上述的信托案例中,伊丽莎白法案给信托设立人的债权人提供了一种救济,即债权人可以向法院申请撤销设立人向受托人的财产转让行为,让信托财产重新回到设立人手里,用以偿还设立人的合法债务。

伊丽莎白法案规定,债务人以欺诈债权人为意图所做的、涉及任何财产的转让行为都是可撤销的,债权人可以申请法院撤销。法官在审查案件时,关注的因素包括:

1. 转让

转让本质上是财产权益的转移,包括赠与、出售、权利负担等一切形式。赠与给配偶,转移给债务人与配偶共有,转移给家庭成员及其关联人;转让可能是赠与,也可能是低于市价的出售,即对价少于公认的市场价格,如一把椅子,市价1 000元,以100元的价格出售给关联人,这样的转让也是可撤销的;转让当然也包括出租、抵押,债务人为关联人设定权利负担,或与关联人一起分享使用利益,这些行为也不利于债权人主张权利。转让还包括债务人在被债权人追索时,把个人财产出资到自己担任股东或董事的公司里,用个人资产设立信托当然也是转让的一种。

2. 欺诈债权人的意图

可撤销的转让必须是在欺诈债权人的意图下做出的,即为了阻碍、迟滞、欺骗债权人而做出的转让行为,这里的欺诈是指不诚信地剥夺债权人追索债务人财产用以清偿债务的机会,不诚信是个非常重要的因素。

意图是主观的,只能从客观的行为表现出来,法官们总结了很多"欺诈标示"(badges of fraud)的情形,例如:

◆ 转让是否是自愿的,是赠与、低价转让还是市价转让?很明显,自愿的赠与、低价转让比市价转让更有欺诈的可能性。

◆ 转让涉及的财产是债务人全部、大部分还是小部分财产?若债务人转让了其全部财产给第三人,剩下很少或没有剩下财产用于满足债权人,则很可能被认定为欺诈。

- 受让人与债务人之间是不是有紧密关系？受让人是债务人的配偶、近亲属或关联人，比一般的受让人，更容易被法院认定为欺诈。
- 转让完成后，债务人是否仍然占有财产，或是继续享有财产权益？如将个人房屋出售给近亲属后，仍然与近亲属共同居住，这被认为有很强的欺诈意图。
- 债权人是否有转让行为的撤销权？当债权人设立信托装入资产后，如果享有信托撤销权（即要求受托人返还信托财产），这样的信托几乎没有隔离功能。
- 转让是否发生在债务发生之后，或是发生在债权人提出偿还要求之后，或是在诉讼之时？在债务纠纷发生后、起诉后或是判决前，债务人转让资产的，是高度值得怀疑的行为，法官可能会认为，债务人在这个时点进行财产转让是为了阻碍债权人行使权利。
- 转让之后，债务人是否还有能力偿还债务？转让之后，债务人就变得无力偿还债务是最直接、最明确的欺诈债权人的表现。

欺诈意图的存在与否是需要法官确定的事实，上述所谓"欺诈标示"也只是提供了一个参考，债权人不需要证明债务人有上述所有的"欺诈标示"，其中的一个或几个标示就可能使法官进行欺诈意图的认定。

伊丽莎白法案在债务人与债权人之间稍微偏向债权人，有点"矫枉过正"的意味，该法在1925年被《财产法》（Law of Property of 1925）取代，后续又被《不足清偿法》（Insolvency Act of 1986）替代。伊丽莎白法案不但在英国适用，在英国属地及其他普通法系的其他国家、地区都能看到它的身影，如美国吸收了伊丽莎白法案的精髓，1918年制定了《统一欺诈转让法案》（Uniform Fraudulent Conveyances Act of 1918），其随后被1984年的《统一欺诈让与法案》（Uniform Fraudulent Conveyances Act of 1984）所替代。但是很多离岸地为了开展离岸业务，就对伊丽莎白法案某些条款做了变更，稍微偏向了债务人，以此吸引了高净值人士。

中国没有像《伊丽莎白法案》这样专门保护债权人的法律，关于债权人保护法律、法规是分散于《民法典》⑨等法律及相应司法解释中的，如：

《民法典》第一百五十四条　行为人与相对人恶意串通，损害他人合法权益的民事法律行为无效。

第五百三十八条　债务人以放弃其债权、放弃债权担保、无偿转让财产等方式无偿处分财产权益，或者恶意延长其到期债权的履行期限，影响债权人的债权实现的，债权人可以请求人民法院撤销债务人的行为。

第五百三十九条　债务人以明显不合理的低价转让财产、以明显不合理的高价受让他人财产或者为他人的债务提供担保，影响债权人的债权实现，债务人的相对人知道或者应当知道该情形的，债权人可以请求人民法院撤销债务人的行为。

《最高人民法院关于适用〈中华人民共和国合同法〉若干问题的解释（二）》第十八条　债务人放弃其未到期的债权或者放弃债权担保，或者恶意延长到期债权的履行期，对债权人造成损害，债权人依照合同法第七十四条的规定提起撤销权诉讼的，人民法院应当支持。

在很多案例中，法院援引上述条款，基于对事实的认定，作出了保护债权人的裁决。

嘉吉公司与金石公司等买卖合同纠纷案⑩

债权人嘉吉公司与债务人金石集团（包括：金石公司及其他公司）存在长期商业合作，2004年4月到6月间，金石集团因资金困难，未能及时向嘉吉公司支付货款。嘉吉公司申请仲裁，2005年6月26日，仲裁过程中，嘉吉公司与金石集团达成一份《和解协议》及其附属文件，约定金石集团将在5年内分期偿还债务，并将金石公司的全部资产，包括土地使用权、建筑物和固着物、所有的设备及其他财产抵押给嘉吉公司，作为偿还前述债务的担保。后因金石集

---

⑨ 《民法典》于2021年1月1日生效，《合同法》《婚姻法》等民事法律条文及其司法的内容及排列有可能发生变化，但不影响本书对相关条文的实质性解读。

⑩ 最高人民法院（2012）民四终字第1号。

团以及金石公司未履行相关义务，金石集团被厦门中院裁定向嘉吉公司支付债务1 337万美元，并被申请强制执行。

第一次转让：2006年5月8日，债务人金石公司与田源公司签订一份《国有土地使用权及资产买卖合同》，约定金石公司将其国有土地使用权、厂房、办公楼和油脂生产设备等全部固定资产以2 569万元的价格转让给田源公司，其中国有土地使用权作价464万元、房屋及设备作价2 105万元，应在合同生效后30日内支付全部价款。

第二次转让：2008年2月21日田源公司与汇丰源公司签订《买卖合同》，约定由汇丰源公司购买上述面积为32 138平方米的土地使用权及地上建筑物、设备等，总价款为2 669万元，其中土地价款603万元、房屋价款334万元、设备价款1 732万元。汇丰源公司于2008年3月取得上述国有土地使用权证。汇丰源公司于2008年4月7日向田源公司付款569万元，此后未支付其余价款。

债权人嘉吉公司起诉要求确认两次转让无效，要求汇丰源公司返还其违法取得的合同项下财产。

法院认为：

首先，债务人金石公司与田源公司存有关联关系，田源公司与汇丰源公司存有关联关系。金石公司和田源公司的控股股东均为王某琪、王某莉，与王某良为父女，金石公司与中纺福建公司属于"实际控制人直接或者间接控制的企业之间的关系"，应认定为关联关系。"王某良和张某景和既是汇丰源公司的董事、监事，同时也是田源公司的法定代表人或董事会成员。汇丰源公司成立的目的只是购买田源公司名下的案涉土地和资产，且其本身与田源公司实际上是一套人马、两块牌子，两公司之间的买卖合同有可能导致田源公司利益的转移，符合上述法律规定的关联关系的情形。"

其次，两次转让的主体田源公司、汇丰源公司对本案所涉债务知情。上述企业股东、董事、高管任职重合的情形，在嘉吉公司与金石集团达成一份《和解协议》及其附属文件时已经存在，故田源公司、汇丰源公司对本案所涉债务应知情。

再次，合同转让价格不合理及未支付对价。金石公司称转让依据了《评估报告书》，但该《评估报告书》是在第一次转让之后才出具，评估价格也高于转让价格。

最后，金石公司与田源公司、汇丰源公司存在恶意串通损害嘉吉公司合法权益的情形。金石公司作为债务人之一，同意以其所有的土地、厂房、设备等资产为上述债务作抵押担保，但其不仅未能积极配合嘉吉公司到相关部门办理资产抵押登记，反而置双方的《和解协议》于不顾，与田源公司签订了《国有土地使用权及资产买卖合同》，将本应抵押给嘉吉公司的土地、厂房、设备等资产转让给了田源公司。田源公司作为金石公司的关联企业，对上述债务背景是明知的，双方约定的合同转让价款明显偏低，且无充分证据证明田源公司已支付相应对价。综合以上分析，金石公司逃避债务的意图明显，其与田源公司之间转让资产的行为应认定为恶意串通、逃避债务的行为。汇丰源公司与田源公司的关联关系可以证明二者之间签订《买卖合同》的目的只是为了转移田源公司名下的案涉资产，同样属于恶意串通、逃避债务的行为。金石公司与中纺福建公司及汇丰源公司之间有关资产买卖合同的签订和履行，意味着金石公司实际上成为一个空壳公司，显然导致了嘉吉公司对金石公司乃至金石集团的债权无法实现，直接损害了嘉吉公司的合法利益，嘉吉公司有权向法院提起确认合同无效、返还财产之诉。

故法院判决确认金石公司、田源公司签订的《国有土地使用权及资产买卖合同》以及田源公司与汇丰源公司签订《买卖合同》为无效合同。

评析：本案债务人金石公司与债权人嘉吉公司的债权经确认已经进入执行程序，金石公司未能按协议清偿债务，反而将主要资产先转让给关联公司田源公司，再由田源公司转给汇丰源公司。田源公司、汇丰源公司对债务人金石公司与债权人嘉吉公司的债权债务是知晓的，且转让价格不公允，并未实际付款。金石公司、田源公司、汇丰源公司的行为是恶意串通、逃避债务的行为，被法院判定为无效，债权人嘉吉公司得到了保护。

广发银行宁波慈溪支行("广发银行")
与陈某某债权人撤销权纠纷案[11]

案件背景:

案外人振邦公司向广发银行借款,陈某某为振邦公司的法定代表人和实际控制人,为借款提供了担保,因振邦公司未能偿付债务,2015年2月25日法院判决振邦公司及陈某某清偿债务。之后振邦公司进入破产重整程序。在法院执行阶段,原告得知陈某某与第三人六守公司于2017年4月19日签订了《质权合同》,陈某某将其持有的大成公司4 000 000股权质押给六守公司。原告认为,陈某某明知对原告等多家债权人负有到期不能清偿的债务,而且都是经过法院判决已进入强制执行阶段,其作为被执行人却在强制执行阶段以与六守公司签订《质权合同》的方式将其所持大成公司股权质押给六守公司,增加了债务人财产的负担,损害了原告的合法权益。

法院认为,债务人的质押行为损害了其他债权人的利益:"第三人六守公司通过受让不良资产的形式取得对被告等人的债权后,成为被告的普通债权人之一,与原告等其他普通债权人就被告的责任财产享有平等受偿权。现被告用其股权为其中一个普通债权(即第三人通过受让取得的涉案债权)设立质押,使得第三人可就涉案股权依法处置后的财产优先受偿,从而让本可通过处置质押股权获得平等清偿的其他普通债权人无法就涉案股权获得清偿。被告若认为股权质押行为不会危及原告债权,应当提供反证证明其尚有偿债能力。现被告未提供任何证据,也未到庭提出任何抗辩。综上,法院认定被告为第三人债权提供股权质押的行为会危及原告的债权。

债权人撤销权的立法目的在于防止因债务人的不当行为导致其责任财产减少或可能减少,从而害及债权人债权的实现,债权人的撤销权行使的对象是有害债权的行为。《合同法》第七十四条列举了债权人放弃到期债权、无偿转让财产、以明显不合理低价转让财产三种情形。但该三种情形尚不足以涵盖全部

---

[11] (2017)浙0282民初7221号。

有害债权的行为方式，因此《最高人民法关于适用〈合同法〉若干问题的解释（二）》第十八条增加列举了债权人放弃未到期债权、放弃债权担保、恶意延长到期债权的履行期三种情形。以上条文明确列举的对象均为减少或可能减少债务人责任财产的行为，但上述六种情形仍不足以涵盖债务人不当减少责任财产的行为类型。被告无偿还能力的情形下，在其财产上设置担保，与司法解释规定的放弃债权担保性质相当，均属于会危及原告等其他债权人的债权实现的不当处分行为。根据公平原则和诚实信用原则，允许原告撤销上述不当行为符合债权人撤销权的立法目的和立法精神。"

债务人损害债权人方式方法多种多样，债务人"放弃到期债权、无偿转让财产、以明显不合理低价转让财产""放弃未到期债权、放弃债权担保、恶意延长到期债权的履行期"等都不能全部涵盖债务人的不当行为方式，法院可以依据实际情况判定债务人是否存在致使其责任财产减少的不当行为。本案中，债务人在其财产上负担权利担保就是一种法条没有直接规定，但涵盖在其应有之义内的不当行为方式。

除了《民法典》合同编条款外，债权人保护的法律还散见于《民法典》婚姻家庭编关于夫妻共同财产、婚姻财产协议的规定、个人破产以及案件执行的很多细则中，这些规定类似于普通法系国家的债权人保护制度，十分值得了解学习。

回到本章开始提及的案例，A先生在资产爆雷之后，产生了强烈的资产风险隔离需求，他可能迅速与妻子离婚，把大部分财产分割给妻子；他可能将剩余全部资产先行偿付给某几个关联债权人；他可能迅速将资金"消耗"殆尽，转变成金银珠宝；他可能找个地下钱庄将资金倒腾出境……方法很多，但实质都是规避、迟滞、抗阻债权人们的清偿要求。

在讨论资产风险隔离方法之前，我们引述了那么多法条，罗列了几个案例，还提到客户A先生的处境，其实就是想为资产风险隔离划定一个边界，即本章的核心——资产保护及风险隔离不得以违反法律的方式侵犯利益相关者的合法权益。采取隔离措施是否为了逃债（侵犯债权人利益），是否为了要隐匿婚姻共同财产（侵犯配偶的婚姻财产利益），是否为了隐瞒财产来源于行贿受贿等违法犯罪途径（侵犯社会利益），这些是客户的首要考虑，也是专业顾问人士应该在客户调查阶段了解的主要内容。

三、合法性、时间、成本

我们经常遇到这样的工作场景：客户上门想要了解资产配置/资产传承究竟是什么意思，大多数情况下他们听完"早规划早放心""不把鸡蛋放在一个篮子里"等理念会表示认可，但仅此而已不会有任何行动。几年后这个客户可能会急冲冲地再来，要求进行资产风险隔离操作，原因是"结婚/离婚了，被人起诉了……"面对这样的客户，我们也有点儿进退两难，客户难得，信任难得，如何在遵循法律要求的前提下满足客户的需求，确实让人头疼。

客户可以不知道伊丽莎白法案，可以不知道《民法典》的规定，但必须明白出了事再来隔离资产风险是不诚实、不道德的。回想事情经过，为什么客户当初没有行动，事到临头才被迫找寻权宜之计？主观上，很多客户对风险隔离的重要性没有感触，听过很多道理，但并不能切身体会；客观上，资产风险隔离需要专业人士操刀，设计方案、落地安排，需要一定费用，变更资产持有方式会产生税务成本，与整个流程的相关人士打交道会产生沟通成本，以及了解、监督、配合执行所花费的时间、精力成本……这些直接成本与风险隔离的"或有"收益相比，实在让人没有立刻执行的动力，客户很容易选择"等一等再说"，但往往这一等就等到了"事到临头"。

从实践经验上看，无论是资产风险隔离还是财富传承，都有3个因素要考虑：

1. 合法性

资产风险隔离以合法性为边界，资产风险隔离的意图是否正当、有没有损害债权人的利益，是首先要考虑的问题。风险事件发生之后再行隔离，无论采用什么方法都不能解决合法性的问题；在风险事件之前就做好安排，才是正确的做法，也是目的正当的解释之一。

某客户从事的行业因为行政管制的原因，目前发展形式不错，他坦言自己有很强的不安全感，因为行业本身涉及民众，故国家很有可能出台公有化或强制管理的政策。客户与妻子只有一个女儿，目前在国外读大学，父母又十分担心女儿的未来生活，怕她所托非人。客户愿意目前就采取一些措施，固定部分经营成果，以应对经营的不确定性及女儿未来生活的不确定性。他目前没有任何经营问题，没有任何债务，要处置的资产也只是他整体资产很小的一部分。此时的资产风险隔离操作是完全合法的，不会被后续行业管制、个人债务、女儿的婚姻变动所撼动。

有意思的是，还有部分人会走向另一个极端，即要求百分之百的合法，不允许有任何合法性瑕疵。合法性不是个非黑即白的问题，很多时候合法性也是可以被量化打分的，如60分基本合法，75分合法性高，100分各方面完全合法。例如，我们熟知的电商企业大多是境外上市的，通过这些上市企业的披露文件可知，他们大多是通过VIE结构（详见第四章第二节解释）在境外设立了上市主体。为什么不在境外直接设立特殊目的公司（SPV），通过SPV直接持有境内公司股权，进而在境外上市呢？因为：（1）我国法律对于外商投资有很多行业上的限制，如不能投资互联网，不能投资民办教育等；（2）我国对于我国居民在境外注册公司后返程投资有限制条件。这两个原因导致了不能通过境外SPV直接持有境内公司股权。但是，不能直接持股也不能阻挡中国互联网企业的境外上市热潮，VIE就是一个行业内公认的上市潜规则，即在不能直接持有境内公司股权的前提下，让SPV在境内设立外商独资企业（WFOE），让WFOE与境内公司签订一系列协议（主要包括控制权协议及利润转移协议），这一系列协议使得境内公司的权益在财务核算时可以被纳入境外SPV，从而达到境外交易所的认可标准。VIE合法吗？没有人能回答，中国行政机关及法院都没有直接回答这个问题，只能说非常多的企业都这样操作了。如果非要回答，主观地说，估计VIE结构的合法性最多只能达到70分，因为它采用签署一系列协议这种合法形式，规避了我国法律对于外资的行业限制及中国居民的返程投资限制。单从这点分析，VIE结构就存有很大合法性瑕疵，但是合法性瑕疵并没有影响大批企业借此蜂拥出海上市。这是目前现有法律制度框架与现实需求的不匹配现状所导致的，在当前体制下，要满足企业海外上市的需求，这种"不完全合法"的方式是人们"曲线救国"的一种选择。也许，在不久的将来，有更好的制度措施可以解决这一现状，企业家们也不必在违法的边缘反复试探。

回到资产风险隔离话题，我们要分析的是，合法的边界在哪？哪些地方没有规定或规定不明确？利益相对方是谁，他们会有哪些行为？资产风险隔离有一个底线，那就是绝对不能违反国家强制性的法律规范。对于其他管理性法律规范及平等主体之间的法律规范，要细致分析法律规定及实践中的掌握尺度，可以在允许的范围内大胆创新尝试。相对海外上市这种全公开、强监管的资本运行而言，资产风险隔离则隐蔽强，监管少，这些特点也让我们对它的合法性有新理解。

从另一方面来解读合法性，资产风险隔离与资产传承、资产配置一样具有"短期不可验证性"，即资产风险隔离的操作在执行完毕之后一段时间内，客户不会知道这些操作是不是真的有效、合法。嘉吉公司与金石公司案中的债务人金石公司为了逃避债权人嘉吉公司的追索，将其名下主要资产于2006年先转让给田源公司，田源公司于2008年再转让给汇丰源公司。债务人金石公司背后肯定有"高人"指点，才能想出这么复杂的资产风险隔离方案并且实施。这一方案执行完毕后，不会有一种机制自动反馈这一方案的有效性。有效性往往是在利益相关方提出异议时才能有机会被验证。执行申请人（债权人）对于债务人金石公司两次"倒腾"资产的行为提出的异议，在法院进行了诉讼，最终在2012年，最高人民法院验证否定了这种资产风险隔离方案。这个案例发生在民事执行程序中，所以反馈来得更快一点。更多的案例，执行资产风险隔离方案时，利益相对方是潜在债权人、潜在配偶、潜在继承人，验证可能发生在十年、二十年之后。

会不会被"打脸"、怕不怕被验证还是要看合法性，正所谓"合法走遍天下"。目前，财富管理行业有个不太好的倾向就是一切向提出方案看齐，丝毫不谈方案的稳固性。假设金石公司是个人高净值客户，面对他的资产隔离需求时，我们一定不会给出两次"倒腾"资产的方案，因为这种方案很容易被验证无效,我们的方案一定是更缓和、更复杂的,而且会给客户更多的风险提示。

再如,在2017—2018年的时候,CRS话题很火,我们常常被问到有没有规避CRS的方法。我们的标准回答是按照CRS的逻辑,根本的解决之道是更换税收居民身份(税收居民身份是依据当事人与某地的社会经济联系确定的),这样的回答估计与很多人心里期望的答案有巨大差距。其实,CRS有着一套严密而细致的规则,它写明了不得提供任何有关规避CRS的建议或服务。但是,若我们直接以这种"拒绝"的方式回答问题,往往难以被机构和客户接受。

前面提到了要容忍合法性瑕疵及"合法走遍天下"这两个看似矛盾的观点,但这两个观点其实是不矛盾的:(1)很多资产风险隔离方案利益相关者对抗性不高,方案有其他的合理目的,方案实质上符合法律规定、只是在落地实操上存在规定不明确、掌握尺度不一致的情况。此时,我们认为不用苛求完全合法,即便是最后有利益相关者通过法定程序来检验隔离方案的有效性,也不会因为操作中的或形式上的小瑕疵,导致方案整体"无效";(2)但很多资产风险隔离方案从一开始就有方向性错误,这些错误虽然短期不可验证,但长期一定会被否定。

2.时间

有事件性需求的客户往往会希望尽快做好资产隔离,2个月、1个月,最好是1个星期内做完。但是,资产风险隔离不像是去银行开个个人账户那样简单,从了解需求、了解资产状况,到给出方案至落地执行,是有自然周期的。这涉及客户的配合、相对人的沟通与配合、服务商的选择及沟通、各部门内部KYC、行政机关受理和反馈、金融资产的期限等,时间长短取决于方案具体情况。

以搭建境外结构的过程中设立公司、公司开户为例,在境外设立公司很容易,但公司在银行开户是个无比复杂的工作,需要真实的办公地址、面试股东/董事等一系列复杂的KYC流程,花费时间一般是2个多月;以境内公司股份代持来为例,并不是权益者与代持者签定代持协议就结束了,还涉及权益者与代持者权利义务的沟通、与公司其他股东的沟通、与公司合作商的沟通,甚至还有与代持者利益相关者(配偶等)的沟通等必要环节,而这其中的大部分时间是客户及律师不能掌控的；再以搭建VIE结构中37号文备案（资金出境环节详述）服务为例，在境内权益公司股东及股权结构已经调整到位，不需要在安排办理工商变更手续的情况下，办理37号文备案也要近3个月时间，若再加上境内权益公司的设立、境内SPV的设立，时间则会更长，这还不包括客户的内部讨论、决策时间（如表2–1所示）。

表2–1

阶段	环节	事项	标准时间
1	1.1	明确整体架构的搭建方案，程序和时间表	依各方安排和实际协调
	1.2	早期的基本信息、资料的收集和整理	
2	2.1	37号文初始报备所需资料、信息和文件准备	依各方安排
	2.2	37号文初始报备，取得境内居民个人境外投资外汇登记表	15—20个工作日
3	3.1	WFOE名称预先核准所需基本信息和资料的准备	依各方安排
		WFOE名称预先核准	3个工作日
	3.2	WFOE注册信息确认，对应信息和资料准备	依各方安排
		WFOE注册地址确定，对应信息和资料准备	依各方安排
		WFOE申请文件和注册表格的制作和签署	
	3.3	提交WFOE设立的工商网报，网报通过	8-10个工作日
	3.4	预约WFOE设立向工商局提交书面申请的具体时间点	
	3.5	提交WFOE设立的书面申请，领取营业执照	
	3.6	提交WFOE设立的信息报告	2个工作日
	3.7	向公安局提交WFOE印章审批的申请，刻制WFOE印章	1个工作日
4	4.1	向WFOE选择的开户银行提交申请，办理开户许可证和开设人民币基本账户	10个工作日
	4.2	向WFOE选择的开户银行提交申请，办理外汇业务登记	5个工作日
	4.3	向WFOE选择的开户银行提交申请，开设外汇资本金账户	3个工作日

另一方面，时间要求越急迫，能够选择的隔离方式越有限，合法性瑕疵越大。从《伊丽莎白法案》的"欺诈标示"规定来看，"时间要求越急迫"也是欺诈意图的表现之一。以婚姻财产的保全为例，在婚前以签订婚前财产协议或全款购房、购买保险的话，客户有很多方案可以选择，能够从容操作。但是一

且双方感情不合，进入或可能进入诉讼离婚的流程，很多人会采取大额取现、向父母转款等方式以图进行资产风险隔离，这样的操作不叫资产风险隔离，叫"隐藏、转移、变卖、毁损、挥霍夫妻共同财产"，依据《民法典》第一千零九十二条"夫妻一方隐藏、转移、变卖、毁损、挥霍夫妻共同财产，或者伪造夫妻共同债务企图侵占另一方财产的，在离婚分割夫妻共同财产时，对该方可以少分或者不分。离婚后，另一方发现有上述行为的，可以向人民法院提起诉讼，请求再次分割夫妻共同财产"，因此这样做很可能偷鸡不成蚀把米。我们十分理解客户要求的紧迫性，但事到临头的操作，必然让方案选择十分有限及粗糙。本书最后一节会展示一个合理合法婚姻资产隔离的案例，与这些"隐藏、转移、变卖、毁损、挥霍夫妻共同财产"的方式形成鲜明对比。

3.成本

风险隔离所花费的成本包括直接成本与间接成本，直接成本指律师费、顾问费、渠道费用、税务成本等，间接成本是指机会成本。以股权/房产信托为例，很多客户基于资产隔离、资产传承的需求打算设立信托，在国内，以非金融资产设立信托的，设立人将财产置入信托的过程视为交易，就需要按交易征税。

张先生房产信托规划案

张先生在中国境内某地拥有房产N套，欲用其名下房产设立信托。

税务规划前，直接设立信托方案如图2-1所示：

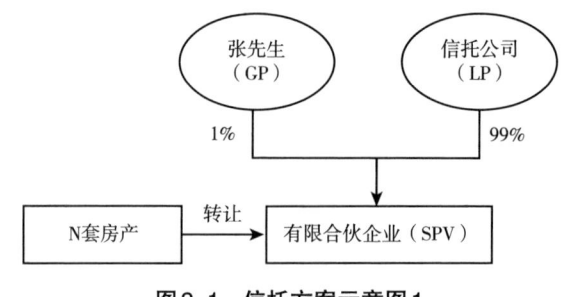

图2-1　信托方案示意图1

张先生作为普通合伙人（GP），信托公司作为有限合伙人（LP），共同设立有限合伙企业（SPV）。合伙企业设立完成后，张先生将其名下N套房产直接向有限合伙企业进行转让。假设张先生持有的房产是商业地产，采用这种方式设立信托，总体交易会涉及个人所得税、增值税及附加税费、土地增值税以及契税（买方承担）、印花税。

税务规划后，通过搭设架构后再设立信托方案如图2-2所示：

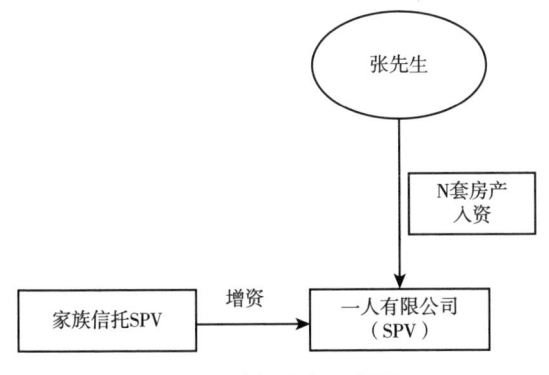

图2-2　信托方案示意图2

此种方案下，先设立一人有限公司（SPV），然后张先生将其N套房产对该一人有限公司进行投资。张先生投资完成后，由"家族信托SPV"对该一人有限公司进行增资入股。

采用通过搭设架构后再设立信托的方式，将适用"个人在改制重组时以房地产作价入股进行投资，对其将房地产转移、变更到被投资的企业，暂不征土地增值税"以及"同一自然人与其设立的一人有限公司之间土地、房屋权属的划转，免征契税"的税收优惠政策。这种方式下，暂不征收土地增值税，契税适用免征，仅涉及个人所得税、印花税、增值税及附加税费。通过此种方式进行税务规划后，可降低税负，节约税务成本。

尽管经过努力筹划，但是客户仍然需要承担高额的、现实的税务成本。风险隔离的益处在高额的、现实的税务成本面前显得就没有那么"诱人"了。客户往往在前几轮互动中表现出很大"决心"以承受信托设立税务成本，但是面对真实的测算数据时，几乎没有人再愿意操作下去。

成本又与合法性及时间相关联，合法性高低及时间性缓急都有不同的对价。资产风险隔离有时会涉及一些"灰色地带"，当合法性不同时，就会有不同的风险对价，这点从查获的"对敲"（即境内支付人民币，境内收到外汇）交易中可以看到，如果客户要求越急迫，资金越可疑，中间商的收费就越高。脱离"灰色地带"，如前文所述，由于资产风险隔离合法性是可以被量化的，不同的合法分值对应不同的成本。客户直接设立公司或客户找人代持，两者的成本是不同的。给客户起草婚前财产协议与在离婚诉讼前为客户制订婚姻财产保全方案收费差别很大。

合法性、时间、成本三者是动态平衡的，很多时候是处于"三角不可能"状态，即不可能三者同时满足，所谓"又快又好又便宜"的资产风险隔离是不存在的。每当客户前来咨询的时候，我们会让客户在诸多诉求中挑出最急迫需求，以最急迫需求为主要突破点，力求在合法的前提下，兼顾时间与成本。

四、保护与隔离的评测维度

资产保护、风险隔离现在已经成为财富管理行业的金字招牌：婚姻业务律师会建议婚前要签财产协议，婚后父母赠与要指名；企业顾问会提出要早搭家族治理结构，梳理家族、家族成员与家族企业之间的关系；信托服务从业者会告诉大家信托能避债节税加传承；保险从业人员会说保险能避债节税加杠杆；推荐境外房产的会说境外房产不会被CRS交换信息还保值；卖护照的会说一本护照万事无忧……这些说法都对，他们都在一定程度上具有资产风险隔离功能，但都各自有适用条件的，没有一种服务、产品能"包治百病"。

客户的个人情况、家庭情况、风险情况不同，资产风险隔离的目的、方法也不相同，在选择隔离方案之前要从自身情况及需求来评测方案的适用性。网上有很多关于资产风险隔离的文章，大多集中在介绍具体案例和具体方法上，少有人总结资产风险隔离方案的评测维度，在本节，我们将对此进行介绍，让大家在进入具体方案学习前具备基本的"理论基础"。横看成岭侧成峰，每个人对于同一事物会有不同看法，更何况是资产风险隔离这一复杂话题，所以本节提出的测试维度划分只是作者个性化的实务经验。客户在资产风险隔离前，不妨从各评测维度思考一下自己究竟需要什么样的保护与隔离。

（一）资产保护两大方法：风险隔离、建立"保险柜"

我们在第一章讨论了风险的起源、种类及传递，为了应对风险、资产保护，第一个方法是：风险隔离，即切断风险的传导，切断高净值个人与其他人或其他机构的风险联系，缩小风险的作用范围，只让高净值人士承担自身风险。

切断风险的传导有很多方法。如，为了化解夫妻共同财产分割风险可以签订婚前财产协议；为了切割共同债务的风险可以离婚，如甘某某与贾某某离婚；为了减缓公司运营风险的冲击，可以优化公司股权结构。但是风险切割的作用也是有限的，因为很多风险是无法被切割的，而且自身风险的破坏力也不容小觑。

A先生从事建筑行业20多年，赶上地产红利，承建了很多项目，利用本地资源介入旧改、城改，也自行开发了一些小项目。但是因为自身抗风险能力、开发能力、销售能力无法和大型房企相抗衡，故现金流压力很大。为了开发项目，A先生与资金方进行"明股实债"的合作，承诺了年16%的回报。在投资协议中，公司与A先生都承诺了回购，A先生的爱人也要一同签订连带担保合同。

对于A先生来说，承担回购风险是公司经营的必然选择，无法切割隔离的，公司风险向A先生及其家族传递是必然的。在项目开发过程中，由于工程管理的原因，装饰施工中发生了重大火灾，造成了重大的人员伤亡和财产损失，A先生被公安机关以涉嫌安全生产事故罪立案调查。个人刑事责任属于自身风险，其破坏力足够摧毁A先生的事业发展及正常家庭生活。A先生的入狱为家族企业带来了很大的不确定性，合作方对于项目开发前景很担忧，纷纷表示要启动融资合同中的回购条款，很多其他民间融资的债权人也纷纷登门。A先生和家族面临着巨大的困境，如何最大限度地调动资源解套，如何避免"覆巢之下岂有完卵"的惨淡结局，这些是要解决的燃眉之急，也是很多高净值人士刚性需求。对于无法切割或是必然承担的风险，应对风险、保护资产的第二个方法是：提前建立"保险柜"，即储备安全资产、资金，以保证在最极端的情况下，家庭有最基本的生活保障，个人有"翻盘"的可能。建立"保险柜"是有别于风险切割的保障手段，是在风险切割之上的补强手段，两者搭配效果更佳。

建立"保险柜"的方法有很多，从资产种类分散化，到资产地域分散化，再到合理利用保险、信托等法律金融工具。很多时候建立"保险柜"与风险切割是同时完成的，如将个人股权交由他人代持，既是将企业风险与实际股东切割的过程，也是实际股东将股权资产放入"保险柜"的过程；再如设立信托，利用信托财产独立的法律规定，同时达到切割设立人、受益人风险以及将财产置入信托"保险柜"的双重目的。

相比风险隔离，给资产建立"保险柜"要相对简单。毕竟风险隔离多数需要利益相关人的配合，涉及对现有利益格局的调整；而建立"保险柜"多数可以自主进行，甚至秘密进行。从我们的工作经验看，客户往往对设立海外安全账户、搭建境内外信托等"保险柜"类服务最感兴趣，这类服务由客户自己决策，涉及的利益相关人较少甚至没有，私密性高，抗风险效果直接，操作成功率也最高。但是为了建立"保险柜"，客户需要将一定体量的资金、资产从现有经营体系中剥离出来，通过种种方法置入"保险柜"，不过资产在"保险柜"里的收益可能不如在现有经营体系里高，这需要客户进行利弊权衡。

（二）风险隔离的维度：企业与企业主的隔离、家族成员间的隔离

前文中提到了常见的企业风险及其向企业主的传递，对于经营企业的高净值家族而言，企业兴则家族兴，企业衰则家族衰。基于企业与企业主的天然联系，两者在风险上也天然关联；企业主作为一家之主、企业灵魂，对于家族和

企业的重要性不言而喻。

企业主个人面临着法律行为及法律事件的风险，因此，在企业主与配偶之间、企业主与家庭成员间进行风险切割就非常有必要。企业主与配偶之间的隔离可以通过离婚、婚前/婚姻财产协议、信托工具、保险等实现。家族成员的隔离包括家族成员代际的风险切割，实现父母的风险不向子女传递、子女的风险不向父母传递。婚前/婚姻财产协议、信托、保险等工具也可以用于隔离代际风险。此外，不同家庭成员还可取得不同国籍，让家族资产加入不同国籍的因素，提供更多可选方案以完成风险隔离及税务优化。

（三）风险隔离的时间：永久、长期、短期

A先生是一家互联网公司的创始人，赶上市场机遇，在资本的加持下，公司发展迅速，现在公司正在筹划IPO事宜。A先生作为公司的大股东、实际控制人，按照规定，在上市之后股份应锁定36个月，36个月之后才可以出售；而且因为A先生还在公司担任重要职务，股票出售还会面临更复杂的限售规定。

B先生拟再婚，由于前段婚姻分家析产的惨痛教训，B先生觉得有必要做一些提前安排，这些安排是为了让B先生确定对方是因为感情而不是因为利益驱使与他结婚的，也是为了让他的生意伙伴放心，毕竟上一段婚姻的"鸡飞狗跳"，影响了公司经营、公司股权结构。

随着事业发展家族繁盛，C先生面临着更复杂多元的风险，从公司经营风险到行业风险，利益诉求也更多元，商业伙伴、家族代际和支系各自要求不同。C先生的隔离需求是跨越世代的、永久的，他考虑将多年经营所得固定下来。

从上述案例可以看出，不同人群基于自身需求对资产风险隔离的期限要求是不一样的，不同的资产风险隔离的期限要求对应着不同的操作路径：

A先生急需上市后逢高套现满足家庭生活需求，A先生可以事先筹划通过老股转让或股权激励的方式，将部分未上市股票由小股东代持，待上市满一年后就可以伺机出售。

B先生要预防婚姻变故，婚前的财产协议是必要文件，婚前财产协议隔离

期限可能是长期的,也可能是10年、20年,也许随着双方婚姻生活的持续,两人琴瑟和鸣,这份婚前财产协议也就没有存在的必要了。

C先生可以设立一个境内或者境外的家族信托,用一个复杂的法律结构一次性完成风险隔离与资产传承。家族信托一般是不可撤销的,这意味着信托成立后,信托财产就与C先生"永久隔离"了,C先生与信托财产之间"各自安好"。

(四)风险隔离的空间:在岸隔离、离岸隔离

在岸、离岸以司法管辖区(法域)为边界,对于内地客户,我们把中国内地地区视为在岸(地),把中国内地以外的港澳台及其他国家、地区视为离岸(地)。在资产配置、金融投资领域中,离岸地是指香港、新加坡、百慕大、开曼群岛、英属维尔京群岛(BVI)等。

地理位置上,资产有在岸与离岸之分。在岸隔离是指所有资产的物理位置均位于境内,如在境内持有金融资产、购买保险、设立信托等。随着我国经济发展及法律健全,离岸地所提供的产品工具、制度工具在境内均有同样功能的对等物,但是离岸隔离仍对客户具有很大吸引力,主要在于不同的法域存在信息不对称(或不完全对称)、法律不同等因素,使得离岸隔离具有强物理隔绝的功能,并且离岸配置还能满足高净值人士分散汇率风险、商业风险的需求。

A先生从事外贸行业多年,采用的模式非常传统,即内地生产厂家以低价向香港中转贸易公司出口,香港中转贸易公司再以市场价格向欧美终端用户销售,A先生作为香港中转贸易公司的实际控制人在香港留存了大量利润。几年之前,A先生的这种商业模式非常常见,但是随着CRS制度、受益所有人信息收集制度、新个税法关于中国居民在境外低税区域控制企业反避税制度(CFC规则)的建立和实施,A先生面临着更大的合规压力。尽管如此,在境外留存、配置资产仍是很多客户的必选动作。

离岸配置是件说起来容易、落地很难的事,很多资产无法离岸,如房产、

公司股权（尽管有 VIE 等结构），外汇管制仍是资金双向流动的主要障碍，更不用提跨域的文化、法律等差别。

（五）资产信息保护：弱隐私、强隐私

获取资产信息是针对资产采取行为的前提基础，信息公开程度是风险隔离、资产保护一个重大考虑因素。资产信息保护往往是高净值人士的第一需求，故所有的保护与隔离操作都要有隐私属性。为了达到资产隐私，就要考虑隐私保护的对象是谁，是平等主体（个人、公司），还是国家机关（税务机关、法院、警察）。

例如，H先生是位高净值人士，他作为创始人持有境内上市公司的股票，公司上市的招股说明书对其持股情况有明确的披露，债权人及税务机关都能通过公开途径查阅，但H先生持有的其他金融资产（包括银行账户、保险、股票账户等）的隐私性各有不同。基于各金融机构的披露义务，国家权力机关对某些金融资产可以在某个机构统一查询，对其他资产信息需要进行专门的查询操作。各金融机构把保护客户信息视为第一义务，故个人不能直接获取H先生的金融资产信息，只能通过诉讼请求法院查询。H先生境内持有古董字画等贵重动产，普遍是不登记不公示的，个人或国家权力机关很难查询获知信息。H先生的境外金融资产更具有强隐私性，不过随着CRS的落地，境外金融机构已向我国税务机关报送金融资产信息，但是根据交换协议，该类信息只能基于征税目的被税务机关使用，不得基于其他目的被其他主体使用。

从上述例子可知，国家权力机关可以轻易获取一国境内的资产信息，对于域外的资产安排，只能借助于双边或多边条约部分获取其信息；平等主体（债权人、离婚配偶）没有法定查询权力，只能借助于司法体系在有限的范围内获取信息，对于域外资产安排，信息获取难度及成本更大。

（六）所有权丧失与否：丧失、不丧失

在资产风险隔离中，放弃所有权是大多数隔离方法的内核，即个人不再拥

有某项资产法律上的所有权换来个人与该资产风险的互相隔绝。这个方法有种哲学上不可思议的玄妙感，我们所拥有的，恰恰是给我们带来灾厄的，放弃即是拥有。

A先生在某公司的股权由B先生代持，某公司债务、责任最多传导至B先生，A先生个人的债务、责任也不会直接波及该公司的股权。

A先生设立家族信托，其将现金2 000万元作为信托资产置入信托，该2 000万元从法律上就不再是A先生的个人财产，A先生个人的债务一般也不会波及该2 000万元。

A先生购买了巨额保单，他作为投保人分期共缴纳了1 000万元保费，该1 000万元已经成为保险公司的收入，保险公司按合同为A先生提供保障服务。A先生个人的债务不会轻易波及该1 000万元保费。

上述例子都是放弃所有权换来资产风险隔离的例证，所有权可以再行分解为占有权、处分权、收益权、使用权四项权能，但如果真的以所有权的全部权能来交换风险隔离，代价过大，本末倒置，没有人会愿意。因此，为了平衡放弃所有权与资产风险隔离之间的矛盾，在所有权丧失的情况下，我们可以通过种种安排，让原权利人继续享有所有权中占有权、收益权、使用权中的一种或几种，这样既可以享有资产隔离的好处，又不必体会完全丧失所有权的痛苦。

A先生在某公司的股权由B先生代持，A先生须通过协议或是直接控制公司财务、管理等方式行使股东的权利，公司的经营收益也通过B先生再返回至A先生。

A先生设立家族信托，其将现金2 000万元作为信托资产置入信托，依据信托协议A先生可以明示或暗示信托公司如何投资、如何分配，A先生可以调整受益人，或也可以把自己列为受益人。A先生还能通过保护人持续控制信托，让信托资产按照自己的意志运行。

A先生购买了巨额保单，缴纳1 000万元保费后，作为保单持有人拥有保单现金价值，也拥有调整保单受益人的权利。

第二章 保护与隔离的评测——什么是好的方案

在丧失所有权的情况下,如何对资产进行持有、管理、受益是门精深学问,这涉及对法律的了解和实务的落地。以信托为例,A先生完成信托资产置入后,理论上就不能对信托公司发号施令了,如何在这样的局面下继续"控制"信托?A先生可以从信托文件里的权利义务约定、信托保护人的角度设定、与信托公司的沟通、对信托项下投资行为的控制等等方面,精巧地行使权利。无论如何,这种"控制"一定要明确、有效,不能因隔离而丧失了所有权,也不能因为搭建了复杂结构,导致控制权丧失。

2018年,我国开始落实CRS制度,一时间"规避"CRS成了很多在境外拥有金融资产人士的刚需。许多从事境外资产管理的人就开始兜售各种财产配置结构,其中一个比较典型的结构就是——先在荷兰设立基金作为客户金融资产的直接持有人,再任命黑山基金管理公司为荷兰基金的管理人(详见第七章分析)。这个结构利用了CRS制度里下层金融机构不调查上层金融机构、基金税收居民身份以其管理人所在地确定的两个规则,搭建了一个规避结构。暂且不讨论这个结构是否能长期有效,单从所有权、控制权角度考虑,这样的结构太危险。客户的海外金融资产成为了荷兰基金下的财产,客户需要通过一个黑山基金管理公司来管理荷兰基金,控制权链条变得冗长且无力。毕竟,很少有客户能真正了解、控制黑山公司及荷兰基金。总之,可以表面上丧失资产所有权来隔离风险,但对于资产实质的控制能力一定要实际有效。

回忆一下前述关于资产风险隔离问题的讨论,要尽量切割可被切割的风险,同时对于不可切割的风险要尽早建立"保险柜";在风险隔离时,从多个维度考虑,进行企业与企业主隔离、家族成员相互隔离;从时限性需求考虑,可选择永久隔离、长期隔离或短期隔离;从空间性需求考虑,可选择在岸隔离或离岸隔离;从隐私角度考虑,可选择弱隐私或强隐私的隔离方案;从所有权角度考虑,资产隔离方案要确保在丧失所有权的同时不丧失控制权。

讨论完上述后,结合目前所具有的法律制度资源、产品资源,从实务角度,我们对常用的资产风险隔离工具进行类型化如下:

(1)代持安排:资产的所有权从权能上可以再细分为处分、占有、使用、收益，代持将这四项权能分离，即将所有权人与占有人、使用人、收益人分别为不同的人，真正的受益所有人借助名义所有人占有、使用、收益资产。代持安排以其应用场景之广，成为高净值客户最常使用的工具。代持将受益所有人与名义所有人进行了分离，是对受益所有人的保护，但也可能损害债权人或第三人利益。

（2）协议安排：这里是指代持安排之外的协议安排，主要指风险划分、切割、补偿的协议。最典型的是婚姻财产协议，在婚前、婚后对个人财产/债务、共同财产/债务进行划分。协议安排是双方当事人的自主安排，双方可把所关心的事项都写入协议，只要不违反法律，都是有效力的。协议安排的问题在于，双方当事人的安排原则上不能对抗债权人、国家权力机关等第三人。

（3）金融工具：保险是分散与对抗风险的金融工具，保险同时还可实现资产风险隔离、投资增值、财产传承等多样功能。投保人、被保险人、受益人角色的不同安排搭配不同的保险产品可以实现资产风险隔离功能。保险本身具有的强法律性、强金融性，使其成为高净值人士最为熟悉的金融工具。

（4）制度工具：制度工具主要指信托，即利用信托委托人、受托人、受益人、保护人之间的约定及法定权利义务，借助信托财产独立性的基本法律规定，实现包括资产隔离、资产传承、投资等复杂的资产配置目的。信托是家族财富传承"皇冠"上的"明珠"，但是适用条件也很高。基金会亦是如此。

（5）资产多样化：这里的资产多样化并不是从收益角度考虑，而是从资产安全角度考虑。不计名的金融资产、高价值的动产、新兴的电子货币都是多样化的可选项，这些资产的特点是流动性不如一般金融资产那样强，因此监管稍少，核查难度较大。

（6）离岸配置：离岸地的某些法律制度资源、产品资源对比境内的制度和产品可能更历史悠久、更灵活；离岸配置有更大的自主性、隐私性，可以更好地与国际市场连结，是对境内配置的有力补充。税收居民身份、国籍也都是有力的离岸配置工具。

（7）家企治理：家企治理是指通过安排企业所有权结构、家族治理结构

（如以家族控股公司代替个人直接持有等）来减轻家族企业与家族成员之间的风险传递；通过建立完善的公司治理结构，让股东、董事、高管按法律及规则履职；以家族价值为基础，通过构建家族文化，制定家族宪章，设立家族大会、家族委员会等家族治理机构，解决所有权、管理权、受益权分离与统合的矛盾。鉴于本书的内容设置，我们不会对家企治理作过多讨论[12]。

---

[12] 关于家族治理结构等，请关注《家族宪章实务》（暂定名）。

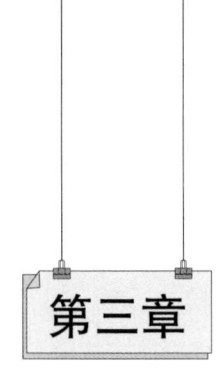

第三章

代持——为资产戴上面具

上一章我们讲述了很多宏观层面上有关资产保护与风险隔离的知识，本章开始，我们就从微观层面入手，分析具体有哪些方法可以切割风险。

客户A先生，中国籍，已退休，退休前在第三方财富管理机构担任高管。A先生有两个女儿，大女儿35岁，新加坡籍，离异，育有一子；小女儿20岁，中国籍，大学在读。

财富管理行业经历了野蛮高速的生长和发展之后，进入出清和洗牌的阶段，虽然A先生一年前从所任职的财富管理机构退休，但是A先生始终担忧机构业务合法性，担心"倒查"风险。

A先生生性谨慎，由于其所从事的行业特点及隔离风险的考虑，其主要资产一直都是由他人代持，主要包括：（1）在境外大女儿名下的一部分现金资产；（2）由A先生哥哥代持的内地一家科技公司的股份，持股比例为5%；（3）A先生早年投资的经营性物业所有权在一家公司名下，由A先生前妻持有该公司股权。

这是一幅非常典型的中国高净值客户资产持有画像，从表面上看，A先生直接拥有的财产不多，但他的大多数财产基于各种原因由他人代持，不由本人亲自持有。如何在创富阶段利用代持创造财富，以及如何在创富完成后将代持财富"收回"，是高净值人士要认真考虑的问题。在我们与众多客户的长期沟通中，深切感知到代持是中国客户进行风险隔离的首选之法，规避限购用代持、隐私保护用代持、股权激励用代持，避免CRS信息交换用代持，大有"包治百病"之势。

在代持的安排中，存在着受益所有人（beneficiary owner）与名义所有人（nominee）两个角色，资产由名义所有人持有/所有，受益所有人实际控制这些资产并从中受益。名义所有人是受益所有人的伪装，他站在大众面前，受益所有人则站在背后控制全局，一旦发生问题，名义所有人首当其冲，受益所有人则有可能取得转圜之机。当然，名义所有人愿为受益所有人站在公众的视野中，也是基于双方之间的利益安排。代持的实质就是通过代持协议的约定，将资产所有权/风险由真正的主人——受益所有人分离给名义所有人，同时资产/风险的管理、受益等权利仍由受益所有人享有。

代持是高净值人士最为常用的隔离方法，过去有，现在有，将来还会有，符合国人含蓄内敛的民族心理，也符合高效实用的要求。理论上所有资产都可以代持，房屋、土地、车辆、存款、基金……都可以借名持有，高净值人士更是对股权代持情有独钟，借助名义所有人的表面身份，在不显眼处运筹帷幄。毕竟，韬光养晦比锋芒毕露更加稳妥。

"明天系"是对资本大鳄肖某某控制的数十家上市公司、金融机构的统称，在市场呼风唤雨20年，其总部设于北京，不仅控股、参股及曲线持有几十家上市公司，还构建了涵盖证券、银行、保险、信托、期货、PE、基金等机构的完整金融产业链，成为持有金融全牌照的民营资本机构。

2017年1月底，"明天系"实际控制人肖某某归案，其隐秘控制的多个金融资产风险暴露。自1999年明天控股集团正式成立以来，"明天系"通过无数壳公司非法占有或控制大量金融牌照，长期占用大量金融机构资金，逾期无法归还，无力自救，偿付危机不断，最终不得不由监管部门依法委托机构接管。

肖某某隐秘控制"明天系"进而操控金融市场的表现如下：其一，遍查"明天系"公司的股东名单，从未见有"肖某某"出现；其二，逐级追溯"明天系"所控制金融机构的上层股东，其中绝大部分跟明天控股公司或肖某某都不存在法律意义上的股权关系，但对种种蛛丝马迹反复查证可见，这些中间控股公司实际上作为受"明天系"控制的"影子公司"存在,并且由肖某某的团队代表这些"影子公司",进入目标金融机构出任董事、监事等高管;其三,"明天系"所控制的"影子公司",频繁更名、迁址,以防止被外界识别、追踪。

一、代持的原因及风险

代持如此受欢迎,大概有如下两个原因。

1. 规避法律法规的限制

投资限制:国家对金融行业等特殊行业有较强的牌照管制,一些不适格的主体为规避管制,可能借助他人或其他机构的名义参与经营,并通过代持关系整合各种金融牌照资源;外商投资的行业有负面清单限制,某些行业不得由外资参与,外资为了从事某些行业的经营就需要借用中国居民或企业的身份进行投资。

身份限制:公务员等党政机关人员不得经商,很多人在履职过程中发现商业机会就违规借助亲友名义与人合作,谋取不当利益;许多地方政府都出台了房屋限购规定,很多无资格的人就会找有资格的人代买,以规避限购政策。

竞业限制:公司的关键人员法定或约定地负有竞业义务,即不得同时或离职后一段时间内从事相同或者类似的工作,用以防止关键人员利用任职期间占有的信息优势,通过自己控制的公司,侵占公司的商业机会。公司的关键人员为了非法攫取公司的商业机会,往往通过亲属朋友代持行事。

关联交易限制:关联交易可导致公司利益非公允地流入或流出,用以"粉饰"公司业绩。如很多公司为了上市做利润、偷利润,通过与大股东安排的公司进行关联交易。为了避免关联交易核查,大股东安排代持方公司,将关联交易非关联化。

行业资质限制:为了规范、管理某些行业,行政机关对其从业实施许可、审批制度,如提供互联网信息服务、建筑业企业、医疗器械经营等行业,都需要行政机关的核准。核准往往是依据股东资格、投资资金、运营年限等条件作出的。如建筑业的资质,很多没有资质或是资质不够的小企业为了承接项目就借助大建筑公司的名义开展业务。

实体要求限制：如我国《公司法》规定有限责任公司股东不能超过50人，有些公司投资人多或是进行了员工股权激励，为了避免超过50人上限，就必须要安排一人替多人代持股权；再如《公司法》规定非上市股份有限公司股东不能超过200人，有些股份公司在上市之前变相向公众募集资金，但为了让股东人数不超过200人，就必须进行代持。

以规避法律为目的的代持，其合法性都有瑕疵，但合法性瑕疵的程度有区别，有的是违反管理类规定，应该被处罚，此类代持经常引发受益所有人与名义所有人的矛盾；有的是违反禁止性规定，自始无效，此类代持可能涉及刑事犯罪。

2.风险隔离

实践中，代持可以隔离各种各样的风险，包括：

公司运营风险：股东虽然是有限责任，但公司的实际控制人及法定代表人基于对于公司的掌控权可能要对公司生产经营的违法违规、不能清偿债务、公司与股东人格混同后果承担运营风险。实际控制人不在公司中担任任何职务，但是通过股东、董事、高管来遥控公司运营，一旦公司发生运营风险，由公司股东、董事、高管来直接承担责任。

债务风险：有些高净值人士面临债务纠纷，可能被起诉、被执行，提前或事后将资产放在名义所有人名下，来躲避偿还债务。

声誉风险：有些人士可能长期从事慈善公益宣传，其在公众中的形象与公司运营追求利益的本质不相符，为了"兼容"二者，可能由他人代为经营公司。

婚姻风险：为了规避夫妻共同财产的规定，一方往往通过父母、其他亲友来取得、管理资产和收益。

上述只是代持可以隔离的部分典型的风险，由于它具有将所有、占有、使用、收益分离的特性，因此它可以用来"隔离"几乎一切风险。但是值得注意的是，事物总是具有两面性，代持在隔离风险的同时，也产生了风险。

王某云与青海ZF虫草药业有限公司、王某辉等股东资格确认案[13]

ZF药业是青海省冬虫夏草制药行业的领军企业之一,围绕着ZF药业的股权代持问题,王某辉、王某云两兄弟爆发了激烈矛盾,产权纠纷也给ZF公司本身带来巨大损失。"弟弟出钱、出力打江山,哥哥帮助管理,但管归管,这些始终都不是王某辉的产业"王某辉、王某云的母亲这样评说。弟弟王某云就ZF药业股权归属自2012年起诉,历经一审、二审及最高人民法院再审,至2015年止,最终以失败告终。

王某云在ZF公司成立之初为该公司原始股东,但至ZF公司2012年4月增资之时已不是该公司股东名册上记载的股东。王某云主张王某辉和海科公司持有的ZF公司85%、14.7%的股权归其所有,法院认为王某云须举证证明其与王某辉及海科公司之间存在合法有效的代持股合意,且已向ZF公司实际出资。

(1) 关于王某云与王某辉之间是否有存在合法有效的代持股合意问题。

一审法院认为:王某云主张其股东资格虽未能提供直接的证据予以证明,但是从王某辉与王某云系兄弟关系,王某云实际上始终参与公司的经营管理,ZF公司的筹建创立情况以及王某云在公司设立后在基础设施建设、人员任用、营销运作一系列过程中所起的作用,以及王某辉、王某云之姐王某健受王某云委托向王某辉账户打款用于增资等事实,结合家庭成员、公司高管等证人证言内容综合分析,应认定在ZF公司王某辉代王某云持有股权的部分事实成立。

二审法院认为:虽然原审中王某云与王某辉的父母、姐姐均出庭证明ZF公司是由王某云起意筹资建立,并在ZF公司成立初期由家庭会议就王某云出资、王某辉代王某云持股45%的事宜进行了商定,其后至2008年王某云将自己持有的ZF公司股份全部转让给王某辉,实际是由王某辉代持股的意思,也经家庭会议商定,但家庭会议未就有关王某云与王某辉之间存在代持股合意的

---

[13] (2015) 民申字第692号。

问题达成任何书面记载,且上述家庭成员证人证言并未明确对于ZF公司2012年4月增资至5 000万元过程中,由王某云实际出资王某辉代其持有相应股份的行为经过了家庭会议讨论决定,另外,家庭成员对于海科公司成为ZF公司股东并持有股份的事宜均不知情。

再审法院认为:从王某云在本案一审、二审中举证情况看,王某云未能提供其与王某辉及海科公司之间存在书面代持股合意的证据,王某辉与海科公司亦否认存在代持股合意;王某云与王某辉的父母、姐姐虽然出庭证明ZF公司是由王某云筹资建立,家庭会议商定王某云出资、王某辉代王某云持股45%,2008年王某云将自己持有的ZF公司股份全部转让给王某辉,实际是由王某辉代持股的意思,这也经家庭会议商定,但上述家庭成员证人证言并未明确对于ZF公司2012年4月增资至5 000万元过程中,由王某云实际出资王某辉代其持有相应股份的行为经过了家庭会议讨论决定,家庭会议也没有形成任何书面记载,王某辉亦否认曾参加过家庭会议。而且,家庭成员对于海科公司成为ZF公司股东并持有股份的事宜均不知情;王某云提交的ZF公司相关人员的证人证言,主要内容为ZF公司由王某云筹建,由王某云实际控制并行使公司的经营管理权,这些证人证言不足以证明王某云与王某辉之间存在代持股的合意,以及ZF公司2012年4月增资之时王某云实际认缴注册资本、王某云签署ZF公司文件的行为,亦不足以证明王某云与王某辉之间存在代持股的合意。

(2)关于申请人王某云是否已向ZF公司实际出资问题。

一审法院认为:对于王某云主张其委托美信公司、王某健转款于ZF公司和王某辉用于公司增资,王某辉仅以与美信公司存在药品销售关系,与王某健属于个人的其他法律关系为由抗辩。为查明ZF公司注册资金5 000万元的出资来源问题,该院依王某云申请启动司法审计鉴定程序后,ZF公司及王某辉不同意进行审计,亦不提供公司财务账册,对其认缴增资的资金来源亦不提供其他证据,致使无法通过司法审计确定ZF公司增资资金的实际来源。根据《关于民事诉讼证据的若干规定》第七十五条的规定,有证据证明一方当事人持有证据无正当理由拒不提供，如果对方当事人主张该证据的内容不利于证据持有人，可以推定该主张成立。综合前述分析，对王某健受王某云委托转入王某辉账户1 500万元和美信公司转入ZF公司的1 000万元合计2 500万元，应推定属王某云向ZF公司认缴增资的出资事实成立。

二审法院认为：原审认定王某辉增资4 250万元中2 500万元系王某云通过王某健和美信公司的出资，但该两笔资金转入时间均为2011年底，且并未直接用于王某辉对ZF公司增资，而是历经了数个账户流转后于2012年4月才被王某辉用于增资。对此，本院认为，在王某云与王某辉及海科公司之间就2012年4月增资过程中代持股事宜缺乏明确合意的情况下，结合上述资金的转入及流转过程，王某云对于此次增资具有出资的意思表示并协商由王某辉及海科公司代为持股的证据不足。

再审法院认为：王某云主张其向ZF公司实际出资不少于12 494万元，一审判决只认定其中2 500万元为王某云对ZF公司增资至5 000万元时的出资。而一审判决认定为王某云对ZF公司出资的两笔共计2 500万元，第一笔1 500万元王某健转账给王某辉的时间为2011年12月21日，第二笔1 000万元美信公司转入ZF公司的时间为2011年12月23日，而ZF公司决定增加注册资本为5 000万元的时间为2012年4月5日，且该两笔款项经数个账户流转后被王某辉用于增资，更没有证据证明王某云明确表示该两笔转款系用于认缴ZF公司此次增加的注册资本。基于上述事实，原审判决所作出的"由于在ZF公司2012年4月增资至5 000万元过程中，并无证据证明王某云与王某辉及海科公司之间达成了合法有效的代持股合意，王某云委托王某健和美信公司转款系用于此次增资的意图亦不明确，因此即便增资资金来源于王某云，亦不能就此认定王某云对记载于王某辉及海科公司名下ZF公司股权享有股东权益，故王某云要求确认王某辉及海科公司在ZF公司的相应股权由其享有的诉讼请求，因证据不足，本院不予支持"的认定，并不存在王某云申请再审所称认定案件基本事实缺乏证据证明，适用法律错误的问题。

在现实生活中，代持的意思表示含糊不清，注册资本的注入路径复杂。弟弟王某云历经一审、二审及最高人民法院再审均以失败告终，兄弟二人关于公司股权的争议告一段落，但是该案关于代持风险的启示却发人深省。除去第三人对于股权代持的异议或权力机关对于代持的否定外，股权代持的风险主要是来自名义所有人，有的是名义持有人的道德风险，有的是非道德风险。道德风险都是名义所有人自主行为所引入的，是可以被名义所有人控制的，又称主动风险；非道德风险主要与某些事件有关，大多数都不是名义所有人能够控制的，又称被动风险。

典型的道德风险（主动风险）有：

（1）擅自转让、质押股权，即名义所有人作为登记注册的股权所有人将股权出售给第三人，第三人基于善意取得股权；同样，名义所有人还可以将股权质押给善意第三人。依据法律规定，名义所有人处置股权的行为都是合法的。A先生实际出资设立公司，选定B先生作为名义所有人代A先生持有股权，B先生在公司注册资料里是公司的股东，其有权不经A先生同意，向C先生出售公司股东，或是向C先生借款后把公司股权质押给C先生。C先生基于对公司注册资料的信赖，没有理由怀疑B先生出售、出质的合法性。

《最高人民法院关于适用〈中华人民共和国公司法〉若干问题的规定（三）》：

第二十五条　名义股东将登记于其名下的股权转让、质押或者以其他方式处分，实际出资人以其对于股权享有实际权利为由，请求认定处分股权行为无效的，人民法院可以参照物权法第一百零六条（善意取得制度）的规定处理。

名义股东处分股权造成实际出资人损失，实际出资人请求名义股东承担赔偿责任的，人民法院应予支持。

2017年10月16日晚，保千里突发公告披露控股股东、实际控制人庄某持有的公司股票被司法冻结，原因是庄某涉及股权转让合同一案被采取诉前财产保全措施。一个月后，保千里披露了司法冻结背后的细节：保千里电子借壳中达股份登陆A股之前，庄某与李某华曾签订股权转让及代持协议，约定李某华出资9 000万元收购庄某持有的保千里电子6%股权并委托庄某代持，该等股权在保千里电子借壳上市后全部置换成中达股份3.68%的股份。之后李某华发现庄某在未经他同意的情况下将代持股票予以质押融资损害其权益，故向广东省高级人民法院提起诉讼，并申请诉前财产保全。

令人玩味的是，庄某曾在保千里电子借壳中达股份上市重组期间出具书面承诺："本人持有的保千里电子的股权为本人实际合法拥有，不存在权属纠纷，不存在信托、委托持股或者类似安排，不存在禁止转让、限制转让的承诺或安排，亦不存在质押、冻结、查封、财产保全或其他权利限制。本人若违反上述承诺，将承担因此给中达股份造成的一切损失。"

（2）取而代之，即名义所有人实际参与公司运营、管理，并逐渐不再听从受益所有人的指示，抗拒受益所有人行使权利的行为，将自己作为真正的所有人。ZF药业案中兄弟二人的故事也许就有取而代之的成分。

（3）坐地起价，即随着公司业务的向好发展，逐渐要求受益所有人增加支付代持费用，在股权转让等关键时点，狮子大开口地勒索受益所有人，要求其支付巨额费用。代持中名义所有人之所以愿意为受益所有人冲锋陷阵，主要还是受利益驱使，一旦利益不足以覆盖风险或是利益失衡，名义所有人就会在关键时刻提出新的利益诉求。

典型的非道德风险（被动风险）有：

（1）名义所有人突然去世，引发继承事件。名义所有人的继承人与受益所有人并不熟悉，可能要求继承股权或取而代之，受益所有人需要花大力气证明代持事实，或是向继承人支付高额费用。

（2）名义所有人离婚，分割夫妻共同财产。如同继承一样，离婚分割也是法定的分割事由，而且此时名义所有人提出代持更有隐匿夫妻共同财产之嫌，受益所有人也不是案件当事人，不能直接介入离婚诉讼。

（3）因名义所有人自身债务被强制执行。因自身债务被法院强制执行拍卖，也是常发生的。此时名义所有人主张代持股权很难得到债权人及执行法官的认可，即便是受益所有人有权提出执行异议，但是举证难度很大，毕竟有太多事后以代持来抗拒执行的案例，使得法官对这样的行为有天然的警惕。

哈尔滨国家粮食交易中心与哈尔滨银行股份有限公司科技支行等执行异议纠纷[14]

哈尔滨国家粮食交易中心("交易中心")称其实际出资,收购黑龙江三力期货经纪有限责任公司("三力公司")的股权,并由黑龙江粮油集团有限公司("粮油集团")、黑龙江省大连龙粮贸易总公司("龙粮公司")代持。

2006年,在哈尔滨银行股份有限公司科技支行与黑龙江龙粮谷物有限公司等借款合同纠纷一案中,粮油集团和龙粮公司被判令分别对6 045万元本金利息、9 300万元本金利息范围承担连带赔偿责任。2009年,哈尔滨银行股份有限公司科技支行向法院申请执行粮油集团和龙粮公司持有的三力公司股权。

交易中心提起案外人执行异议之诉,请求确认其为三力公司的股东及实际出资人,请求停止对三力公司股权的执行。一审法院经审理后判决驳回交易中心的诉讼请求。宣判后,交易中心不服,提起上诉。黑龙江省高级人员法院判决驳回上诉,维持原判。

生效裁判认为:依法进行登记的股东具有对外公示效力,隐名股东在公司对外关系上不具有公示股东的法律地位,其不能以其与显名股东之间的约定为由对抗外部债权人对显名股东主张的正当权利。因此,当显名股东因其未能清偿到期债务而成为被执行人时,其债权人依据工商登记中记载的股权归属,有权向人民法院申请对该股权强制执行。

近年来,就股权代持产生了很多争议,最高人民法院为回应审判热点,在总结司法实践的基础上,出台了针对性司法解释。

《最高人民法院关于适用〈中华人民共和国公司法〉若干问题的规定(三)》:

第二十四条 有限责任公司的实际出资人与名义出资人订立合同,约定由实际出资人出资并享有投资权益,以名义出资人为名义股东,实际出资人与名义股东对该合同效力发生争议的,如无合同法第五十二条规定的情形,人民法院应当认定该合同有效。

---

[14] (2013)民二终字第111号。

前款规定的实际出资人与名义股东因投资权益的归属发生争议，实际出资人以其实际履行了出资义务为由向名义股东主张权利的，人民法院应予支持。名义股东以公司股东名册记载、公司登记机关登记为由否认实际出资人权利的，人民法院不予支持。

实际出资人未经公司其他股东半数以上同意，请求公司变更股东、签发出资证明书、记载于股东名册、记载于公司章程并办理公司登记机关登记的，人民法院不予支持。

司法解释中强调了签订代持协议的重要性，代持协议可以规避名义所有人的道德风险，加大其违约成本；但是对于非道德风险，代持协议几乎无能为力，因此选择合适的代持人也是重要工作。

二、股权代持协议及效力分析

在此分享一份代持协议，该协议对实际出资人与名义出资人的权利、义务约定的较为全面。

股权代持协议（节选）

实际出资人（实际股东，以下称甲方）：
名义出资人（代持人，以下称乙方）：
鉴于：

1.甲方拟出资设立北京××××公司（预先核准的名称，以下称公司，最终名称以注册登记为准），甲方是公司的实际出资人，也是公司的实际股东，享有作为公司股东的一切权利与义务；

2.乙方是甲方在公司所持有股权的名义出资人，代甲方行使出资人及股东的权利与义务。

现就乙方代为履行出资人职责和代为持有甲方股权的相关事宜达成如下协议，共同遵守：

一、甲方在公司的出资情况

甲方在公司出资的金额为：××万元；出资的方式为：现金；甲方出资占公司注册资本：××%。

二、委托事项

甲方委托乙方处理与公司股东身份（公司设立前是出资人）有关的一切事宜，包括但不限于：由乙方直接以自己的名义出资设立公司、在公司股东登记名册上具名、以公司股东身份参与公司相应活动、代为收取股息或红利、出席股东会并行使表决权、行使公司法与公司章程授予股东的其他权利。

三、委托事项的处理规则

1. 所有涉及公司设立时的出资人权利与义务，均由甲方作出决定，乙方根据甲方的决定，办理公司设立相关事宜；

2. 所有涉及公司成立后的全部股东应有的权利与义务，乙方根据甲方的决定，以自己的名义代为行使、承担；

3. 乙方行使的有关出资人或股东的权利与义务必须以本协议或是甲方另行出具的授权委托书为依据，但遇有紧急情况的除外；

4. 如遇有紧急情况，乙方本着善良管理人的注意，从有利于甲方利益的角度，可以先行处理该项事务，但事后应及时向甲方告知，并补办书面授权委托书。

四、公司日常经营

1. 在公司注册登记完成后，所有相关证照、印章、账簿、合同、票据等资料、物品均由甲方及其指定方持有。

2. 未经甲方书面同意，乙方不得参与、干预公司经营；公司日常经营（包括并不限于：人员安排、业务开展、合同履行、财务处理、税务申报等）均由甲方及其指定方负责。

3. 乙方授权甲方及其指定方在公司经营中所产生的相关文件、合同、决定中以公司股东/董事/法定代表人/经营管理人员身份签字、确认。

4. 公司经营中需要乙方亲自以公司股东/董事/法定代表人/经营管理人员身份出席的，乙方应按甲方要求出席并行使职权。

五、处理委托事务的费用负担

乙方处理委托事务所所产生的一切税费,由甲方负责。

六、风险承担

1.乙方根据本协议和甲方另行出具的授权委托书处理有关公司及甲方股权的事务所产生的一切风险以及因甲方及公司经营给乙方带来的风险、损失均由甲方承担。

2.乙方代持甲方股权期间,公司经营产生债务需要由乙方担责的(包括但不限于第三方要求的股东承诺、声明、担保所产生的债务),最终均由甲方承担。

七、投资收益

1.甲方在公司的投资收益全部归属于甲方所有,乙方不因名义股东身份而享有这些投资收益;

2.甲方在公司所有的投资收益由乙方以自己的名义代为领取;乙方于代领后三日内划入甲方指定的账户,如果乙方不能按时划转的,应按同期银行逾期贷款利息支付相应的违约金。

八、协助甲方处分代持股权的义务

1.甲方处分代持股权及与该股权相关的一切权益时,乙方应无条件接受并提供全面、及时的协助,包括并不限于:签署协议、出具股东会或董事会决定、授权办理变更登记等。

2.甲方对代持股权及其相关权益有权进行的处分包括但不限于:转让股权、设定股权质押、委托第三人行使投票权、主张或放弃优先购买权等。

九、行为限制

1.乙方根据甲方提名担任公司董事,董事任期与代持股权期限相同,代持股权协议终止时,乙方应主动辞去董事职务。

2.在代持股权并担任董事职务期间,应根据公司法的要求履行职责;乙方行使董事权利,也应依据本协议关于代为行使股东权利的全部规定进行。

3.乙方不得对代持股权进行转让、设定质押等;乙方不得在外以公司名义进行宣传、开拓业务；乙方不得私自以公司名义签署任何合同、文件。

4.乙方不得利用股东身份、董事身份，谋取个人利益或损害甲方、公司及其他股东利益。

十、保密

双方对本协议的签署、履行及与此相关的任何资料严格保密；未经对方各方同意，不得向任何第三方披露。

十一、违约责任

1.本协议生效后，双方应按照约定履行义务，若任何一方违反本协议约定的，均构成违约。

2.一旦发生违约行为，违约方应当向守约方支付违约金，并赔偿因其违约而给守约方造成的损失。

3.支付违约金不影响守约方要求违约方赔偿损失、继续履行协议或解除协议的权利。

需要提醒的是，这份代持协议通过双方权利义务的设定尽可能地防范代持人的道德风险，但对于非道德风险作用不大。若要防范继承事件，可要求名义所有人的继承人认可上述协议内容并表示放弃继承权；若要离婚财产分割事件，可要求名义所有人的配偶认可上述协议并表示若离婚不分割股权及其权益。但实践中，基于保密要求或操作的便利，鲜有要求名义所有人家人签字的。对于名义所有人的被执行风险更是基本不可能通过协议的方式来规避，对于名义所有人的破产风险同样不能规避。

陈某某与申利公司股东资格确认纠纷案[15]

陈某某通过申利公司持有鹏鹞环保股份有限公司（以下简称鹏鹞股份公司）5万股股份，二者是隐名股东与显名股东的关系。陈某某认为，申利公司虽然进入破产清算程序，在破产财产不足清偿全部债务的情况下，申利公司代其所持鹏鹞股份公司的5万股股份，仍应当归其所有，并且因破产债权人绝大

---

[15] （2017）苏02民终3236号。

多数是银行、民间借贷债权人、供货商，享有的是债的请求权，并未取得诉争股权的所有权或其他权利，不属于善意第三人。而且，对于申利公司的对外投资，破产债权人并不具有信赖利益。因此，申利公司名下的鹏鹞股份公司550万股股份中的5万股属其所有，应予归还。

法院认定陈某某作为实际出资人出资26.25万元通过申利公司代持鹏鹞股份公司5万股股份的事实，且该代持股合同关系并不违反法律规定，合法有效。但是法院认为申利公司代持的鹏鹞股份公司的5万股股权不能确权给陈某某，因陈某某虽是案涉股权的实际出资人，其与申利公司签订协议约定该股权为陈某某所有，但该股权登记在申利公司名下，申利公司、鹏鹞股份公司也向社会予以公示。因此，对内关系上，陈某某与申利公司之间应根据双方的协议约定，陈某某为该股权的权利人；对外关系上，应当按照公示的内容，认定该股权由记名股东申利公司享有。2016年1月28日申利公司进入破产清算程序，申利公司的债权人根据申利公司的工商登记资料，有理由相信申利公司持有鹏鹞股份公司的股份，有权利就该股权实现其债权。如果支持陈某某确认股权的诉讼请求，将损害申利公司其他债权人的利益。

代持不但在本土公司里存在，在离岸公司里也一样存在。高净值人士利用名义所有人注册公司，躲藏在名义所有人身后，再以此公司为起点向其他国家、地区进行投资就能规避很多管制。代持在离岸地区是十分常规的公司服务，从开曼、英属维尔京群岛到中国香港，为了满足客户的隐私需要，公司注册机构都可以提供股东、董事的代持服务（nominee service），这些离岸地区形成了收费公允、诚信守约的一整套服务体系，并且有完善的司法体系为代持保驾护航。

客户A先生是中国居民，他在中国香港设立转口公司，从事转口业务，将内地的产品卖给香港转口公司，再由香港转口公司出售，香港转口公司所获利润留存在境外。A先生为了规避CRS信息交换、个人反避税条款[16]、受控外国企

---

[16]《个人所得税法》第八条：有下列情形之一的，税务机关有权按照合理方法进行纳税调整：（二）居民个人控制的，或者居民个人和居民企业共同控制的设立在实际税负明显偏低的国家（地区）的企业，无合理经营需要，对应当归属于居民个人的利润不作分配或者减少分配。

业条款[17]，不直接持有香港公司股权、担任香港公司职务，而是使用香港公司服务机构提供的代持服务，由公司服务机构安排合适人员担任香港公司的股东、董事。这些代持股东、董事会按客户A先生的要求签署文件、办理银行事务，具体业务由A先生自行经营，香港公司银行账户由A先生自行掌握。

虽然各法域之间一直在通力合作，朝着信息透明化、税务透明化目标进行，但无法在短时间内禁止离岸地的代持服务。离岸地的代持服务从法律上、税务上给司法机关、税务机关判断实际受益人带来极大困难。我们随书提供了一份设立离岸公司使用的英文代持协议，有兴趣者可在微博@财富传承会客厅中查找。

三、其他代持行为分析

除股权代持外，还有一种代持在实践中经常被视为"民间智慧"而得到广泛使用。很多人为了规避债务风险、被执行风险，利用家人（特别是未成年子女）的名义持有财产，进行经营，或是在风险发生后（债务发生后、案件起诉后或是执行开始后），与配偶离婚，把巨额财产分割给配偶来隔离风险。这种通过子女持有财产、以离婚来"掩盖"财产的行为可能会增加第三人的识别难度，但从法律上无法起到隔离财产风险的作用。

张某诉北京某混凝土公司（以下简称混凝土公司）、赵某民间借贷纠纷一案，法院于2012年6月20日作出终审判决，判令被告混凝土公司、赵某偿还原告张某借款318万元及逾期利息。此案进入执行程序后，法院依法对被执行人名下财产进行调查，发现2名被执行人名下均无任何可供执行财产。申请执行人张某提供财产线索称，被执行人赵某可能已将其财产转移至其亲属名下，并提供了赵某的2名未成年子女赵一和赵二的身份证号码。执行法官依照

---

[17] 《企业所得税法》第四十五条：由居民企业，或者由居民企业和中国居民控制的设立在实际税负明显低于本法第四条第一款规定税率水平的国家（地区）的企业，并非由于合理的经营需要而对利润不作分配或者减少分配的，上述利润中应归属于该居民企业的部分，应当计入该居民企业的当期收入。

申请执行人提供的线索进行查询,发现赵一和赵二名下4个账户内有存款共计370 608.49元,于是对赵一、赵二名下4个账户予以冻结。案外人赵一、赵二的母亲姜某得知上述情况后以案外人法定监护人的身份向执行法院提出执行标的异议,称上述存款是赵一、赵二个人所有,法院不应将其作为被执行人的财产予以冻结,要求法院对上述账户予以解封。

执行法院在审查过程中查明,赵某系混凝土公司的法定代表人,在执行本案的过程中,法院未查到二被执行人名下有可供执行财产,且被执行人赵某一直躲避法院执行,至今仍下落不明。赵某与其妻姜某育有两子,大儿子赵一现年13周岁,二儿子赵二现年3周岁。执行法官冻结的4个账户均由赵一和赵二的母亲姜某代为开设,根据调查发现,赵一名下有3个银行账户,第一个账户余额3万余元,根据交易明细显示,该账户自2011年2月设立至今,一直有转账或现金收支、在商场及超市消费、缴纳水电费和汽车加油费等生活费用的记录;第二个账户余额14万余元,账户自2011年10月开设以来,也存在频繁的消费及转账记录,甚至有多达50万元的资金往来;第三个账户余额12万元,自2007年2月设立至今陆续存入12万元。赵二名下有一个银行账户,设立于2011年2月,余额8万元。在审查过程中,案外人的法定代理人姜某称上述存款是孩子接受亲属赠予所得,但在法院指定的期限内未提供相应证据予以证明。

执行法院审查后认为,在查询被执行人财产时,应将被执行人的未成年子女银行存款等财产列入查询范围,当被执行人不能举证证明该款系未成年人接受的奖励、报酬等收益的,可以将该财产认定为被执行人的财产。本案中,案外人赵一、赵二均为未成年人,其银行账户内大额资金的存储和支配行为与其年龄不相符,且案外人无充分证据证明该资金的合法来源,应认定存款所有人为案外人赵一、赵二的父母,法院执行查封案外人名下存款并无不妥,案外人赵一、赵二所提执行异议理由不成立,对其所提执行异议法院不予支持。

上述及其他一系列案例表明,被执行人未成年子女名下的大额存款,如果无证据证明该存款的来源,那么即使登记于未成年人名下,也应作为家庭共同财产处理。在实务中,若存在以下情形的,法院可以认定为执行标的财产不属

于未成年人所有的财产,而是属于被执行人及其家庭共同财产:

(1)被执行人从事经营活动,其未成年子女名下存款账户存在与未成年人年龄、智力不相符的大额活动情况,且不能说明存款的合理来源和去向的;

(2)未成年子女名下存款与其监护人存款高度混同,或者基本上由其监护人支配使用的。

此外夫妻双方一方负债之后,两人以离婚的方式,将原本可以用以偿还共同债务或是一方债务的财产,通过"协议"的方式,由另一方"代持",是种较为常见的侵害债权人利益的行为,我国法律对此明确不予支持,我们在下一章对此详述。

四、如何做好代持及如何解除代持

我们分析了代持的原因、风险,那么如何才能做好代持工作,保证代持的合法、有效性。站在实际受益人的角度,可以从以下几个方面入手:

1.考察名义所有人情况。名义所有人一定要诚实可信,个人及家族资信状况良好。可以从各种源头(如裁判文书网、执行信息网、企业信息登记网)查询是否有涉诉、被执行的情况,查询其担任股东、董事的其他企业的运营情况是否正常。

2.实际掌控被代持资产。实际管理或控制证券账户、资金账户、相关支付凭证(如U盾、电子key),实际控制公司运营——安排管理层、财务人员等,实际使用被代持的资产。

3.签署条款完备的代持协议。代持协议应包括管理权条款、转让条款、收益条款、争议解决等,还应设定违约条款,加大名义所有人背信成本,还可以通过见证或技术手段证明签订时间。

4.注意留证。代持协议签署后,要保留转账、交付等履行过程材料;可以要求名义所有人提前签署处置文件,避免办理资产转让时名义所有人拒绝配合,在发生继承或离婚分割时,可以及时办理变更。

5.在被代持资产上设立权利负担,如将被代持股权质押给受益所有人,被代持房产/资产抵押给受益所有人,在被代持房产上设立居住权等。

设立代持只是故事的开始,我们回到本章开篇的A先生案例,A先生虽然从财富管理行业全身而退,但担心由于清算可能导致对以前经营行为的追溯倒查,故其大部分财产都以代持方式呈现,其前妻代持部分房产、股权、实业,哥哥代持拟上市公司股份,女儿境外代持现金。上述代持安排较为妥当,且资产在代持过程中完成了增值。创富阶段完成后,A先生基于退休生活安排、财产传承、子女生活保障需求,希望将所有资产"落袋为安",即将所有被代持的资产"收回"。

从逻辑上,有两种"收回"方式:(1)受益所有人A先生直接持有资产,即将房产、股权、实业、拟上市公司股份的所有权从名义所有人直接变更为A先生。从时限上看,资产风险隔离有短期、长期与永久之分,在完成短期、长期隔离目的之后,A先生完全可以自行持有;但是A先生可能基于对自身情况的评估不认为自行持有是个好的选择,他可以指定资产的最终受益人如A先生的子女来直接持有上述资产,即指定某个子女持有某项资产。从税务角度看,房产、股权、实业、持拟上市公司股份的所有权变更基本要以交易的方式进行税务处理,可能发生巨大的所得税、增值税等。各地房产还有当地的限购措施,只有符合条件才能成为所有人。公司股权的转让按《公司法》规定要让其他股东行使"优先购买权",优先购买权可能为能否向受益所有人的转让增加变数。

(2)名义所有人将资产变现后将资金直接给予受益所有人。受益所有人A先生基于很多原因,如看好变现时机、上市公司股权不方便变更所有权、提高生活品质或无法提供合适的直接持有人、直接变更所有权税费高等,选择将资产变现,代持人直接将变现后的资金给予A先生。变现后资金可由A先生直接持有再行进行金融投资,或者设立信托,以信托进行"代持",利用信托实现资产风险隔离、传承、投资等功能;或者在A先生不适合担任信托设立人时,由A先生子女作为设立人,A先生作为信托受益人来直接享受信托利益。在变现资金巨大时，这种"收回"方案也有问题，即A先生无法解释巨额资金取得的合理性，有触发反洗钱规则的风险。

综上所述，无论是直接变更被代持资产所有权还是将被代持资产变现后收回资金都存有各自的问题，例如法律上的障碍、税务上的成本、反洗钱的挑战，A先生必须从自己的最终诉求出发，平衡各方面的考虑，才能确定方案。我们将在最后一章的案例讲解中，结合A先生的其他诉求，探讨他的代持解除之道。

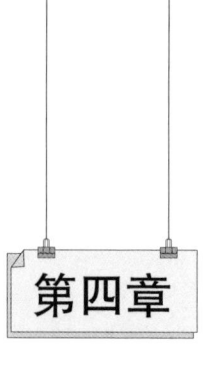

第四章
婚姻财产协议安排——纸短情长，金钱爱情皆可得

"一阳初动，二姓和谐，庆三多，具四美，五世其倡征凤卜。六礼既成，七贤毕集，凑八音，歌九和，十全无缺羡鸾和。"婚姻是美好的，谈钱似乎伤感情，但是不谈钱的感情却往往是长久不了的。为了使婚姻能够更加纯粹、更加自由洒脱，越来越多的人们倾向于通过签订婚姻财产协议的方式（提前）确定夫妻之间财产分配方案，避免在婚姻存续期间因为财产问题而伤害感情，即便婚姻破裂，也不至于对财产分配纠缠不清。

婚姻财产协议，是指男女双方为了维护既存的或者即将开始的婚姻关系的稳定，在婚前或婚姻关系存续期间，就婚前财产和婚后所得财产的所有、处分、使用、收益、管理以及婚前婚后债务的划分和清偿、离婚时的财产、债务清算等事项达成的书面协议。婚姻财产协议包括婚前财产协议和婚内财产协议（夫妻财产协议），前者是男女双方在结婚登记之前签署，婚后生效；后者是夫妻关系存续期间签署，婚内生效。

婚姻财产的协议安排是高净值人士的重点关注之一。现代社会中，婚恋价值观多元化，无论是白手创富还是二代继承，高净值人士都会特别在意自己或家族资产的稳定性，不希望因为婚姻变动，分割家族资产或影响家族资产的完整性。

第四章 婚姻财产协议安排——纸短情长，金钱爱情皆可得

一、婚姻财产协议

（一）什么是共同财产、共同债务？

我国施行法定夫妻财产共同所有制，即在双方没有约定的情况下，婚内所得财产为双方共同所有，《民法典》规定如下：

第一千零六十二条　夫妻在婚姻关系存续期间所得的下列财产，为夫妻的共同财产，归夫妻共同所有：

（一）工资、奖金、劳务报酬；

（二）生产、经营、投资的收益；

（三）知识产权的收益；

（四）继承或者受赠的财产，但是本法第一千零六十三条第三项规定的除外；

（五）其他应当归共同所有的财产。

夫妻对共同财产，有平等的处理权。

只有在符合法律明确规定的情形时，才区分夫妻一方的个人财产，《民法典》第一千零六十三条做了如下规定：

第一千零六十三条　下列财产为夫妻一方的个人财产：

（一）一方的婚前财产；

（二）一方因受到人身损害获得的赔偿或者补偿；

（三）遗嘱或者赠与合同中确定只归一方的财产；

（四）一方专用的生活用品；

（五）其他应当归一方的财产。

关于夫妻一方个人财产的规定是清晰明确的，主要以结婚为判断时点，即婚前的都属于个人财产，如婚前全款购房、婚前存款、婚姻工资薪金；婚后取得的除了一部分特殊财产——因受到人身损害获得的赔偿或者补偿、指定遗嘱或者赠与、专用的生活用品外，基本都是"在婚姻关系存续期间所得"的财

产，属于共同财产，如婚后工资薪金、婚后投资获利等。但财产并不是一直静止固定的，个人财产会发生变化，即会被消费、转化、增值/减值，这些变化的存在使得个人财产很容易被"同化"，成为共同财产。比如，婚前的个人存款在婚后的正常银行利息收益是个人财产，但理财收益就是共同财产；个人存款用于家庭消费后就消失了，不可以用婚后收入补充个人存款；个人婚前购买的上市公司股票如果一直没有买卖操作，则股票价值和分红都还是个人财产，一但卖出、买入，被操作的部分就不再是个人财产。因此如何固定个人财产，避免"消费、转化、增值/减值"而成为共同财产是很多高净值人士的刚需。

共同财产的另一面是共同债务，共同债务首先要以共同财产来偿还。实践中出现一方基于非家庭生活原因的无故负债，如赌博债务，这种债务如让另一方共同承担显然违反基本法律常识；还经常发生的是，在夫妻离婚诉讼中，一方为了多分财产而假造与关联人（亲戚、朋友）的共同债务，要求在分割共同财产之前先以共同财产向关联人偿还债务。《民法典》在总结多年司法经验的基础上，对于共同债务有了明确的定义：共同债务需要满足以下三个条件之一：即（1）双方共同认可的；（2）为家庭日常生活需要所负的；（3）或非为家庭日常生活需要但被用于共同生活、共同生产经营的。

《民法典》第一千零六十四条　夫妻双方共同签名或者夫妻一方事后追认等共同意思表示所负的债务，以及夫妻一方在婚姻关系存续期间以个人名义为家庭日常生活需要所负的债务，属于夫妻共同债务。

夫妻一方在婚姻关系存续期间以个人名义超出家庭日常生活需要所负的债务，不属于夫妻共同债务；但是，债权人能够证明该债务用于夫妻共同生活、共同生产经营或者基于夫妻双方共同意思表示的除外。

夫妻财产隔离是最为常见的风险隔离需求，它包括：避免一方个人财产成为夫妻共同财产，即便离婚也不会被分割；避免被另一方的债务所牵连，即便离婚也不用以夫妻共同财产中属于自己的那部分来偿还另一方债务。夫妻财产协议是欧美高净值人士常用的隔离工具，它能以最小的成本，化解大多数夫

第四章 婚姻财产协议安排——纸短情长，金钱爱情皆可得

妻财产的潜在风险。A先生与B女士签署婚前财产协议，约定双方婚后财产为个人所有制，双方共同负担生活开销及孩子抚养费用，共同债务必须经双方认可，一方负债时应向债权人说明关于婚后的债务约定。婚后，A先生因生产经营向多个债权人举债，举债时主动说明其为个人债务。现A先生与B女士因感情不合离婚，双方名下的财产归各自所有；A先生的债权人只能以A先生的个人财产为对象主张债权。签订婚前财产协议避免了双方离婚时的财产划分及债务承担纠葛。

《民法典》第一千零六十五条　男女双方可以约定婚姻关系存续期间所得的财产以及婚前财产归各自所有、共同所有或者部分各自所有、部分共同所有。约定应当采用书面形式。没有约定或者约定不明确的，适用本法第一千零六十二条、第一千零六十三条的规定。

夫妻对婚姻关系存续期间所得的财产以及婚前财产的约定，对双方具有法律约束力。

夫妻对婚姻关系存续期间所得的财产约定归各自所有，夫或者妻一方对外所负的债务，相对人知道该约定的，以夫或者妻一方的个人财产清偿。

订立婚姻财产协议，需要注意的是：（1）对于财产要详细列明。很多客户在订立婚前或婚姻财产协议的时候都会有蒙混过关的想法，认为未列入协议或是未清楚列入协议的财产就是个人财产。对于未明确列入协议的财产还是按法定的原则确定共有还是个人所有，笼统、概括性的表述失去了订协议的意义，如"男方婚前在其名下的财产，永远归男方个人所有"这样的表述没有具体指向任何财产，只是简单地重复法律条文。（2）区分所有权与增值收益。一方婚前的房产在婚后当然仍是一方个人财产，但是其租金收益如无特殊约定就是共同财产；一方在婚前持有的公司股权，婚后持续经营取得收益融资上市，带来的资本收益是夫妻共同财产；一方婚前取得的知识产权，婚后的推广应用收益是夫妻共同财产。简而言之，对于婚前取得的房产、股权、知识产权，其权利本身在婚后不会转化成共同财产，但是权利的衍生收益却是共同财产。（3）需要"变更"的尽快落实。婚姻财产协议中经常约定将一方的财产转化为共同财

产，如一方婚前的股权、房产在婚后成为共同财产，对于股权、房产类有所有权登记的财产，应该尽快地完成所有权变更登记，将合同的债权效力落实为"物权"效力。

（二）婚姻财产协议范本及分析

下面是我们常用的婚前财产协议范本，其主要条款是对婚前和婚后的财产与债务的划分形式，即列明双方婚前财产、选择婚后财产是个人所有还是双方共有、约定婚后债务是个人债务还是双方共同债务。

1 财产约定

【可选择类型一：财产全部个人所有】

1.1 一方婚前及婚姻存续期间持有、所有、实际管理的财产及收益、增值、转化均为该方个人所有，无论对方对此是否有贡献（包括并不限于出资、经营）。一方对其个人所有财产拥有独立处置权，对方无权干涉。

1.2 基于1.1所述原则，针对双方目前已有财产确认如下：

××市××区××房产，产权证号：×××，所有权人：男方/女方，说明：房产的增值、收益均为男方/女方所有；（购房贷款由男方/女方自行承担）。

××牌轿车（车牌号为：××，发动机号为：×××，所有权人：男方/女方，说明：（购车贷款由男方/女方自行承担）

银行账户［　］、股票账户［　］、基金账户［　］内资金、资产、增值、收益、转化等均为账户所有人男方/女方个人所有。

×××公司×%股权的股东权利及分红、转让对价、清算分配等经济权利均为男方/女方个人所有。

1.3 婚姻关系存续期间一方接受赠与或继承所得的财产，除非有书面文件明确指定由双方共有外，均为接受赠与或继承一方的个人财产。

【可选择类型二：财产全部为夫妻共有】

1.1 双方婚前及婚姻存续期间持有、所有、实际管理的财产及收益、增值、转化均为夫妻共同财产，无论对方对此是否有贡献（包括并不限于出资、经营）。

1.2 基于1.1所述原则，针对双方目前已有财产双方确认如下：

××市××区××房产，产权证号：×××，目前登记所有权人：男方/女方，自领取结婚证之日起，该房产及所涉全部出资、增值、收益等均为夫妻共同财产。男方/女方应当在领取结婚证之日起15日内办理完毕该房产的所有权人变更登记手续，将女方/男方列为共同共有人。

××牌轿车（车牌号为：××，发动机号为：×××），目前登记所有权人：男方/女方，自领取结婚证之日起成为夫妻共同财产。

银行账户[ ]、股票账户[ ]、基金账户[ ]内资金、资产、增值、收益、转化等自领取结婚证之日起成为夫妻共同财产。

男方/女方名下×××公司×%股权的分红、转让对价、清算分配等经济权利自领取结婚证之日起成为夫妻共同财产，但女方/男方不得主张行使股权身份权利，也不得就男方/女方处置行为（包括但不限于质押、转让等）提出异议。

1.3 婚姻关系存续期间一方接受赠与或继承所得的财产，除非有书面文件明确指定一方所有外，均为夫妻共同财产。

【可选择类型三：财产部分个人所有、部分夫妻共有】

1.1 除本协议另有约定外，双方婚姻存续期间所得财产均为夫妻共同财产。

1.2 针对下列财产，双方特别约定如下：

××市××区××房产，产权证号：×××，所有权人：男方/女方，说明：双方婚姻存续期房产的增值、收益均为男方/女方个人所有。

银行账户[ ]、股票账户[ ]、基金账户[ ]内资金、资产及双方婚姻存续期内增值、收益、转化等均为账户所有人男方/女方个人所有。

×××公司×%股权的股东权利及双方婚姻存续期内分红、转让对价、清算分配等经济权利均为男方/女方个人所有，女方/男方不得干涉另一方的处置行为（包括但不限于质押、转让等）。

1.3 婚姻关系存续期间一方接受赠与或继承所得的财产，除非有书面文件明确指定由双方共有外，均为接受赠与或继承一方的个人财产。

2 债务约定

2.1 对于一方所负债务，除非双方书面确认或是家庭日常生活需要外，均为该方个人债务，由其个人承担。

2.3 如经司法途径确认一方确需对外共同承担另一方债务的，则该方在偿还债务后有权就已方承担的全部债务或者超过已方承担份额的部分向另一方追偿，另一方应在收到通知后的15日内一次性支付完毕；另一方未能按期支付的，应按照年利率××%的标准支付违约金，并赔偿实际偿债一方因此遭受的一切损失，包括但不限于诉讼费/仲裁费、律师费、差旅费等。

需要注意的是，无论婚姻财产协议内关于共同债务、共同财产的约定还是双方离婚时的财产分割约定都不能损害第三人（债权人）的利益。实践中，经常会有债务人以"协议安排"侵犯债权人合法权益，即通过夫妻财产协议约定共同债务由一方承担，婚内财产由另一方所有，对抗债权人要求双方共同财产偿还债务的要求；更有债务人夫妻双方突击离婚，在离婚划分财产时将全部或大部分财产"协议安排"给未负债方，这些做法都是法律禁止的。

《民法典》第一千零六十四条在定义夫妻共同债务时强调"夫妻一方在婚姻关系存续期间以个人名义超出家庭日常生活需要所负的债务，不属于夫妻共同债务；但是，债权人能够证明该债务用于夫妻共同生活、共同生产经营或者基于夫妻双方共同意思表示的除外"，即夫妻一方的负债用于夫妻共同生活、共同生产经营的，也是法定共同债务，不能因夫妻婚姻财产协议对于双方债务的约定而改变性质。

《民法典》第一千零六十五条在夫妻约定财产制规定中，特意强调"夫妻对婚姻关系存续期间所得的财产约定归各自所有，夫或者妻一方对外所负的债务，相对人知道该约定的，以夫或者妻一方的个人财产清偿"，意思是在负债时除非债权人明知债务人夫妻施行婚姻财产个人所有制，否则债务人不能以夫妻之间的内部约定来对抗债权人的实体要求及程序要求。该条也诠释了一个基本法律原则，即公示产生对抗力，在可能对第三人（债权人）利益产生负面影响时，除非夫妻双方通知第三人，否则这样的安排或交易不能产生影响第三人的效力。

从程序上讲，夫妻一方为案件被执行人的，法院不仅可以查封被执行人名下的财产，亦可查封、扣押、冻结其配偶名下的共同财产。《最高人民法院关于人民法院民事执行中查封、扣押、冻结财产的规定》第14条规定"对被执行人与其他人共有的财产，人民法院可以依法查封、扣押、冻结，并及时通知共有人。夫妻一方为被执行人的，法院可以依法查封被执行人以及其配偶名下的共有财产。被执行人的配偶以法院查封、扣押、冻结的财产为共同财产为由，请求排除执行的，不予支持。配偶不服执行异议裁定的，可向执行法院提起案外人异议之诉。对被执行人与其配偶的夫妻共同财产，法院可以查封、扣押、冻结。被执行人的配偶以查封、扣押、冻结的财产为夫妻共同财产为由提出执行异议，并不能阻却法院的执行。对于被执行人的配偶享有的50%份额部分，人民法院不得执行，但可继续执行其他部分。"

金某甲与金某乙、索某某确认合同无效纠纷案[18]

被告金某乙与被告索某某曾系夫妻关系，二被告因做生意需要资金，自1997年开始至2006年止累计向原告金某甲借款260余万元，一直以借旧还新的方式来还款。2006年，原告金某甲孩子升学需要钱，让被告金某乙偿还30万元，被告金某乙以资金紧张为由分文未还，引起原告警觉，遂召集亲属共同与其协商还款事宜，二被告当场表示，目前还款确实困难，希望宽限，并保证逐年逐步偿还，被告金某乙写了一个书面还款计划。因是亲属关系，原告相信了他们的承诺。

---

[18] （2016）辽09民终55号。

2008年,原告听说二被告离婚了,向被告金某乙求证,才知二被告在民政部门办理了协议离婚手续,债务全部给了被告金某乙,值钱的商业网点却给了被告索某某,二被告在离婚协议中没有体现个人债务。原告认为二被告有通过离婚逃债的嫌疑,遂向法院提起了诉讼,在法院审理中,被告索某某一直以离婚协议将共同财产值钱的商业网点给了他为借口,拒绝偿还共同债务,并要求占有该资产。原告认为,二被告离婚财产协议严重损害了第三人的利益,是典型的逃债行为,应予以撤销,故诉至法院,请求判令二被告协议离婚时所签订的财产分割协议无效,并由二被告承担本案诉讼费用及其他相关费用。

法院认为:债务人在债务履行过程中,应本着诚实信用原则积极全面履行债务。对于债务人因转让财产,给债权人造成损害的,债权人可以请求人民法院撤销债务人的行为。本案中,被告金某乙在明知其存在债务的情况下,不仅未积极履行相应偿还义务,而以悖于诚实信用的原则,在与被告索某某签订离婚协议时,将二被告之间便于执行的共同财产,归于被告索某某名下,对存在的债务却未依法进行偿还。被告金某乙的上述行为明显违反法律规定,损害作为债权人的原告金某甲的利益。故法院判决撤销被告金某乙与被告索某某离婚协议中的财产分割协议。

该案中夫妻双方被告金某乙与被告索某某串通一气,以离婚方式将夫妻共同财产分割给被告索某某,以此逃避偿还被告金某乙的债务。金某乙与索某某"协议安排"的行为并未通知债权人金某甲,也未得到金某甲认可,故不产生对抗金某甲的效力。

虽然"不公示不产生对抗力",但是夫妻双方的协议安排在双方内部有充分的法律效力,即不影响第三人,但影响夫妻双方内部的利益安排。

例如A先生与B女士是夫妻,他们签署婚姻财产协议,约定夫妻共同财产1/4归A先生、3/4归B女士,他们的约定未告知其他人。A先生负有个人债务,无个人财产可用以清偿。理论上,法院可以执行夫妻共同财产的1/2,用以清偿A先生个人债务,但B女士可以要求A先生补偿1/4财产,因为虽然AB两人之间的协议不能对抗第三人，但是在A先生与B女士之间1/4与3/4的约定是有效的，B女士为A先生的个人债务支出了1/4财产，理应由A先生通过其他方式补回。

从法律技术上讲，推行婚姻财产协议不存在任何障碍，但是目前国内对于婚姻财产协议的接受度还不高，即一方或双方会觉得婚前或婚后谈钱签财产协议是件伤感情的事，因此如何说服经济弱势方签署婚姻财产协议是件非常有技巧的事。我们的经验是可从如下几方面"公关"：（1）说明财产背后代表的利益。配偶一方名下财产尤其是股权有时并非全是个人财产，可能代表着公司管理人员、家族其他成员或特殊利益者的利益，若婚后股权收益或增值转化为共同财产会引发这些利益相关者的"不安全感"，进而影响公司运营。（2）说明个人债务约定分割对另一方的好处。结婚不但可以"财产混同"也可能"债务混同"，婚姻财产协议中个人债务约定多少会保护另一方利益，避免被无辜牵连。（3）物质上照顾。签署夫妻财产协议并不意味着与家族财富进行隔绝，一定提前进行物质照顾，如给予房产、购买保险、列为家族信托受益人等；（4）制度要求。大家族可以制定家族宪章，将签订婚姻财产协议列为家族直系成员的义务，不签者丧失家族财产受益权。以制度要求代替个人沟通，能大大减轻家族成员的沟通压力。

随着国际化的深入，婚姻关系也有了更多的国际因素，如在国外结婚、配偶是外国人、在国外持有婚姻财产等。各国婚姻财产制度不同，对于别国离婚判决中的财产分割部分认可度不同。对于高净值人士来说，不但要考虑到中国婚姻法的影响，还要考虑到国外婚姻法的适用。关于婚姻财产制度，各国婚姻法基本都规定约定优于法定，对于有涉外因素的婚姻财产关系，一份英文的婚姻财产协议能规避很多法律适用的不确定性。

我们随书准备一份Prenuptial Agreement，其涵盖了婚前财产及婚前债务相关内容，包括婚后财产是各自所有还是共同所有、婚前债务是共同债务还是个人债务，婚后花费分担，婚后居所、残疾帮助、继承等事项，有兴趣者可在微博　@财富传承会客厅中　查找。

（三）一份失败的婚姻财产协议

张某某是一名歌星，其与冯某某的感情纠葛充斥娱乐新闻，张某某的母亲曾发文指责冯某某欺骗张某某，冯某某随后在微博中贴出冯张二人的婚姻财产协议——《财产协议书》以示忠诚。然而现实是残酷的，尽管有财产协议的捆绑，两人还是在2018年分手。

这份协议书与典型的婚姻财产协议不同，它的目的不在于分割婚前婚后财产、债务，而是混同两人婚前婚后财产、债务，进行利益捆绑。

财产协议书（节选）

甲乙双方根据《中华人民共和国婚姻法》第19条规定的"夫妻可以约定婚姻关系存续期间所得的财产以及婚前财产归各自所有，共同所有或部分各自所有、部分共同所有"的原则，为明确双方婚前及婚后财产的归属，债权、债务的享有与承担，以及其他财产性权益归属及责任的承担，经双方平等协商，自愿达成以下协议：

一、婚前财产的范围及归属

1. 中国境内和境外登记在甲方名下的财产及由甲方持有的财产包括但不限于：房产、银行存款、公司股权、股票、基金、汽车等所有财产。

2. 中国境内和境外登记在乙方名下的财产及由乙方持有的财产包括但不限于：房产、银行存款、公司股权、股票、基金、汽车等所有财产。

3. 中国境内和境外双方共同名义持有的财产，以及一方或者双方约定由第三方代持的财产。

4. 甲乙双方对本协议第一条第1—3款列明的及未列明的其婚前个人财产的所有权、知识产权的财产权等依照5：5的比例共同共有，包括对该财产和知识产权的占有、使用、收益及处分权。如何使用、处置（包括投资、出租、转让、赠与他人等）该财产和知识产权需由双方协商一致行使，未经一方同意，另一方不得擅自处置。

5.甲乙双方对上述列明的及未列明的其婚前个人财产进行处置（包括投资、出租、转让、赠与他人等）所产生的收益归双方共同所有，包括但不限于：产生的孳息、增值、分红等收益。

6.甲乙双方婚前个人财产包括中国境内和境外的，无论将来发生何种形态变化，均归甲乙双方共同所有，除非一方另有书面声明放弃。

二、婚后财产的范围及归属

1.双方一致同意，双方婚后实行共同共有财产制，即婚后各自的任何财产、收入、所得、购置的动产、不动产等，包括中国境内和境外的，除非另有书面约定，都归双方共同所有。

2.婚后来源于各方亲属或第三方的赠与、继承所得，不论是否明确归一方所有，均归双方共同所有。

三、债权、债务的享有与承担

婚前各方名下的债权债务、婚后因婚姻生活产生的债权债务、婚后因各方名下的财产投资经营所产生的债权债务等任何一方的债权债务，包括中国境内和境外的，均由双方共同享有和承担。

财产方面，协议的第一条第1—3款明确了婚前财产的范围，第4—6款约定尽管上述财产是婚前财产但婚后转化为共同共有。张某某在婚前已经是当红歌星，二人在第一条第4款中将婚前财产进行了共有："甲乙双方对本协议第一条第1—3款列明的及未列明的其婚前个人财产的所有权、知识产权的财产权等依照5：5的比例共同共有，包括对该财产和知识产权的占有、使用、收益及处分权"。债务方面，依据法律默认规则，夫妻一方婚前债务是个人债务，夫妻一方个人债务符合法律规定的才是夫妻共同债务。但是协议的第三条"混同"了张、冯双方的婚前及婚后债务，约定婚前婚后债务均为共同债务。仅看这份婚前协议，双方婚前财产混同，非常不利于婚前财产较多的一方；债务方面，也十分不利于可能产生债务较少的一方。张某某作为歌星，其主要工作就是创作、演出，可能产生债务的机会很少。这种捆绑式的婚姻财产，"同化"了婚前婚后财产、债务，除了感情上"表决心"外，在法律上并不值得推荐，甚至可以视为资产风险隔离的反面例子。

二、资本运作中的配偶同意函

在财产协议安排中，除了婚前/婚姻财产协议外，还有一类协议安排——配偶同意函，是企业主在公司资本运作经常使用的。我国实行法定夫妻财产共同所有制，在企业融资、上市等资本运作中，投资者为了规避大股东或者其他股东婚姻变动带来的财产分割导致企业控制变动风险，在与公司股东签署投资协议的同时，都会要求公司大股东的配偶出具同意函，以减轻离婚财产分割对于被投企业的冲击。

（一）配偶同意函的必要性

"土豆"条款的来源

2006年初，土豆网CEO王某和前妻杨某相遇于一次聚会，同是文艺青年的他们经过一年时间的相处之后，决定在中国香港登记结婚。此时，距离土豆网拿到第一轮50万美元的风投已经过去一年的时间。好景不长，可能是因为两个人的个性都过于鲜明，所以导致二人生活的世界里没有了"远方"。2010年3月，法院判决王某和杨某正式离婚，而财产分配方面以王某支付给杨某10万元告终，此次财产分割并未涉及土豆网股权的分配，但为后续"土豆条款"的诞生埋下了伏笔。

2010年11月，土豆网在经过四轮融资后向美国证券交易委员会提交上市申请，第二天，杨某对王某提起诉讼，要求分割婚姻存续期间两人的共同财产——土豆网76%的夫妻共有股权。因诉讼因素的介入，法院冻结了土豆网38%的股份，而土豆网的上市之路被迫暂停。土豆网因此丧失了先机，优酷捷足先登，上市成功，尽享资本市场追捧。王某为了让土豆网成功上市，最终和杨某达成和解，支付给杨某700万美元，换取杨某不再对土豆网的股权提出任何其他要求。

最终，土豆网虽然顺利上市，可时机早已今非昔比，土豆网上市首日股价下跌12%，市值仅7.1亿美元，最终难逃被收购的命运。这次由创始人股东婚姻纠纷引起的股权纠纷事件给创始人股东、公司、投资人各方都带来了很大影响，尤其是投资人，好不容易孵化了公司，可就在公司羽翼丰满准备上市套现时，创始人股东突然后院起火，导致上市搁浅，眼看到手的投资收益烟消云散。

从此以后，投资人在进行投资时，往往会调查被投公司的创始人团队股东的婚姻状况，并且要求创始人股东签下"股东婚姻情况变动必须经过董事会批准方可进行"的条款，此类条款被戏称为"土豆条款"。

最初版的"土豆条款"要求大股东婚姻情况变动必须经过董事会批准，这种约定的合法性不足，后续"土豆条款"进行了完善，不单是与大股东的约定，还要求配偶签署书面协议，约定公司股权为创始人个人财产，且另一方在任何时候都不会对创始人的股权主张权利。这种改进虽然弥补了合法性不足的问题，但强制要求配偶认可"公司股权为创始人个人财产"，合理性欠缺，让配偶心生抵触。为了更合理地取得配偶的配合，"土豆条款"借鉴公司法中对于股权的投票权和受益权可以分离的原则表述，规定如果创始人的配偶不愿意放弃股权的财产价值，可以退而求其次，只要求其放弃表决权、提案权等。

在公司为境外上市、融资而搭建的VIE结构中或是为境外上市而设立的其他结构中也会存在一方配偶对于公司股权的承诺或安排，这些承诺、安排也很有典型意义。

VIE结构，是Variable Interest Entity的简称，直译为"可变利益实体"，国内普遍称呼为"协议控制"。外商独资企业与国内运营实体之间可以是直接的股权控制模式，但是国内运营实体从事业务涉及禁止或限制外商投资的行业，或是外商独资企业与国内运营实体之间的股权控制构成了关联并购[19]的，只

---

[19] 根据《关于外国投资者并购境内企业的规定（2009年修订）》，关联并购是指境内公司、企业或自然人以其在境外合法设立或控制的公司名义并购与其有关联关系的境内的公司。

能以VIE架构搭建"控制"关系，以达到境外上市地对于财务报表并表的要求，进而使得境外特殊目的公司得以在境外融资或上市的运作模式，如图4-1所示。

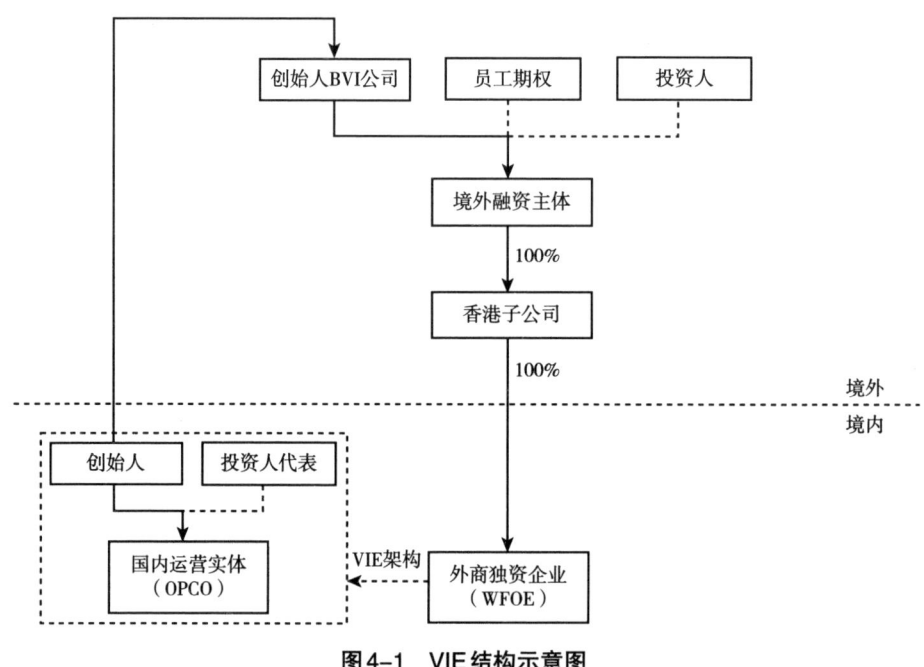

图4-1 VIE结构示意图

一般而言，典型的VIE协议根据其目的主要分为两类——有效控制境内运营实体公司的协议以及转移境内公司实际全部经济利益的协议。其中，有效控制境内运营实体公司的协议包括股权质押协议、购买选择权协议、投票权协议（或股东委托投票代理协议）及贷款协议等；转移境内运营实体公司实际全部经济利益的协议主要包括：资产许可协议、独家服务协议等。

上述这一系列协议都是公司创始人、OPCO与外商独资企业等机构签署的，满足了控制权转移及利益转移的两个要求。问题是，当公司创始人个人发生婚姻危机时，这一系列协议所对应的控制权和权益都可能被动摇，而且，这种风险无法在这一系列协议内得到解决。为了预防这种风险，潜在公司在搭建VIE

第四章 婚姻财产协议安排——纸短情长，金钱爱情皆可得

或是在进行上市准备时，除了上述一系列协议外，也会要求公司创始人的配偶签署同意函。

（二）配偶同意函范本及分析

同意函

本人，刘某某（身份证号码：×××），为李某某（身份证号码：×××）之合法配偶。本人在此无条件并不可撤销地同意并确认李某某签署的下列文件（下称"股东交易文件"），并同意按照以下文件的规定处置李某某于本同意函日期时持有的及将来持有的，并登记在其名下的北京ABC企业管理有限公司（下称"北京ABC"）50%的股权（不论持股比例是否不时变化）（下称"标的股权"）：

A. 与XYZ房地产集团有限公司（下称"XYZ地产"）于20××年1月1日签署的《借款协议》；

B. 与XYZ地产及北京ABC于20××年1月1日签署的《独家购买权协议》《授权委托协议》及《授权委托书》；

C. 与XYZ地产于20××年1月1日签署的《股权质押协议》。

上述A至C的文件统称"股东交易文件"。

现本人通过签署本同意函，兹无条件和不可撤销地确认：

（1）本人特此确认已经阅读并充分理解了股东交易文件的约定。

（2）本人在此无条件和不可撤销地同意上述标的股权（无论股权数额以及持股比例是否不时变化）及与标的股权相关的所有权益并非本人与李某某的夫妻共有财产，标的股权及与标的股权相关的所有权益属于李某某个人财产，可以按照交易文件的规定被质押、出售或以其他方式处分，该等处分并不需要本人的同意。本人承诺在任何情况下均不就标的股权与标的股权相关的所有权益主张任何权利、权益或提出任何索赔或权利主张。

（3）李某某可就股东交易文件及其任何修改和变更签署补充文件，并不需

要本人的签字、确认、同意和首肯；无论发生任何情况，本人不会就前述标的股权提出与股东交易文件内容和约定不符或冲突的要求，亦不会采取任何与股东交易文件内容约定不符或冲突的行动。

（4）本人同意并承诺，如本人由于任何原因获得李某某持有的北京ABC的任何股权，则本人将受（经不时修订的）股东交易文件的约束，并遵守和履行作为北京ABC的股东在（经不时修订的）股东交易文件下的义务，且为此目的，一旦XYZ地产提出要求，本人应在三天内签署并促使北京ABC签署格式和内容与（经不时修订的）股东交易文件相同的一系列书面文件。

（5）在本人配偶李某某为北京ABC股东期间，本同意函不可撤销且自签署之日持续有效。

承诺人签署：

日期：____年____月____日

这是一份某地产公司为境外上市搭建VIE时公司创始股东与配偶签署的同意函，同意函中最重要的表述是"本人（即创始人股东的配偶）在此无条件和不可撤销地同意上述标的股权及与标的股权相关的所有权并非本人与××的夫妻共有财产，标的股权及与标的股权相关的所有权益属于××个人财产，可以按照交易文件的规定被质押、出售或以其他方式处分，该等处分并不需要本人的同意。本人承诺在任何情况下均不就标的股权与标的股权相关的所有权益主张任何权利、权益或提出任何索赔或权利主张"。这一承诺的主要意思：标的股权是创始人股东的个人财产，其有权进行任何处置，配偶不会对此提此权利主张。可见配偶签署同意函是隔离创始人股东婚姻风险的有效协议安排。

（三）境外上市持股信托中配偶同意函的重要性

在境外上市的结构中，经常会出现信托替代公司创始人持股的结构。图4-2就是海底捞上市时的股权结构图。

第四章 婚姻财产协议安排——纸短情长，金钱爱情皆可得

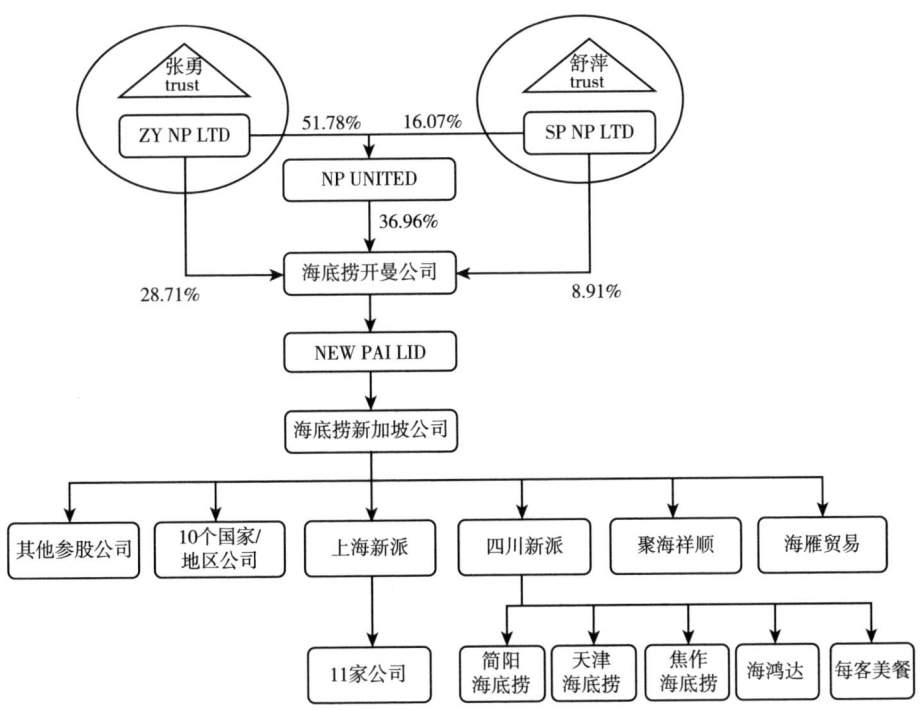

图4-2 海底捞上市时的股权结构图

从图4-2中可以看出，上市主体海底捞开曼公司大股东并不是张勇和舒萍，张勇信托和舒萍信托代替他们个人成为上市公司的股东。这样做的好处是，信托是个非常成熟的法律架构，所有权、控制权、受益权相分离，能起到传承、节税、隔离等功能，信托持股具有相当大的稳定性，二人的感情、债务变动不会影响信托架构。

我们曾处理过如下案例：

某独角兽企业创始人A先生境外上市主体拟进行上市操作，上市之前按境外律师的操作惯例搭建持股信托，信托的设立人是A先生，受益人是A先生及其女儿（未成年）。

A先生的境内运营主体（OPCO）成立于2016年2月，在2017年5月搭建完成VIE结构，如图4-3所示。

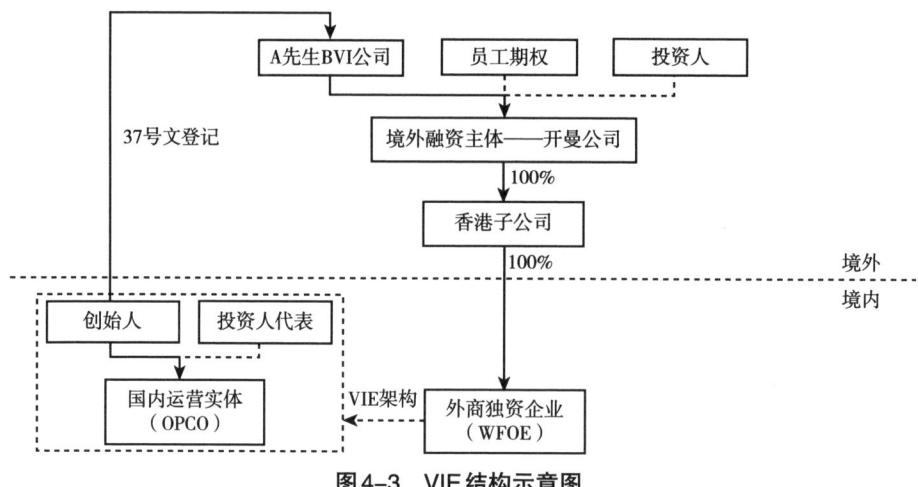

图 4-3　VIE 结构示意图

注：（1）境内运营主体（OPCO）成立于 2016 年 2 月；（2）VIE 结构搭建完成于 2017 年 5 月；（3）A 先生于 2018 年 11 月结婚。

为搭建 VIE 结构，A 先生签订了一系列股权控制类及利润转移类协议，2018 年 11 月，A 先生结婚，2020 年 1 月，A 先生为上市对境外融资主体——开曼公司的持股结构进行调整，以自己持有的开曼公司股份作为信托财产设立 ABC 持股信托。搭建完成信托，公司结构调整如图 4-4 所示：

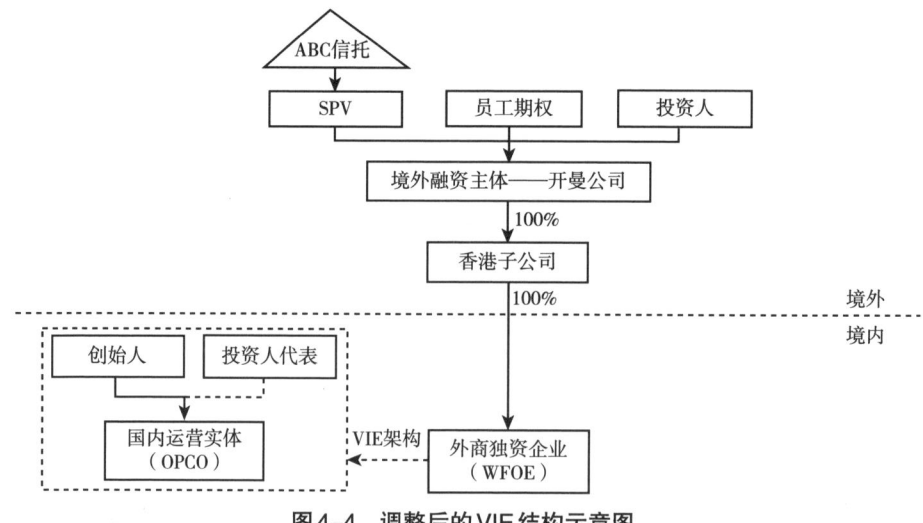

图 4-4　调整后的 VIE 结构示意图

境外律师提供了标准版的信托协议（trust instrument），信托协议的适用法律是开曼法，也是很多信托公司都使用的版本，但对于 A 先生来说，需要考虑如下几个问题：

（1）开曼公司股票是否完全是 A 先生的个人财产？

（2）A 先生设立境外持股信托是否需要配偶发表意见？

（3）在未取得配偶意见的情况下设立持股信托，会有什么风险？

对于这三个问题的回答，要从中国法（在岸地法）及开曼法（离岸地法）双重角度进行考虑。

1. 开曼公司股票是否完全是 A 先生的个人财产？

首先，假设开曼法与中国法的婚姻财产制度规定不一样，是依据开曼法还是中国法来判断开曼公司股票是不是完全是 A 先生的个人财产？

A 先生是中国居民，A 先生在中国结婚，从属人法的角度，A 先生的婚姻财产关系适用中国法是正确的。《中华人民共和国涉外民事关系法律适用法》第二十四条　夫妻财产关系，当事人可以协议选择适用一方当事人经常居所地法律、国籍国法律或者主要财产所在地法律。当事人没有选择的，适用共同经常居所地法律；没有共同经常居所地的，适用共同国籍国法律。

A 先生取得开曼公司股票的时间早于 2018 年 11 月结婚时间，故开曼公司股票的所有权归属于 A 先生。2018 年 11 月之后，开曼公司股票因公司运营、融资、上市所发生的权益增值部分按中国《民法典》婚姻财产条款是夫妻共同财产。而且因为 A 先生在搭建 VIE 结构时还未结婚，故不存在大多数案例中在 VIE 阶段配偶出具同意函的安排。

开曼公司股票在婚后增值是婚姻共同财产也只是简单的法理结论，实务中困难的是，无法准确判断开曼公司股票在婚后增值究竟是多少，是依据净资产？还是依据市盈率？判断标准不同，得出的数额不同。实务上的财产划分困难使得对开曼公司股票属性的判断具有一定复杂性，即定性容易、定量难。

2. A 先生设立境外持股信托是否需要配偶发表意见？

《民法典》规定"夫妻对共同财产，有平等的处理权"，即对于以开曼公司股票设立信托的处理，应该由A先生及其配偶共同作出。假设A先生以境内公司股票在境内设立信托，境内信托公司一定会要求A先生的配偶签署配偶同意函，或是作为共同设立人签署信托文件。

但信托准据法开曼法对此却有不同的要求，作为专业从事离岸信托服务的法域，开曼等离岸法域经常面临一个难题：离岸信托设立人的配偶在与设立人的离婚诉讼中，经常要求在岸地法院分割离岸信托财产或是以信托财产是夫妻共同财产为由要求撤销信托。一方面，高净值人士设立信托的资产保护利益要保护；另一方面，在岸国涉及婚姻的判决也要尊重。在两个对抗性的利益中，开曼法选择了保护高净值人士的利益。开曼信托法规定，在涉及人身关系的法律适用上只适用开曼法，不适用其他地区法律。开曼信托不会因别的法域在人身关系的规定或判决而无效或是被执行。

所以开曼信托律师不要求A先生的配偶对信托的设立提供配偶承诺函，因为开曼法律不关注设立人的人身关系。但开曼法律不关注不代表中国法律不关注，鉴于A先生的商业体系都是在中国境内运营，中国法律对此有足够的管辖资源及管辖依据。所以，有必要补签配偶承诺函。在以往的境外上市信托安排中，存在大量未签配偶承诺函的案例，可能蕴含着巨大风险。A先生及中介服务机构接受上述法律分析，要求A先生配偶签署了配偶承诺函（Spousal Consent Letter）。

Spousal Consent Letter（节选）

I, [ ](Passport No.: [ ]), am a citizen and a tax payer of People's Republic of China. My spouse, XXXX (Passport No.: [ ]), a citizen and tax payer of People's Republic of China, is lawfully married to me.

This Consent Letter is issued as one of the legal documents required by [**NAME OF TRUSTEE**] in respect of a series of legal behaviors that has been, or will be, conducted in the future for disposal of property under his name and being transferred to the trust. This letter is issued by me in the absence of any fraud or duress, out of sheer real meaning. This letter is issued without any intention of harming the interests of the state, the collective and any third party.

I am fully aware of XXX's authorization for [**NAME OF TRUSTEE**] to set up **THE XXXXX TRUST** and XXX's behavior of disposal of the community property. I hereby consent XXX to dispose of related community property and all other property nights arising from the community property. I promise that I will not, in any form, including but not limited to litigation, making complaint to relevant agencies, sending lawyer's letter or other possible actions, to prevent XXX from establishing **THE XXXXX TRUST**; and neither will I, in any form, oppose against the statement I have made as the verification of my awareness and consent.

This Consent Letter shall come into force upon my signature, and may be executed in counterparts being authentic held by myself, XXX, and [**NAME OF TRUSTEE**].

这份配偶承诺函的主要内容有：第一，本人（配偶）合法出具承诺函；第二，同意A先生以共同财产设立信托的行为，其后不得以各种方式提出异议，主张权利。A先生以配偶承诺函规避了未经授权处置夫妻共同财产的风险，在信托中将自己（或关联人）列为受益人，牢牢掌握了开曼公司的股份及收益。

3.在未得配偶意见的情况下设立持股信托，会有什么风险？

依据中国《民法典》，开曼公司股票在婚后增值（包括开曼公司股票在境外上市带来的巨额资本增值）是夫妻共同财产，虽然开曼本地的信托法不关注信托设立人的人身关系状态，但中国法从属人管辖及最密切联系角度都可以被适用。

A先生妻子若在中国法院提起离婚诉讼要求分割开曼公司股票在婚后增值收益，中国法院有权适用中国法对A先生开曼公司股票在婚后增值收益进行分割。虽然开曼信托法明确规定不会承认或执行中国法基于A先生人身关系有关于信托的判决，但基于中国法对于A先生的属人管辖及对于国内运营实体的属地管理，中国离婚财产分割判决对于A先生（涉及开曼公司股票权益）是有拘束力的，是可以被执行的。

目前，类似的案件还未在中国发生，但从法理分析上看，此类案件确实有发生的可能性。

当然，我们要关注并警惕在正常的商业安排中，为了达到上市、融资、税务规划等正当商业目的，同时要求配偶签署各种承诺、协议，以暗渡陈仓的方式完成夫妻财产的分割。

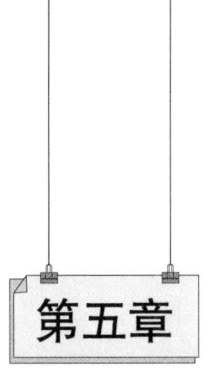

第五章

保险——熟悉却又陌生的工具

人类社会从诞生之初就面临着自然灾害和意外事故的侵扰，古代人类在与大自然抗争的过程中，萌生了对付灾害事故的保险思想和原始形态的保险方法。保险，通俗地说，就是"一人有难，大家平摊"。在法律和经济学的意义上，保险是一种风险管理方式，通过缴纳一定的费用，将个体潜在的损失以货币平摊的形式向集体转嫁。

公元前二千年，古巴比伦王国的国王曾下令僧侣、法官及村长等对他们所辖境内的居民收取赋金，用以救济遭受火灾及其他天灾的人们；而在古埃及石匠中曾有一种互助基金组织，向每一名成员收取会费以支付个别成员死亡后的丧葬费；古罗马军队中的士兵组织，也会收取会费作为士兵阵亡后对其遗属的抚恤费用；春秋时期孔子曾提出"耕三余一"的思想，即每年将收获粮食的三分之一积储起来，连续三年，便可存足一年的粮食，即"余一"，如能不断地积储粮食，就能达到太平盛世。中国保险历史的开端源于1805年，清政府开放海禁之后，英国东印度公司鸦片部经理达卫森在中国广州发起成立了第一家保险机构——谏当保安行，自此，西方现代保险业进入中国。

保险产品是人类分散及化解风险的伟大发明，是集金融与法律于一身的复杂安排。保险产品有很多分类，本章节提到的保险是人身保险，即以人的寿命和身体为保险标的的保险，包括人寿保险、健康保险、意外伤害保险。人寿保险是以被保险人在被保险期限内死亡、伤残或在保险期限届满时仍生存为给付保险金条件的保险，人寿保险根据保险事故的不同，可以分为死亡保险（以被保险人的死亡为保险事故的人寿保险，包括终身寿险和定期寿险；终身寿险有现金价值，具有储蓄性及投资性）、生存保险（以被保险人在一定期间内生存为给付保险金条件的人寿保险）、混合保险（"生死两全"保险，以被保险人于保险期间内死亡或期满仍生存为给付保险金条件的人寿保险）。人寿保险又可以根据是否有投资功能，分为投资型人寿保险（分红型寿险、万能寿险、投资连结险等）与非投资型人寿保险（见图5-1）。

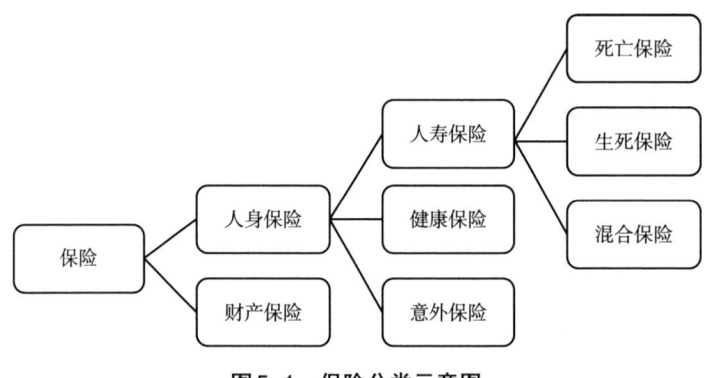

图5-1　保险分类示意图

从金融属性看，保险机构信誉高，收益或现金流稳定，保险杠杆功能显著（如期交十几万元或几十万元保费就可以锁定几百万元保额）。从法律属性看，大额保单可以实现财产规划、财富传承以及债务隔离功能。

高净值人士经常购买的年缴保费很高的人寿保险保单被称为"大额保单"，大额保单保费高、保额大，能满足高净值人士个性化需求。相较而言，大额保单具有更强烈的金融属性及法律属性，它有如下功能：

1. 对冲风险功能

风险的发生具有不确定性，投保人通过支付少量的保费，将这些损失转嫁给保险公司，将不确定的损失转换为确定的对价（保险赔偿金）。风险对冲功能是人寿保险的核心功能，是其他工具或制度所不具备的；对冲风险也是杠杆功能的体现，可以对财富起到"放大器"的作用。

2. 投资功能

保险公司在收取投保人的保费后，将保费作为长期投资的资金来源进行投资，保单的收益是长期且稳定的。

3. 家族财富传承/婚姻财产规划功能

依照《保险法》及保险合同规定，在满足保单赔付条件后，保险金是保险公司支付给受益人的财产（受益人可能与投保人或被保险人重合，具体依据险种及保险合同而定），投保人可以在保险合同中约定各受益人及其受益比例，实现财富向下一代或隔代传承。

婚前或婚后父母为子女一方购买的保单属于投保人（父母）的财产，保单收益属于子女一方的个人财产，不会成为夫妻双方共同财产；对比婚前或婚后父母向子女"陪嫁"现金类资产，保单嫁妆不会被消耗，也不会转化为双方共同财产，收益也是个人财产。婚前一方购买的保单且保费已缴纳完毕的保单，也有同样的婚姻财产规划作用。

4. 资产保护及债务风险隔离功能

在一定情况下，保单利益（例如人寿保险的财产性权益——现金价值、保险金等）与投保人、被保险人或受益人的个人债务相隔离，债权人无法对保单利益主张债权。

一、保险的隔离功能

（一）初识保险隔离功能——保险金与投保人生前债务隔离

本章节详细探讨保险的隔离功能，先看一则新闻。

欠银行贷款2 200万元的富翁驾豪车意外坠河身亡，6张保单让银行很受伤[20]

胡某是云南昆明一家做农产品批发公司的老板，在当地也算是赫赫有名的

---

[20] http://insurance.jrj.com.cn/2017/09/12091823098344.shtml。

人物了，资产早已过千万元，在当地置有3处房产，家中育有2个孩子，一个8岁，一个3岁，其妻李某没工作，无固定经济收入，16日胡某驾驶着新购进将近百万元的豪车外出时失联。

4天后，公安机关在离他家30千米以外的一条河里找到了胡某及其车辆，胡某早已死亡，将近百万元的豪车报废。公安机关随即展开了调查，据调查显示，胡某虽然资产过千万元但在当地还有2 200万元的银行贷款尚未还清。

银行随即展开了追缴贷款行动，在多次和其妻李某沟通无果的情况下，银行诉至法院申请冻结胡某的所有资产，经法院调查，其实胡某的公司最近两年因经营问题早已处在倒闭的边缘了，公司就是一个空壳，只有一些破旧的厂房和设备，据估算大概只值350万元，公司账户上也只有120万元加上胡某的个人账户上的80万元，法院支持这部分资产予以冻结处理。

2个月后，公安机关的调查报告出来了，认定胡某死亡不存在他杀和自杀的可能，车辆坠河完全是一起交通意外事故，一个月后，银行发现其妻的账户上突然新转入720万元，认定胡某伙同其妻恶意洗钱逃避还款，又一纸诉状告到法院，申请冻结这720万元。法院经调查后宣判结果让银行很受伤……

原因是胡某很有忧患意识，在近10年的时间里给自己和家人都购买了高额的保险，总计有13张保单，保额过千万元，胡某自己就有6张保单，分别是终身寿险、两全保险、定期寿险，总保额为720万元，法院依据《保险法》的有关规定，判定这720万元属于胡某其妻的，银行无权干涉，并当场出示了保险公司的理赔材料和其妻李某的签字，材料上"用途"一栏里写着这720万元属于"理赔款"。银行的诉讼请求被驳回。

胡某作为高净值人士，事业成功，家庭幸福。个人突遭不幸，经营停滞，银行债权人进行追偿，胡某的个人财产及夫妻共同中至少一半都应被用于偿债。幸运的是，他生前购了6份保险，总保额达720万元。终身寿险、两全保险、定期寿险在胡某去世时，保险金支付条件成就，保险公司向保险受益人（胡某妻子）支付了保险金。此时，保险的隔离作用显现，银行要求以保险赔款720万元偿还胡某生前个人债务，胡某妻子以720万元不是胡某财产（遗产）

为由抗辩，保住了这720万元，成功地对抗了银行的追索，为这个不幸的家庭保留了以后体面生活的可能。

胡某的遭遇是不幸的，幸运的是，他购买了人寿保险，以死亡为保险条件，利用了保险的杠杆效力，对抗了个人不幸；且胡某在保险中指定了受益人，指定受益人的举动，让保险金与胡某分离，成为由保险公司直接支付给受益人的全新"财产"，完成了与胡某个人债务的隔离。

可见，在这个案例中，保险"避债"功能是指，在投保人/被保险人指定了受益人的前提下，投保人/被保险人死亡时受益人获得的一笔赔付，这笔人身保险金不是投保人/被保险人的遗产，能够与投保人/被保险人的债务隔离。这种"避债"功能是被法律肯定的。

直接肯定：

《最高人民法院关于人身保险金能否作为被保险人的遗产进行赔偿问题的批复》经征求有关部门的意见，现就你院请示关于人身保险金能否作为被保险人的遗产进行赔偿的问题，答复如下：

（一）根据我国保险法规有关条文规定的精神，人身保险金能否列入被保险人的遗产，取决于被保险人是否指定了受益人。指定了受益人的，被保险人死亡后，其人身保险金应付给受益人；未指定受益人的，被保险人死亡后，其人身保险金应作为其遗产处理，可以用来清偿债务或赔偿。

间接肯定：

《中华人民共和国保险法》第四十二条　被保险人死亡后，有下列情形之一的，保险金作为被保险人的遗产，由保险人依照《中华人民共和国继承法》的规定履行给付保险金的义务：

（一）没有指定受益人，或者受益人指定不明无法确定的；

（二）受益人先于被保险人死亡，没有其他受益人的；

（三）受益人依法丧失受益权或者放弃受益权，没有其他受益人的。

受益人与被保险人在同一事件中死亡，且不能确定死亡先后顺序的，推定受益人死亡在先。

依据《中华人民共和国保险法》第四十二条规定，若没有指定受益人、受益人先去世、受益人无受益权这三种情形，即正常指定了受益人且受益人存活、有受益权时，保险金就不是投保人的遗产，就与投保人的债务隔离。因此，十分推荐高净值人士配置大额保单，来分散、对抗个人风险，以期事故突发之时隔离个人风险。

（二）保险隔离功能的深入探讨及投保建议

但是，保险的避债功能经常会被人误读，即认为投保人购买了巨额保单之后，保单就一定能与投保人的债务隔离开，不会成为法院判决的执行标的。从保单投保人、被保险人、受益人的角色定位及他们在保险中的不同利益诉求分析可知，这种解读并不符合法律规定。我们先分析保单投保人、被保险人、受益人，再看每种角色在保险关系中的利益诉求。

投保人是签署保险合同、支付保费的人，投保人可以解除保险合同取回保险的现金价值；被保险人是受保险合同保障的人，保险合同以其寿命或身体健康等作为保险标的，在保险事故发生或保险期满时有权按保险合同向保险人请求损失赔偿或领取保险给付金；保险受益人是指人身保险中接受保险合同利益的人。

当投保人为自己的利益而签订保险合同的，投保人与受益人为同一人。即投保人以自己的名义，为自己的利益而与保险人订立保险合同，因保险合同所产生的权利义务，由自己享有或承担。

如投保人以自己的身体投保生存保险，则投保人、被保险人与受益人合三为一。如投保人以他人身体投保死亡保险，以自己为受益人，此时投保人与受益人为同一人，而被保险人为另一人。投保人为他人的利益而订立保险合同的，即由保险合同所产生的保险金请求权属于他人，而不属于投保人，投保人仅负有交付保险费的义务，具体可分为三种情况：

（1）投保人与被保险人为同一人，受益人为另一人。如父母以自己的生命为标的投保死亡保险，指定其子女为受益人。

（2）投保人为一人，被保险人与受益人为同一人。如单位为其职工投保生存保险，指定其职工为受益人。

（3）投保人、被保险人、受益人均为不同的对象。如雇主为其员工投保意外伤亡保险，指定其员工的家属为受益人。

投保人、被保险人、受益人在人寿保险中有不同的利益诉求，保单现金价值、保险金是两大主要的保险财产性利益。

保单现金价值一般是指带有储蓄性质的人身保险单所具有的价值。大致而言，保险单的现金价值＝投保人已缴纳的保险费－该保险单上应分摊的保险公司的管理费用开支－保险公司因为该保险单向销售保险人员支付的提成－保险公司已承担该保险单保险责任所需要的纯保费＋剩余保费所生利息。保险单的现金价值本质上是保险公司在未承担约定的保险责任之前的特定时间点对投保人的负债。该负债源自投保人早期多交的保险费及其相应利息。例如，人寿保险中，考虑到年龄大的人在更需要保障时因工作能力下降可能导致收入减少，缴不起保险费，故保险公司一般采用均衡保费的方法将应缴的全部保险费"均匀"地分摊到整个交费期内，使每年保险费标准固定，不会随年龄增长而不断增加。因此，人寿保险中就会出现年轻时"多"交一些保费，年龄大时"少"交一些保费的情形。"多"交的保险费便"存"在了保险单上，这部分"存"起来的保险费，便是保险单的现金价值。其基本相当于投保人在保险公司的储蓄。投保人取得保险单现金价值主要有两种方式：一是保险单贷款；二是退保。

保险金是指保险事故发生后/支付条件成就时，被保险人或受益人可以请求保险人支付的金额，即通常所谓的保险理赔金。生存保险金是指以被保险人的生存为给付保险金条件的人寿保险。生存保险具有较强的储蓄功能，被保险人于保险期满或达到合同约定的年龄时仍然生存，保险人负责给付保险金，生存保险主要是为老年人提供养老保障或者为子女提供教育金等。身故保险金是被保险人在保险期内（定期或终身）故去时，保险公司向受益人支付的理赔金。

归纳起来，投保人、被保险人、受益人在人寿保险中有不同的财产性权益，如表5-1所示：

表5-1

归属主体	投保人	被保险人	受益人
拥有的 财产性权益	现金红利 保单现金价值 投资账户价值 犹豫期退保保费	生存保险金 保险赔偿金（非身故）	身故保险金

如果保险事故发生后/支付条件成就后，受益人或被保险人取得了保险金（生存保险金、身故保险金等），该保险金属于受益人或被保险人的个人财产，与投保人无关，即我们在胡某案例看到的处理方式。因为该保险金属于受益人或被保险人的个人财产，若此时此受益人或被保险人有个人债务纠纷，该保险金是无法与受益人或被保险人的个人债务隔离的，是应该用以偿还个人债务的。

实践中的问题是，在保险事故发生前/支付条件成就前，投保人发生个人债务的，债权人是否可以要求投保人解除保险合同、取回保单现金价值，用现金价值向债权人清偿？

A先生于2015年购买了终身寿险，期缴保险100万元，保额1 500万元。目前，A先生已缴保险500万元，保单现金价值为250万元。现A先生牵扯一起债务官司，法院判决A先生偿还B先生250万元，A先生未主动履行，且法院也未查A先生的其他资产，B先生可否要求法院执行A先生的保单价值250万元，即要求法院代A先生解除与保险公司的终身寿险合同，要求保险公司直接向法院退回该保险的250万元现金价值？

理论及实务对这个问题一直存有很大争议。直到2020年7月，最高人民法院才对这个问题"一锤定音"。

最高人民法院在邓×翔、兴×一号产业投资基金合伙企业财产份额转让纠纷执行审查类执行裁定书[21]中对这个问题做了非常清楚的认定，并下了结论，

---

[21] 邓×翔、兴×一号产业投资基金合伙企业财产份额转让纠纷执行审查类执行裁定书。

使得各级法院在类似问题的处理上有了参照依据。此案经江西省高级人民法院（江西高院）一审及最高人民法院（最高院）二审，对于保险现金价值的可执行进行了详细的说明，值得参考和借鉴。

江西高院于2018年12月10日作出（2018）赣民初113号民事判决中要求邓×华、邓×翔（被保险人、被执行人、复议申请人）、许×婷（即投保人）对5 421.047万元及违约金107.9832万元债务承担连带清偿责任。本案进入执行程序后，江西高院冻结并扣划许×婷在XX保险股份有限公司购买人身保险产品的现金价值、红利及利息等财产性权益。

案件的争议焦点问题是：（1）能否强制执行本案人身保险产品的现金价值；（2）对人身保险产品的现金价值应如何执行。结合邓×翔所提复议理由，最高院一并分析如下：

（一）关于能否强制执行本案人身保险产品的现金价值问题

《中华人民共和国民事诉讼法》第二百四十一条规定，被执行人未按执行通知履行法律文书确定的义务，应当报告当前以及收到执行通知之日起前一年的财产情况。《最高人民法院关于适用〈中华人民共和国民事诉讼法〉执行程序若干问题的解释》第三十二条规定，被执行人财产报告义务的对象包括"债权、股权、投资权益、基金、知识产权等财产性权利"。《最高人民法院关于人民法院民事执行中查封、扣押、冻结财产的规定》第二条第一款规定，人民法院可以查封、扣押、冻结登记在被执行人名下的不动产、特定动产及其他财产权。商业保险产品属于前述法律规定的其他财产权利的范围。意外伤害、残疾保障类人身保险产品虽然具有一定的人身保障功能，但其根本目的和功能是经济补偿，其本质上属于一项财产性权益，具有一定的储蓄性和有价性，除《中华人民共和国民事诉讼法》第二百四十四条及《最高人民法院关于人民法院民事执行中查封、扣押、冻结财产的规定》第五条规定的被执行人及其所扶养家属的生活必需品等豁免财产外，人民法院有权对该项财产利益进行强制执行。人身保险的保单现金价值系投保人交纳的，为了支付后年度风险之用的费用，与保险事项发生后，保险公司应当支付的保险金不同，并不具有人身依附性的专属性，也不是被执行人及其所扶养家属所必需的生活物品和生活费用。根据许×婷与××人寿保险股份有限公司××分公司签订的××保险合同的内容，以及《保险法》第十五条的规定，在保险金给付之前，投保人许×婷对该保险现金价值享有确定的物权所有权。江西高院对该保单的现金价值及利息等财产性权益予以冻结并强制扣划并无不当。

（二）对人身保险产品的现金价值应如何执行的问题

江西高院（2019）赣执47号之四协助执行通知书，要求××人寿保险股份有限公司××分公司协助的内容是：冻结被执行人许×婷及邓×翔名下的保险产品的现金价值、红利及利息等财产性权益，并将上述两项财产性权益用现金转账形式扣划至该院。首先，人民法院可以强制解除保险合同。根据《最高人民法院关于限制被执行人高消费及有关消费的若干规定》第三条第（八）项关于被执行人为自然人的，不得支付高额保费购买保险理财产品的规定精神，如被执行人拒不执行生效法律文书确定的义务，在其可以单方面行使保险合同解除权而未行使，致使债权人的债权得不到清偿，人民法院在此情形下可以强制被执行人予以行使，代替投保人行使解除强制所购的保险合同。其次，由于江西高院执行裁定未明确强制要求保险公司解除保险合同，可以实现保单现金价值，投保人也可以继续与保险公司协商，由符合条件的第三人行使介入权。至于邓×翔提出保单的现金价值相对于本案债权等实现价值较低，难以切实有效保障债权人债权的理由。经查，许×婷及邓×翔作为案件被执行人以投保人身份为双方购买了多份保险产品，保单现金价值的总额数万元，不属于现金价值较低的情形，且债权人强烈主张予以执行，仅以此理由不足以阻却执行，邓×翔该复议理由不能成立。

裁判结果：驳回邓×翔的复议请求。

本案被执行人许×婷（投保人）因连带保证责任成为债务人，被债权人申请江西高院执行。江西高院在执行时，冻结、扣划被执行人许×婷（投保人）名下保险产品的现金价值、红利及利息等财产性权益，涉及的险种有两全保险和附加定额给付医疗保险等。

被保险人邓×翔不服，要求复议，主要理由如下：第一，保险合同的唯一解除权人为投保人，执行法院无权替代许×婷解除保险合同。第二，保险产品为意外伤害、残疾保障类保险，不应被强制执行。

最高院对此的回应：

1.法院有权强制执行本案人身保险产品的现金价值。

商业保险产品属于前述法律规定的其他财产权利的范围，虽然意外伤害、残疾保障类人身保险产品具有一定的人身保障功能，但根本目的和功能是经济补偿，其本质上属于一项财产性权益，具有一定的储蓄性和有价性，除被执行人及其所扶养家属的生活必需品等豁免财产外，人民法院有权对该项财产利益进行强制执行。

2.法院可以代替投保人强制解除所购的保险合同。

投保人的保单可以被解除，其中的财产价值能够被提取用以偿还债务，如果被执行人可以单方面行使保险合同解除权而未行使，致使债权人的债权得不到清偿，在此情形下法院可以强制被执行人予以行使，代替投保人强制解除所购的保险合同。

从上述案件中，我们可以得出结论，投保人在人寿保险享有财产性权益——保险现金价值、红利及利息等且投保人是债务人时，保险现金价值作为投保人的个人财产不能与投保人的个人债务隔离；法院有权直接代替投保人解除保险合同，以保险现金价值清偿投保人个人债务。

更不用说，当人寿保险的保险金支付条件成就后，保险公司向被保险人或受益人支付的生存或身故保险金属于被保险人或受益人的个人财产，不能与被保险人或受益人的个人债务隔离。

对于绝大多数家庭，保险具有债务隔离功能这一结论是正确的；对于部分债务发生可能性大的投保人，鉴于投保人享有的保险现金价值是投保人的个人财产，不能与投保人个人债务相隔离这一规定，保险具有债务隔离功能这一结论并不是很周严，为了得到更强的隔离功能，就需要对保单进行一定程度上的设计。以下是几种设计方案：

1.以大额保单贷款降低保单净资产，或是购买现金价值较低的保险产品，在保单可能被执行时，投保人等只需要付出较低的成本，即可保留保单。

如A先生以360万元趸交购买终身寿险，保额1 000万元，现金价值为317万元，可贷款80%，贷款250万元。按5%年息计算，每年付息12.5万元。此时保单的资产净值为317万元减250万元为67万元。此时，A先生或受益人只需要付出67万元的代价即可保全这份360万元，保额为1 000万元的保险。

同理，A先生还可以购买现金价值较低的保险产品，以降低保全保单要付出的成本。

以国内某保险公司的定期寿险为例，A先生45岁，趸交购买寿险1 000万元，重疾险150万元，全残险1 000万元，保障期限至70岁，保费仅为145万元，而现金价值几乎为零；或者类似的终身寿险，无须趸交，现金价值也相对较低：1 000万元保额，10年缴纳保费，年缴58万元，第一年现金价值仅为5.8万元，10年缴纳期限届满时，现金价值仅为300万元，20年时，现金价值为400万元。在面临被执行时，A先生只需要以现金价值的成本即可保全保额1 000万元的保单。

2.以负债可能性小的人作为投保人。保单现金价值归属于投保人，是投保人的个人财产，故其可以被执行，以负债可能性小的人作为投保人消除保单被执行的可能。

A先生是企业主，企业为了拓展业务，经常向金融机构借款，为此A先生及妻子不得不提供连带责任担保。企业所在行业市场竞争激烈，A先生迫切需要一种方法隔离风险。A先生家族关系简单，儿子未成年，A先生父母退休在家。大额保单是可供选择的隔离工具，但问题是若以A先生或配偶来作为投保人，因为投保人所拥有的保险利益（保单现金价值等）是其个人财产，是应该用于偿债的。A先生父母是普通退休人士，社会交往不多，不太可能负债，由A先生父母购买巨额保单的安全性肯定比A先生直接购买要高。故保单可进行如下设计：

首先，A先生将保费1 000万元赠与A父。其次，A父作为投保人购买巨额保单，投保人为A父，被保险人为A先生，生存受益人为A先生，死亡受益人为A先生儿子，趸交保费。

除上述保单设计外，还可辅之相关协议来增强投保安全性。A先生可与A父签署协议，明确：（1）1 000万元为赠与；（2）A父对于保单的退保或贷款等处置行为，必须听从A先生指示；（3）A父去世时，投保人权益由A先生儿子取得。

如此设计，保单利益与A先生无关，A先生可以控制投保人的权利行使，可享受保单收益，保单设计＋协议安排的方式让保单的债务隔离功能更为完善。

（三）保单利益与夫妻共同财产

讨论完投保人与外部债权人的关系，我们再来看看投保人与配偶关于保单的利益分割问题。

A先生与配偶B女士婚后趸交保费2 000万元，配置了巨额保单，投保人是A先生，被保险人是A先生，死亡受益人是两人的孩子C，现A先生与B女士因感情不合，在法院诉讼离婚，对于保单利益分割未能达成一致，目前该保单现金价值为1 500万元。A先生不同意退保且拟更改生存受益人，B女士如何保护自己利益？

根据相关法律规定：

婚姻关系存续期间以夫妻共同财产投保，投保人和被保险人同为夫妻一方，离婚时处于保险期内，投保人不愿意继续投保的，保险人退还的保险单现金价值部分应按夫妻共同财产处理；离婚时投保人选择继续投保的，投保人应当支付保险单现金价值的一半给另一方。

——《第八次全国法院民事商事审判工作会议（民事部分）纪要》（2016年11月21日，法〔2016〕399号）

A先生与配偶B女士婚后趸交2 000万元购买巨额保单的现金价值属于夫妻共同财产，离婚时协议不成的情况下，应该被分割。分割方式为：（1）投保人

A先生退保，A先生、B女士分割保险公司退回的1 500万元现金价值；（2）投保人A先生不愿退保的，由A先生向B女士支付现金价值1 500万元的一半，即750万元。

2 000万元保费只分得750万元现金价值显然还是不能充分保护B女士的利益，也不符合B女士当初以保险来保障生活的初心，若在A先生与B女士决定购买保险之际，稍做安排，B女士的离婚分割风险就有可能被化解。

A先生与B女士在婚后购买巨额保单时，可以要求A先生将保费赠与B女士的父母，由B女士父母作为投保人，购买保险，被保险人为B女士，生存受益人为B女士，死亡受益人为A先生与B女士的孩子，同时还可辅之相关协议来增强投保安全性，可以要求A先生及B女士与B女士的父母签署协议，明确：（1）2 000万元为赠与；（2）B女士的父母对于保单的退保或贷款等处置行为，必须听从B女士指示；（3）B女士的父母去世时，投保人权益由A先生与B女士的孩子取得。

如此安排，该份保单不但可以隔离A先生的个人债务风险，也可以防范在A先生与B女士离婚时被分割现金价值。

（四）离岸保单的隔离规定

人寿保险在欧美的普及程度更高，已经成为高净值家族分散、对抗风险的基本工具。从资产隔离角度看，无论境内保险还是境外保险都有一定的资产隔离功能。我们以美国法对人寿保险隔离的条件及限制为例来说明。

美国破产法Section 522（d）(8)规定对于未到期的人寿保险（到期指被保险人死亡、保单被投保人退保等），法院无权强制要求投保人解除保险合同，但是，对于在投保人在保单中享有的经济利益（累积的股息、红利、贷款额度等）超过8 000美元以上的部分不予豁免。这样的规定兼顾了人寿保险的社会价值及经济价值，平衡了债务人（投保人）及债权人利益。

美国各州有的采用了联邦的豁免规定，有的制定了本州的人寿保险豁免规定，如纽约州豁免以下人寿保险：

（a）投保人购买保单，被保险人也是投保人，受益人为他人，受益人拥有保单的利益，该利益可以对抗投保人债权人（受益人在保单中的利益可以对抗投保人的债权人）。

（b）投保人购买保单，被保险人是其他人，受益人还是投保人，投保人拥有保单的利益，该利益可以对抗被保险人的债权人（投保人在保单中的利益可以对抗被保险人的债权人）。

（c）投保人购买保单，被保险人是投保人或配偶，以投保人或配偶的生命为保险事件，在受益人是投保人的情况下，投保人拥有保单的利益，该利益可以对抗被保险人的债权人（投保人/配偶在保单中的利益可以对抗被保险人的债权人）。

（d）投保人购买保单，被保险人是他人，以他的生命为保险事件，在受益人是第三人的情况下，第三人拥有保单的利益，该利益可以对抗投保人、被保险人的债权人（受益人在保单中的利益可以对抗被保险人及投保人的债权人）。

一般来说，人寿保险都有地域性，即只有本国国民或本地居民才能购买本国/当地的人寿保险。少数国家、地区的部分人寿保险会开放给非本国国民或本地居民，这类境外的保险的营销也逐渐兴起，为我国有境外生活需求的富裕阶层提供了更多的产品选择。

我们强调保险是风险隔离的工具，主要原因是：（1）保险是最标准化的金融工具，相较于其他金融产品，各国/各地对于保险的管制最为密集，强管制性不但保证保险资金/收益的稳定，而且投保人、被保险人、受益人及承保人之间的权利义务也最为标准。相对于代持、协议安排等个性化强、非标准化的安排，保险的标准化为实现风险隔离功能提供了保障；（2）保险是最容易操作的风险隔离手段。购买保险不需要复杂的客户调查，客户找到保险代理人，了解保险产品保障范围、保费/保额等基础知识就可以，不需要对保险机制有深厚的基础知识，不需要监督保费投资管理，不需要额外支出其他成本。以代持操作为例，要甄别合适的名义所有人，要结合被代持资产情况签订个性化的代持协议，要持续关注名义所有人的代持行为，最后还要安排被代持资产的"回归",所有这些操作都是个性化的、不公开的、没有强对抗效力的;以信托为例,信托的成本高,信托公司要收取设立费、年度管理费,故要求设立人的信托资产价值大,信托公司对于设立人的背景调查复杂,基于不同类别的信托资产,信托协议中的管理条款不同;鉴于信托的长期性,客户或其受益人必须了解信托的基础知识,了解信托协议,知晓如何与信托公司沟通。

综上,我们能得出结论:(1)若在保险中享有财产性利益的投保人或被保险人/受益人不是债务人,则保险财产性利益与债务是隔离的;(2)对于部分债务发生可能性大的潜在投保人,可以通过调整投保人达到将保险财产性利益与债务隔离的效果;(3)保险具有标准性、易操作性。故从资产风险隔离角度来看,保险是高净值人士最应首先配置的金融产品。

无论是资产保护/风险隔离,还是传承规划,所涉及的工具或方法制度众多,它们可以单一使用,也可以结合起来使用。这些工具或制度从功能性、复杂性上看,可以分为上、中、下三个层级。最底层最基础的是保险、遗嘱,中间层级有的代持、信托、所有权结构,最上层是家族宪章、家族治理结构。从我们的经验看,就资产保护和风险隔离而言,要先确立诉求(即急需解决的问题),再遵循从低到高的基本原则选择工具或方法制度。当诉求复杂(即急需解决多个问题)时,则需综合使用多种工具或方法。

二、保险金信托——化学反应

从上述各国/各地关于人寿保险的资产隔离的规定及案例可以看出,保险的隔离功能是有条件的,高净值人士在配置大额保单时可能提出更高的资产隔离的需求,这样的隔离需求无法在保险产品范畴内得以解决。不过,信托的介入为问题的解决提供了新思路,从满足资产隔离需求方面考虑,保险金信托成为继保险之后高净值人士的新选择。

保险金信托的结构如图5-2所示。设立人:A先生;受益人:A先生及其家人:

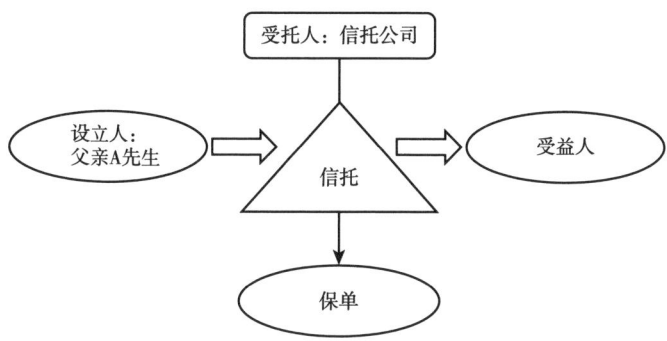

图5-2 保险金信托结构示意图

可见,保险金信托就是在信托内置入了大额保单,将大额保单作为信托的唯一信托资产或是众多信托资产之一。归纳一下,保险金信托可分两种类型,即保险驱动信托模式(见图5-3)与信托驱动保险模式(见图5-4)。前者是指投保人购买保险后设立信托,将保险的受益人指定为信托;后者是指委托人设立信托后,将资产交付给信托公司,由信托公司作为投保人购买保险,受益人指定为信托。

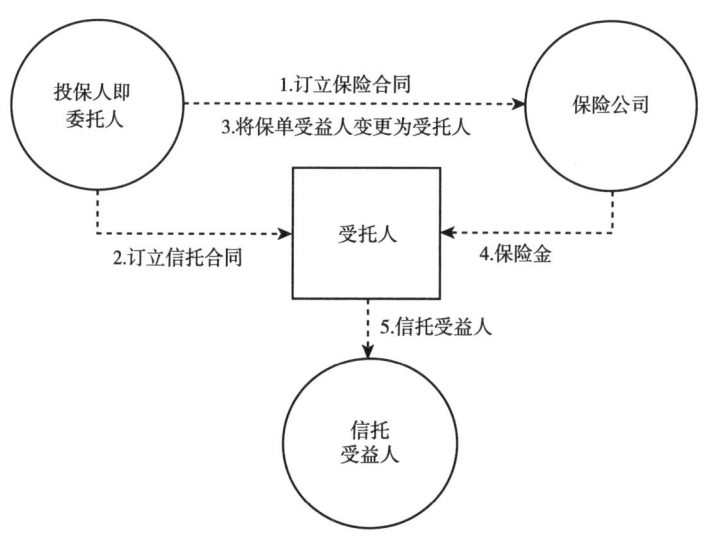

图5-3 保险驱动信托模式

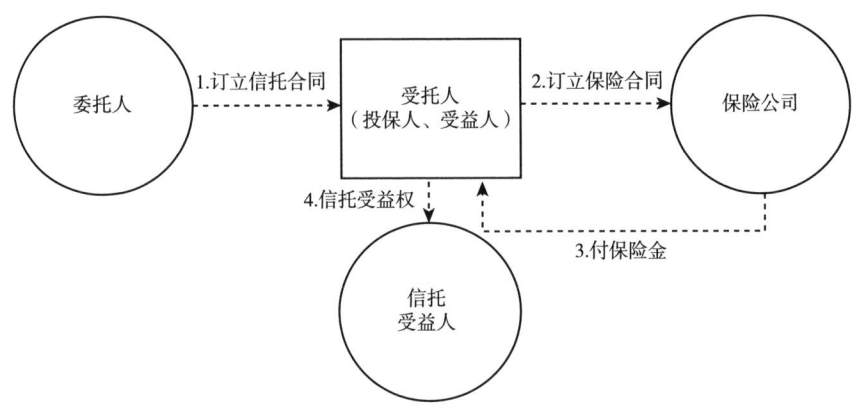

图5-4 信托驱动保险模式

保险金信托保留了保险的功能,在此之上附加了信托,产生了"化学反应",主要体现在:

第一,信托拓展了保险的受益人。人寿保险的受益人一般是家庭成员,而且是现时已经存在的成员,未出生者不能被列为保险受益人,但是信托协议可以对信托受益人进行类别描述,如直系后代等,如此就可以将未出生者列为保险金信托受益人。

第二,信托让保险收益分配方式多样化。保险金的分配是按合同一次性或者按期支付给受益人,保险合同不会对于保险金的支付提供特别多样化的选择。信托对于受益人的支付是完全由设立人与信托公司商定的,数额、时间、条件、有无都可以商定。在人寿保险中,死亡赔偿金基本上一次性支付给受益人,但是如果死亡赔偿金进入保险金信托后,信托公司可以按年支付生活费、负担学费、报销医疗费、给予结婚奖励等,甚至在特殊情况下(如受益人个人破产、受益人赌博等)停止向受益人支付。多样化、个性化的支付完善了保险的传承功能。

第三,信托使得保险金具有了全方位的资产隔离功能。

设立保险金信托前:A先生购买了巨额人寿保险,受益人是A先生儿子,在保险事件发生前,该保险的现金价值归属于A先生,A先生不能对抗自己的债权人，在保险事件发生后保险金归属于A先生儿子，A先生儿子不能对抗自己的债权人。

设立保险金信托后：A先生将保费交由信托公司设立保险金信托，信托受益人为A先生儿子，由信托公司购买巨额人寿保险，受益人是信托公司。在保险事件发生前，该保险的现金价值归属于信托公司，与A先生及A先生儿子无关，信托财产独立是信托法的基本原则，A先生及A先生儿子的债权人无权要求信托公司以保险的现金价值偿付A先生及A先生儿子的债权。在保险事件发生后，保险金由保险公司直接赔付给信托公司，保险金属于信托财产，具有独立性，债权人无权要求信托公司以保险金偿付A先生及A先生儿子的债权。更进一步，信托公司收到保险金后，发现受益人A先生儿子欠付众多债务，如果此时向A先生儿子支付资金，就很可能被债权人"瓜分"，信托公司可以选择停止支付，甚至有权向A先生儿子的配偶或其他关联人支付，以这种间接方式惠及A先生儿子。

信托是家族传承"皇冠"上的"明珠"，但对信托资产数额有要求，根据银保监会《信托部关于加强规范资产管理业务过渡期内信托监管工作的通知》，在中国设立家族信托，起始的信托资产规模是1 000万元，信托资产的最小规模限制使得普通民众无法触及信托这颗"明珠"，但由于保险具有杠杆功能，如果保额能达到1 000万元这一标准，就可以设立保险金信托。保险的杠杆功能降低了信托的设立门槛。

A先生，38岁，从事商贸行业，儿子5岁，为了保障儿子生活及实现资产隔离，A先生决定购买终身寿险，他看了某终身寿险产品，期交保费18.7万元，可以享有疾病身故保险金1 000万元、意外身故保险金2 000万元的保险权益。A先生可以直接以自己作为投保人、被保险人，以儿子作为受益人购买该保险。A先生又担心：（1）自己万一生意遇到困难，资金流动性出问题，债权人有可能要求他以保单的现金价值来偿付债务，而A先生又不方便更换投保人；（2）万一保险金支付条件成就，在儿子未成年时，如此巨额的赔偿金由儿子监护人掌管，儿子监护人能否把全部资金都花在儿子的养育上；在儿子成年时，如此巨额的赔偿金会不会让儿子养成不劳而获的习惯？毕竟A先生无从监管保险金的使用。

A先生也可以通过保险金信托满足他的诉求，他与一家信托公司签订了保险金信托合同，将部分保费交由信托公司，由信托公司购买该寿险产品。由于该寿险产品的保额已达到1 000万元，满足信托资产规模的最低要求，故A先生可以据此设立保险金信托。信托公司是该保险的投保人、受益人，且由于信托财产的独立性，该保单的现金价值成功地与A先生相隔离。在保险金支付条件成就后，保险公司将1 000万元支付至信托公司，该1 000万元成为信托财产，由信托公司依照信托协议管理、投资、分配，A先生儿子要依据信托协议的受益条款才能取得相应资金支持，A先生也可以根据儿子的教育、工作、家庭生活设定受益分配节奏，由信托公司忠实执行，避免他人的干扰。

在这个案例中，A先生的需求是风险隔离与资产传承，保险是风险隔离与资产传承的基础金融工具，但A先生的担忧又是多方面的，将保险与信托结合，发挥了各自的优势，较为全面地满足了A先生的诉求。

下面我们再看一例。

刘先生子女的婚姻财产规划

刘先生（60岁）经营一家医疗器械制造公司，独子小刘（28岁）大学毕业后一直和刘先生一起经营自家的企业。医疗器械制造公司在新冠肺炎疫情期间从事防疫医疗器械生产，公司经营业绩翻番。

刘先生经商多年，日常工作压力较大，几年前发生过身体危机，这几年小刘更随父亲从事公司经营，从生产到销售，逐渐对公司运营及行业发展有了更清晰认识，刘先生打算让小刘逐渐接替自己主持公司生产、经营，自己退休过几天舒心日子。

小刘两年前在一次社交聚会上认识了女朋友小王，两人准备结婚，刘先生欣喜之余也有隐忧。社会的急剧发展，婚恋观多元，刘先生对年青人的感情不是很有信心，尤其担忧小刘的婚姻状况影响家族企业股权的稳定及升值利益。

第五章 保险——熟悉却又陌生的工具

需求：刘先生的需求是既要支持儿子小家庭生活，又要防止家企股权价值分割。

方案：婚前财产协议＋保险金信托

婚前财产协议约定家族企业股权所有权（在小刘受赠与或是继承时）只归小刘所有，家族企业股权的收益（红利、股权价值增加等）也只归小刘所有。

婚前财产协议能简单有效地缓解刘先生对家企股权价值分割的担忧，可以用婚前财产协议隔离小刘婚姻变动的风险。问题是如何向儿媳妇合理表达签署婚前财产协议的需求，如何使儿媳妇心甘情愿地签署婚前财产协议。签订婚前财产协议不容易，尤其是不伤感情地签订更加困难。这时，保险金信托的优势就体现出来了。

刘先生为支持小刘的家庭生活，让儿媳妇体会到大家庭关爱，设立了保险金信托。刘先生将保费1 000万元交给保险公司，由保险公司购买年险保险，保险受益人是信托公司，保险金信托的受益人是儿子、儿媳及后代，年金保险保费趸交，快速返还，可以很快为小家庭提供经济支持。信托的分配方案：儿媳每年30万元生活费；儿子、儿媳每生育一胎，可领取100万元礼金；孙辈，自孩子7—18岁，每年可领取日常生活费用30万元。

信托的设立充分保障了小家庭的生活，鼓励生育、鼓励稳定和谐的家庭关系。首先，保险金信托的资产保护/债务隔离功能更强。该保险的投保人是信托公司、受益人是信托公司，信托财产的独立性隔离了原来纯保险关系中投保人刘先生及受益人小刘的个人财务风险，即便是刘先生去世，保险金信托的结构依然稳固，信托财产的独立性弥补了保险隔离作用的有限性。其次，保险金信托可为小刘家庭生活提供稳定支持。保险产生的现金流可以为小刘家庭生活立即提供支持，配合信托多样化的分配条件，可以让儿媳感觉到大家族的关心，减少签署婚前财产协议的负面感受。再次，保险金信托也是对小刘家庭生活的约束。保险成为信托财产后，保险关系固定下来，设立人刘先生可以依据信托协议，对受益人（儿子、儿媳及后代）及受益条件（婚姻存续、生育子嗣）在信托层面进行控制。当小家庭二人生活和谐美满时，信托正常运行，当二人离婚时，信托会减少或取消对某些受益人的分配。最后，家族信托具有开放性。刘先生以保险金信托搭建了家族信托架构，刘先生作为设立人，可以根据家族财产及家族发展情况，后续再向信托内置入现金、其他保险或是其他信托资产，充分利用信托隔离与传承的功能。家族信托的开放性包容了家族财富隔离与传承更多可能性。

下一章，我们将走进信托，重点学习它的资产风险隔离功能。

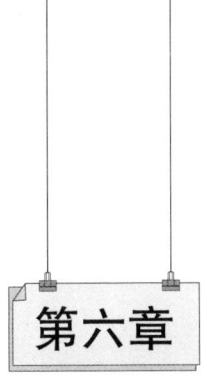

第六章

信托——资产保护还是非法避债

信托制度历史悠久,英国伦敦大学博物馆收藏了一份公元前2548年的古埃及"托孤遗嘱",被认为是最早的信托,这份遗嘱颇有些戏剧色彩:有一个人居住在尼罗河畔,他的名字叫乌阿哈,乌阿哈立下遗嘱,要将兄长留给他的财产交由妻子继承,并授权妻子作为孩子的监护人,能够自主分配遗产给孩子,这份"托孤遗嘱"是迄今为止人类发现的最早的"信托契约"。

在古罗马时期,则出现了"信托遗赠"制度,这个制度的产生背景颇有时代色彩。当时《十二铜表法》等法律规定遗嘱继承人必须具有罗马市民资格,非罗马市民不得享有法律权利。于是有聪明的人想出了一个办法,将财产名义上转让给有资格的人,通过有资格的中间人让没有资格的人管理和处置财产,实质地享有继承权。到了奥古斯都时代,这种行为被合法化:罗马法规定,依照遗嘱划分财产时,可以把财产直接授予继承人,若继承人无力或无权接受时,可以按信托遗赠制度,把财产委托或转让给第三者处理,实现遗产的有效继承。

真正意义上的信托制度起源于13世纪的英国,当时的人们大多都信教,纷纷在死后将土地捐赠给教会,而依照法律规定,教会的土地是免征赋税的,这引起了国王的不满。于是国王颁布了《没收条例》,规定信徒向教会捐赠土地必须征得世俗统治阶级的同意,否则土地将会被没收。为了应对这种制度,当时的法官(实际上是宗教在法律的代言人),创立了尤斯制(即"USE"制,用益制），即教徒不在遗嘱中直接把土地捐赠给教会，而是将土地赠与给第三者，并约定收益属于教会。随着社会的发展，尤斯制逐渐从宗教领域应用到公益事业、个人理财，对象也从土地扩展到了货币、贵重物品、大宗物资等。1886年，第一家专业信托机构伦敦信托安全保险公司成立，1925年，英国颁布《财产法》，废除了《用益法》。从此，所有的用益都可以采用信托的方式设立。

美国于18世纪从英国引入信托制度，1822年，世界上第一家信托投资公司纽约农业火险放款公司成立。美国的信托制度促进了现代意义上信托发展，完成了个人受托向法人受托、民事信托向金融信托的过渡，为现代金融信托制度奠定了基础，此后商事信托诞生，并愈发繁荣。2001年10月1日，我国引入信托制度，开始施行《信托法》，营业信托（即常见的信托公司发行集合类信托产品融资）是目前我国信托的主要运用方式，近几年来，以家族传承、资产保护等为目的的家族信托业务也开始蓬勃发展。

信托是财富传承与财富规划不可或缺的重要工具，本书前文也多次提及，然而从资产保护与风险隔离角度来说，要设置一个合法有效并具有隔离功能的信托并非易事，需要我们对信托有较深理解。[22]

一、逃避债务与资产保护的界限

（一）信托的资产保护功能

虽然两大法系（普通法系、大陆法律）对于信托具体法律细节有不同认识，但对于信托的基本概念都有共同的认识。《海牙关于信托的法律适用及其承认的公约》规定："当财产为受益人的利益或为了特定目的而置于受托人的控制之下时，'信托'这一术语系指设立人设定的在其生前或身后发生效力的法律关系。"

---

[22] 本章节主要内容取自我们的视频课程《财富管理与传承讲座——离岸信托专题》，如有兴趣请联系微信：ccxlh8。

第六章 信托——资产保护还是非法避债

信托具有下列特点：

1.信托财产是独立的，不属于受托人财产的一部分；

2.信托财产以受托人名义持有；

3.受托人按照《信托协议》的约定或是《信托法》的规定，有义务及权利管理、处置信托财产。

对于信托，图解如图6-1所示：

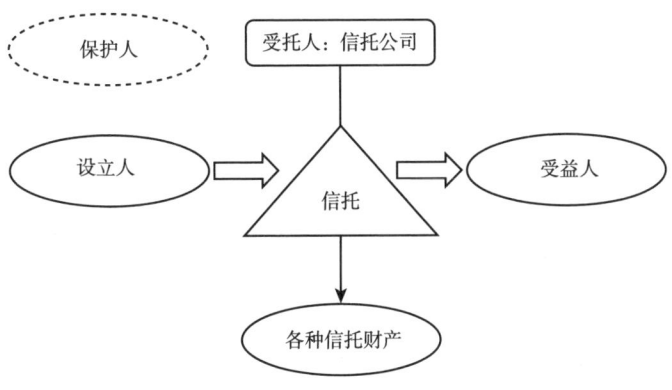

图6-1 信托示意图

高净值人士一般有"四大需求"，即资产保护、传承规划、税务规划及投资规划，A先生基于一项或几项需求，与受托人B信托公司签订信托协议，信托的受益人一般为A先生或其家人，信托协议中还可能设立信托保护人。信托协议签订后，从法律上来说，信托成立了，B信托公司按信托协议设立底层公司（或信托专户），A先生按照信托协议将财产（现金、股权、不动产等）置入信托，B信托公司按信托协议持有、管理、处置信托财产。

基于不同角度可以对信托进行不同分类：以设立人在信托协议中是否保留权利为标准，信托可以分为保留权利信托与不保留权利信托；以设立人是否有权撤销信托为标准，信托可分为可撤销信托与不可撤销信托；以受益人的受益权是否明确、信托受托人是否具有信托财产收益分配的自由决定权为标准，信托可分为固定分配信托与任意分配信托。各种分类对应的资产保护功能不同。

几个世纪以来，信托一直被用于资产保护，特别是近几十年来，在美国甚至有特定的资产保护信托这一专门的行业术语。客户们对于资产保护信托的兴趣伴随着激烈的市场竞争及社会的好诉之风与日俱增，那些在商海中披荆斩棘几十年建立商业版图的成功商人们，都想确保至少有一部分资产能够得到保护，以应对那些超出自身控制的外部风险带来的商业衰败。"资产保护信托"并不是某种独特的信托，只是从信托目的角度，将信托财产与设立人的债务隔离，对信托进行了分类。与之类似，还有"税收规划信托""传承信托"等分类。实际上，任何合理设立的信托都有资产保护功能，无论它是"任意信托""固定信托"还是"税收规划信托"或者"传承信托"。

建立信托分为两个步骤：第一，设立人与信托公司（受托人）签订信托协议；第二，将信托财产权益合法转移给信托公司（受托人），信托公司持有、管理并分配信托财产的行为必须依据信托协议中约定的条款，并且是为了受益人的利益。信托设立、信托资产被设立人转移给信托公司后，信托资产就不再是设立人的财产，而是独立的信托资产，这就是信托具有资产保护功能的主要理论依据。

假设S设立了一个家族信托，将资产转入信托。一段时间以后，P因债务问题起诉S，法院判决S偿还P1 000万元，P无权要求S以家族信托资产来偿还个人的债务，因为此时家族信托资产已经不再是S所有的资产，不得用以偿付S个人债务。同样，若随后S被宣告个人破产，家族信托资产仍归属于信托公司，不是S的破产财产，破产管理人也不得要求将信托资产纳入破产财产进行管理。

上述解读是从普通法角度进行的，中国的《信托法》将信托资产独立以法条方式表述出来，即《信托法》第十五条："信托财产与委托人未设立信托的其他财产相区别。设立信托后，委托人死亡或者依法解散、被依法撤销、被宣告破产时，委托人是唯一受益人的，信托终止，信托财产作为其遗产或者清算财产；委托人不是唯一受益人的，信托存续，信托财产不作为其遗产或者清算财产；但作为共同受益人的委托人死亡或者依法解散、被依法撤销、被宣告破产时,其信托受益权作为其遗产或者清算财产"。《信托法》使用了"信托财产与委托人未设立信托的其他财产相区别"这样委婉的表述,传达了信托财产不再是委托人财产的信息。

用通俗的语言把信托的隔离与保护功能概括为"是你的,又不是你的"。"是你的"的意思是设立人、受益人可以通过信托协议直接或间接地管理信托财产,从信托财产中受益;"不是你的"的意思是,信托财产独立于设立人、受益人、受托人,与设立人、受益人的个人债务没有关系。

综上,设立人的债权人/破产管理人无法"刺穿"信托,以期利用信托财产偿付设立人的债务,信托借此将原属于设立人的信托财产有效地隔离于设立人的债权人。但是当设立人没有其他财产用于偿还债务时,这种隔离就建立在了债权人的痛苦之上,特别是当设立人及其家人还能从家族信托中获取利益时,这样的反差令人无法容忍。

(二)英国《伊丽莎白法案》——不得以信托来逃避债务

我们在任何的债务隔离/债务规划中都能看到两种对立的利益:债务人自由合理处置、规划个人财产的权利与债权人被按时、足额清偿的权利。信托制度的产生为债务人的资产保护提供了制度工具,也会因债务人的滥用损害债权人的正当利益。1571年英国颁布的《伊丽莎白法案》(即《欺诈转让法》)是平衡两者利益的努力,其宗旨是为了保护债权人利益、防止债务人利用包括信托在内的各种不诚信方法来阻挠债权人实现其合法债权。

《伊丽莎白法案》规定,债务人以欺诈债权人意图所做的、涉及任何财产的转让都是可撤销的,债权人可以申请法院撤销。在第二章中,我们分析了"转让""欺诈债权人的意图"两大因素,此处我们着重分析"债权人"因素,从产生的时间看,债权人可以分为已有债权人及未来债权人,已有债权人是指在信托财产转入信托前已经存在的债权人,未来债权人是指在设立信托、转入信托财产前不存在的,但有可能在以后产生的债权人。一般来说,已有债权人比未来债权人更容易证明债务人的欺诈意图,特别是在信托设立及信托财产转入行为发生后很多年，而且已有债权人在设立信托时已被清偿的情况下，未来债权人很难证明设立人（债务人）在设立信托时有欺诈未来债权人的意图。

S是位高净值人士，现时无债务，但是S对未来的商业期望有很深的不安全感，决定设立一个资产保护信托并转入部分财产。在《伊丽莎白法案》下，已有债权人及未来债权人都有理由申请法院撤销设立人把财产置入信托的行为。生活中有很多S这样的人士，他们有可能是在一个新行业创业，或者马上要进行一个风险度很高的交易，便打算设立一个信托来隔离风险，就像Re Butterworth案法官所说的那样"要是我生意成功，就能挣大钱；要是生意失败，我的债权人就要承担损失"——这恰恰是《伊丽莎白法案》所预防的。

在Re Butterworth案中，Butterworth先生是位成功的商人，打算分散投资进入别的行业。在此之前，他将大部分财产装入了信托，受益人是他的妻子和孩子们。接着，他开始了新的商业冒险，不幸的是，他的新业务失败了，他偿还了所有债务后重操旧业，但还是破产了。法庭指派了一位破产管理人，破产管理人向法院提出撤销他之前设立的信托，将信托财产作为破产财产来偿还债务。破产管理人认为信托欺诈了未来债权人，即那些在信托设立时未产生、未确定的债权人。由于设立人明显在设立信托时就想到未来可能有其他债权人，设立人设立信托，并有意将信托财产与其新的、分散的商业风险相隔离，因此法院撤销了Butterworth先生的信托。

在《伊丽莎白法案》下产生了很多类似于Re Butterworth案的判决，这些案例表明，只要债权人可以证明设立人在设立信托时有欺诈债权人的意图，不论设立人是否知道或可以预计到债务或是债务有可能在以后发生，已有债权人及未来债权人都可以要求法院撤销信托或是撤销信托财产的转入。

《伊丽莎白法案》还有个打击过于宽泛之处，即债权人提出主张没有时效限制。

举个例子，S在2005年设立一个信托，此时S经济状况良好，但是马上要进入一个风险与机遇并存的新行业，新生意可能成功也可能失败，S此时尚欠X钱款。2015年，S的生意大获成功。同年，S信心爆棚又进入了一个更加波动的行业，这一次S遇到了困难，他失败了，欠了Y1亿元，无法偿还。

在《伊丽莎白法案》下，X，一个在S设立信托已经存在的已有债权人，在能够证明S有意图欺诈债权人的前提下，要求法院撤销在2005年设立的信托。更进一步，Y，一个在S设立信托时不存在，但是10年后才产生债权的未来债权人，只要能证明S在2005年设立信托时有意图欺诈债权人，也可以要求法院撤销在2005年设立的信托，尽管Y是一个未来债权人，他的身份在10年前设立信托时并未产生或确定。可见，《伊丽莎白法案》的原则是充分保护交易中的善意债权人，善意债权人可以通过法院追索债务人的任何财产，包括债务人设立的信托中的财产。

《伊丽莎白法案》是资产隔离规划的大"障碍"，因为转入资产保护信托财产的行为可能被撤销，不仅在设立信托前已经存在的已有债权人可以提出这样的要求，那些未产生或未确定的未来债权人也可以要求撤销。并且，无论是已有债权人还是未来债权人都可以在信托设立后的5年、10年、20年内，在设立人经济状况恶化而未能清偿债务时，要求撤销。

显然，在《伊丽莎白法案》之下无资产保护方案的容身之处。因此，近几十年来，一些以提供资产保护信托为业务的离岸地为了争夺高净值客户资源调整了法律规定。离岸地纷纷放弃了《伊丽莎白法案》，颁布了新的法律，以期平衡债务人和债权人的利益，甚至稍微偏向了债务人（高净值客户）。因此，在这些法域下设立的信托被债权人"攻击"的难度加大了。各离岸法域在此问题上的规定不同，但或多或少都体现了将信托财产与信托设立人的债务隔离的意图。下面以开曼的《欺诈转让法》（Fraudulent Disposition Law 1989 of the Cayman Islands）为例，进行分析。

（三）开曼《欺诈转让法》——债权人债务人权益再平衡

开曼的《欺诈转让法》开宗明义排除了《伊丽莎白法案》的适用，设定了新的债权人保护规则，它规定，原则上债务人基于欺诈目的且低于正常价格的财产处置行为，在损害债权人利益的情况下，是可撤销的。

它继承了《伊丽莎白法案》"欺诈债权人的意图"的所有标识，但相对于《伊丽莎白法案》，它作出了如下较大的改动：

1.对于有权撤销财产转移的债权人，不同于《依丽莎白法案》的已有债权人及未来债权人，开曼的《欺诈转让法》将其限定为已有债权人，即财产转移时已经存在的债权人，而且该债权人已经通知了债务人该债权的存在。

故此，对于在进入盈亏波动业务较大行业之前设立信托的委托人来说，开曼的《欺诈转让法》极其有利。要是新业务失败，因此所产生的债权人相对于信托都是在设立信托之后产生的未来债权人，而未来债权人无权撤销财产转入信托的行为。

将有权撤销财产转移的债权人限定为已有债权人更进一步的意义在于：如果设立人知道在设立信托前有某些债权人，但是在设立信托后，将这些债权人全部清偿了，之后又产生了新的债权人，则这些新的债权人是没有法定理由来追索信托财产的，因为，按开曼的《欺诈转让法》，只有在信托设立前的已有债权人才有权那样做。要是依据开曼的《欺诈转让法》审理 Re Butterworth 案，在 Butterworth 先生设立信托后产生的债权人是没有权利追索信托财产的。

2.诉讼时效。开曼的《欺诈转让法》规定，有权撤销财产转移的债权人必须在信托财产转入后6年内提起诉讼。在信托财产转入前已经产生的债权人才有权追索信托财产，而且必须"迅速"提出诉求。不同离岸地对于这类案件的诉讼时效规定不同，安圭拉、巴巴多斯规定的诉讼时效是3年，巴哈马和库克岛的诉讼时效是2年，很明显，诉讼时效越短越有利于债务人（信托设立人），越不利于设立人的债权人。

英国《伊丽莎白法案》、开曼《欺诈转让法》着眼于信托财产转入行为是否合法，债权人也可以跳过财产转入行为而直接主张信托无效，信托无效后信托财产全部自然归复于委托人，委托人的债权人同样可追索这些财产。与信托无效的"挑战"方式不同，信托财产转入信托行为的无效只涉及某次或某些信托财产的无效，并不自然否认信托下其他财产的合法性。

信托会因违反"三确定"（信托目的确定、信托财产确定、信托受益人确定）原则而无效，离岸信托还可能因为委托人在信托协议中保留权利过多而无效（form sham），或是虽然没有在信托协议里保留太多权利，但是通过与受托人的私下默契实际上享有了过多的信托控制权，而导致信托无效（substantive sham）。

（四）我国信托的资产保护

讨论完域外法律的规定，再看我们的《民法典》及《信托法》是如何规范债权人与债务人（信托设立人）的关系。

在前文中，我们分析了《民法典》中的债权人保护条款，债权人撤销债务人的不当财产处置行为，同样适用于撤销债务人往信托置入财产的行为。

假设S在2015年基于传承目的设立了家族信托，于2015年向家族信托放入资金2 000万元，债权人于2019年向S出借3 000万元，2020时起诉S，要求S偿还，S收到诉状后，自感胜诉无望，而且对自身以后的经常状况感到悲观，故S将其目前仅有了1 000万元追加入家族信托。S败诉，针对S设立的家族信托，债权人仅可以要求撤销S在2020年的1 000万元转入行为，因为S在2015年设立的家族信托是合法有效的，在2015年向信托转入2 000万元也是合法有效的，只有S在2020年向信托转入1 000万元的行为符合《民法典》中关于债权人撤销权的规定，损害了债权人利益，应当被撤销；虽然该1 000万元的转入被撤销，但是并不影响整个信托的效力，也不会"波及"之前转入的2 000万元。

中国《信托法》自2001年实施以来，营业信托（通俗地说，即信托理财产品）得到了极大发展，但是家族类信托一直没有发展起来，没有关于家族信托的专门司法解释，关于家族信托的案例（包括委托人与信托公司之间的案例、受益人与信托公司之间的案例，委托人或受益人的债权人与信托公司之间的案例）也特别少。

信托作为财富规划、资产保护、家族传承的重要工具，是高净值人士可以且应该利用的法律制度工具。从其他发达国家看，信托发展时间长，富裕阶层普遍较为接受信托的概念，且已经较为广泛地利用信托实现保护、传承、慈善等目的。中国的家族信托市场刚刚起步，目前还是以客户教育为主，很多客户对家族信托表现出浓厚的兴趣。很多信托从业者（包括信托公司职员，家办、财富管理机构职员等）在介绍信托的功能时往往简单化、机械化地宣传"信托避债"，加之目前国内司法实践少，这样标签化的解读往往不能取信于客户。

信托是源起于普通法的一个法律制度，有几百年的发展历史，特别是在近几十年，离岸信托在普通法系下得到了很大的发展，从法律规定到司法实践，积累了丰富的经验，也正是这样的普通法系系统性的支撑把信托推上了家族财富规划"皇冠上的明珠"的地位。我国借鉴了境外的信托概念，制定并实施了中国的信托法。境外信托法及其实践经验是关于法律制度的"技术性"规定，对于我国的信托实践同样具有指导意义，尤其是在我国家族信托规定较少、缺乏家族信托司法实践的情况下，研究境外信托的基本规定及案例，有助于向客户准确解读信托制度，建立客户对于信托的信心。

与境外信托法类似，在中国境内，委托人同样不得以"避债"（损害债权人利益）为目的设立信托，否则信托无效。《信托法》第六条规定："设立信托，必须有合法的信托目的"，第十一条规定："有下列情形之一的，信托无效：（一）信托目的违反法律、行政法规或者损害社会公共利益……"由于信托目的不符合《信托法》而导致信托无效，债权人可起诉至法院，法院撤销信托后，信托内的信托财产重回委托人（债务人）名下，债权人可追索这些财产。

《信托法》第十五条规定："信托财产与委托人未设立信托的其他财产相区别。"该条文的规定是对信托财产独立性的一种强调。此外，我国《信托法》还对信托财产的可执行性进行了反向排除式的规定，《信托法》第十七条规定："除因下列情形之一外，对信托财产不得强制执行：（一）设立信托前债权人已对该信托财产享有优先受偿的权利，并依法行使该权利的；（二）受托人处理信托事务所产生债务，债权人要求清偿该债务的；（三）信托财产本身应担负的税款；（四）法律规定的其他情形"，这同样是信托财产独立性的一种体现。

为了帮助大家理解，我们假设了中国高净值客户在考虑设立资产保护信托时可能遇到的3个问题，并尝试主要在中国法下进行回答。如前所述，中国的家族信托实践刚刚起步，还处在客户教育及开始设立信托的阶段，尚未到达产生与家族信托有关的纠纷的阶段，故这些回答是依据《民法典》《信托法》进行的纯粹理论分析。但是，从比较法的角度研究境外信托立法及案例，为我们回答上述问题提供了有益的启发。

A先生白手起家，商海浮沉几十年，从一无所有到身家过亿，人生可谓是精彩励志。然而，天有不测风云，他的公司因经营不善倒闭。在公司运营期间，A先生以个人担保所取得的银行融资尚未偿还完毕，如今负债累累。A先生听闻信托有债务风险隔离功能，拟着手设立资产保护信托。

A先生现在身家2亿元，负债8 000万元，问题1：若设立信托并置入5 000万元信托资产后，该5 000万元信托资产能不能与8 000万元负债隔离？问题2：若设立信托后的几年，A先生又增加负债2 000万元，该5 000万元信托资产能不能与后发生的2 000万元负债隔离？问题3：再若A先生设立信托时的资产仅为1亿元，其负债为8 000万元，信托资产为5 000万元，该信托资产仍可以与A先生的负债隔离吗？

问题1

设立信托时，A先生身家2亿元、负债8 000万元，净资产还有1.2亿元，即便是置入5 000万元信托资产，还有充分的资产偿付8 000万元债务，故很难证明A先生有欺诈债权人意图，且损害了债权人利益；但若最终A先生无法偿还债务，债权人可以要求行使撤销权，因为8 000万元债务发生在设立信托并放入5 000万元信托资产之前，5 000万元置入信托减少了债务人可以用来偿债的资产总额。

问题2

在《伊丽莎白法案》下，无论债务是发生在信托设立（信托财产转入）前或后，只要能证明A先生有欺诈债权人意图，且损害了债权人利益的，所有债权人都可以要求撤销信托财产转入的行为。在开曼《欺诈转让法》下，信托设立后的发生的2 000万元债务的债权人无权要求撤销信托财产转入，即信托设立时的5 000万元财产成功与其后发生的2 000万元债权相隔离。

中国《民法典》《信托法》未区分债权是发生在信托设立（信托财产转入）前或后，但司法实践中，从证明的难易程度分析，后发生的2 000万元债权的债权人比较难证明A先生之前设立信托并转入5 000万元的行为是基于逃避债务的目的且损害了债权人的利益，故信托设立时的置入的5 000万元大概率能够与设立信托后发生的2 000万元债务相隔离。

问题3

在《伊丽莎白法案》及开曼《欺诈转让法》下，债务人阻碍债权人行使权利的"欺诈标示"包括"转让之后，债务人就变得无力偿还债务是最直接、最明确的欺诈债权人的表现"，故在设立信托、转入信托财产后，设立人资不抵债的，可以推断出A先生设立信托的目的是躲避债务清偿义务、损害债权人。债权人进而可以要求撤销信托或信托财产的转入行为。

中国《信托法》也规定信托目的必须合法，"躲债"不是合法的信托目的。A先生在设立信托时，信托公司对于A先生的客户调查包括设立人的债权债务情况，若A先生当时如实申报资产及负债，信托公司不会同意为他设立信托，但若A先生不如实申报、或A先生自身对于债务的产生、确认有误解，信托公司也没有能力核实A先生全部的资产及负债情况，信托虽然能够成立，但是债权人可以通过证明A先生设立时资产及负债情况，进而证明A先生设立信托的目的不合法，并要求撤销信托。

故当A先生在资不抵债时设立或设立信托后导致资不抵债，信托不能起到资产保护与风险隔离作用。

（五）个人破产时的信托资产保护功能

A先生的故事继续发展，他的个人财务状况持续恶化，他考虑以个人破产的方法来摆脱个人债务的泥潭，他之前的信托会不会被破产清算用以偿还个人债务？……

第六章　信托——资产保护还是非法避债

回到本书开篇贾某某在美破产重组的案例，贾某某以美国破产法的个人破产重组为契机，进行了个人债务重组，但贾某某在《资产负债附录及财务事项说明》中披露，其在破产申请前十年内，未向自己设立的信托或类似机构（具有资产保护功能的机构）转让财产。可见，以信托作为资产保护、风险隔离工具时还要考虑到设立人（债务人）个人破产的影响。

英美等普通法系破产法的部分条款与资产保护信托有关，因为在普通法系破产法下，法院可以撤销破产债务人（信托设立人）在破产宣告之前若干年内的财产转让行为，包括向信托转入财产的行为。依据英国《破产法》（1914年）的规定，法院可以撤销2年内的财产转让行为或是10年内的部分财产转让行为。一些离岸地将这个时限缩减为2年，即2年内的财产转让行为都可撤销，5年内的可部分撤销。可见，对于因债务风险隔离需求而设立资产保护信托的设立人，不能不考虑《破产法》对于信托财产的影响。

S是一位商人，他想采取一些资产保护措施，以应对商业环境的巨大变化。因此，他设立了一个家族信托，受益人为他的妻儿，并向信托内转入了1 000万美元。不幸的是，他的担忧变成了现实。几年后，他的债权人起诉他要求偿还债务2 000万美元。S名下没什么有价值的财产，不能清偿债务。债权人诉至法院，要求法院裁定S破产。法院指定了破产管理人，破产管理人的主要工作是尽可能收集S的财产，让债权人们申报债权、制作账目，以及最终按比例向债权人们分配破产财产。

为了尽可能保护债权人的利益，确保用以向债权人们分配还债的财产涵盖了债务人的所有财产，在英国1914年《破产法》下，破产管理人有法定权利撤销破产者在宣告破产前2年的向信托的财产转入行为。若财产转入被撤销，所涉及的信托财产回归给破产管理人，成为破产财产的一部分，用以偿还债务。

英国《破产法》（1914年）第42条："任何财产处置行为，除非为缔结婚姻或是以善意且对价交易……，若处置人在处置后两年内破产的，应该被破产管理人宣告无效；若处置人在处置后十年内破产的，除了其能证明可以在不借助被处置财产偿还所有债务的，应该被破产管理人宣告无效。"

英国《破产法》（1914年）第42条的规定，被很多国家（尤其是离岸地）作为《破产法》的标准条款，是信托设立人、受托人在面临破产困境时要考虑的。该条文有两层含义：

第一，授权破产管理人撤销信托设立人在破产两年前的财产处置行为（即向信托转入信托财产的行为）；

第二，对于信托设立人在破产十年前的财产处置行为，除非信托设立人能证明其当时有能力清偿所有债务，否则，破产管理人也有权撤销。

上述立法思路在我国个人破产法试点中也有体现，我们以《深圳经济特区个人破产条例》为例，解读在我国的环境下，个人破产对于资产保护信托的影响。

《深圳经济特区个人破产条例》第四十条："破产申请提出前二年内，涉及债务人财产的下列处分行为，管理人有权请求人民法院予以撤销：

（一）无偿处分财产或者财产权益；

（二）以明显不合理的条件进行交易；"

……

该条规定了破产管理人可以要求撤销债务人在破产申请前二年的财产处置行为，其中债务人设立信托并向信托内转入财产的行为，符合"（一）无偿处分财产或者财产权益"或"（二）以明显不合理的条件进行交易"的规定。

假设A先生基于资产传承、资产保护等多方面的需求于2018年设立了家族信托并转入了资产1亿元。设立信托时，A先生财务状况良好。但是在2021年，A先生因商业判断失误，经济困顿，债台高筑，无奈之下，A先生自行依据《深圳经济特区个人破产条例》申请破产。

A先生在2018年设立1亿元家族信托的行为，虽然属于"无偿处分财产或者财产权益"，但是因其行为发生在破产申请前两年，不属于法院可以撤销的行为。对比英国《破产法》（1914年）第42条中"两年""十年"规定，《深圳经济特区个人破产条例》缺少可以撤销十年内部分财产处置行为的规定，故其相对较为偏向债务人保护。

除了信托设立时间外，为了确保资产保护信托发挥作用，在A先生的家族信托中，A先生不能是享有固定受益权的受益人，因为依照《深圳经济特区个人破产条例》第三十三条，"债务人应当自人民法院受理破产申请裁定书送达之日起十五日内向人民法院和管理人如实申报本人及其配偶、未成年子女以及其他共同生活的近亲属名下的财产和财产权益：（九）债务人在破产申请受理前可期待的财产和财产权益"，若A先生在信托中是享有固定受益权的受益人，则其受益份额也是债务人财产，应用于偿还债务，但若A先生不是固定受益人，或是在有可能发生债务危机之前被从受益人范围中排除，或是在设立信托时A先生不是受益人的，信托的受益权就与A先生无关。此时A先生有可能通过其家人间接享有信托分配带来的经济利益以保障自己的基本生活。

二、如何设立资产保护信托

从我们的服务经验看，资产保护是最能"打动"客户的信托功能，相较于"传承"等作用，"避债"是最能解决客户痛点的信托设立理由。为了让信托能真正拥有资产保护功能，无论客户设立的是在岸信托还是离岸信托，我们都有如下建议：

1.在没有债务危机时设立信托

设立信托时，设立人应该具有强大的偿付能力，不要将设立人的全部或大部分个人财产置入信托，要保证在设立信托后设立人还有资产偿付预期债务。设立信托时，设立人最好不存在已有债权人以及直接可以预见的未来债权人；若存在已有债权人，设立人要有意愿、有能力偿付。

在没有债务危机时设立信托是保证信托目的合法的基础，信托的资产保护效果值得信赖，但是不能把信托理解成一个解决债务危机的应急之策。有远见的高净值客户总是早一步在境内或境外搭建好信托结构，在信托内逐步置入资产，通过"精妙"的信托结构设计继续发挥信托资产的作用，通过税收规划安排，增加节税功能。在此基础上，若发生商业不利，信托财产与设立人隔离，成为阻挡设立人债务风险、保障设立人（债务人）及家人生活的"保险柜"。

当然，有些客户在即将被债务危机淹没前，例如，生意失败迹象明显、法院传票纷至沓来时想到了资产保护信托；也有的客户在设立信托后反而加大了"庞氏骗局"的赌注，赢了就大发横财，输了还有信托托底。即便他们为虚幻的安全感陶醉一时，但终究会因设立信托的"初心不纯"而被击倒。

2.设立人不宜在信托中保留过多权利

中国《信托法》及信托实践没有离岸信托中"保留权利信托""非保留权利信托"的区分，所谓留权是指设立人对信托协议中在信托财产的管理、投资、分配等方面保留了权利。保留过多权利是指，设立人对信托公司的管理、投资、分配进行了过多的干涉。对于"过多的干涉"，信托公司基于信托协议的约定及客户关系管理等多方面因素一般不会拒绝，但是法理上"过多的干涉"是与信托财产独立相违背的。

不光是在信托协议里不能黑纸白字地写明保留太多权利，私下里设立人也不能事无巨细地干涉信托运行。中国设立人更是擅长通过"抽屉协议"方式，私下与信托公司达成某种默契，在没有字面约定的情况下，信托公司仍就服从设立人的种种指示。这些私下的默契也是对信托财产独立性的挑战。

为了在信托财产独立性与设立人控制需要间找到平衡，设立人可以在信托中引入信托保护人，将制约、控制信托运行的权利授予独立的保护人。保护人按照信托协议行使权利，影响信托财产的管理、投资、分配。保护人的加入缓和了"过多的干涉"与信托财产独立性的冲突。

3.设立不可撤销信托、不设信托期限

虽然中国《信托法》对信托是否可撤销没有规定，但若信托协议中规定设立人有权撤销信托，则信托财产并未与设立人真正分离。

A先生设立了中国家族信托，在信托协议里约定A先生有权撤销信托，撤销信托的后果是信托内剩余财产重新归复至A先生名下。设立信托后，A先生被诉，法院判决A先生偿还债权人钱款，A先生未履行判决。法院有权依据信托协议的规定，代A先生行使撤销权，"取回"信托财产，用以偿还债务（在

前述章节中展示的判例中，法院有权代投保人终结人寿保单、取回现金价值，因此我们可以合理推断法院有权代设立人撤销信托）。

同样，若信托有固定期限，期限届满后，信托公司按信托协议分配或处理信托财产，信托财产归属受益人等，不再具有独立性。

4. 设置非固定分配条款及保护性条款

信托的受益人包括设立人或/及其亲属，受益人从信托中所获分配是受益人的个人财产，个人财产就应用于个人债务的清偿。有的设立人要求在信托协议中加入"一旦受益人被司法机关执行即停止分配"或者类似表述的条款，这种"防执行"条款在法律上具有很大争议，清偿债务是法定义务，信托也不能以"防执行"为直接目的，"防执行"的加入反而佐证了设立人"目的不纯"，容易招致司法机关的负面评价。因此，保护性条款不宜如此表述。一般来说，可通过赋予保护人增加/剔除受益人、停止或减少某受益人的分配，间接达到保护目的；也可以由其他受益人提出取得全部剩余信托财产并经保护人同意的方式，自然"耗尽"信托财产。

A先生几年前设立家族信托并且是受益人之一，信托中约定每年向A先生固定分配1 000万元，设立信托时A先生财务状况良好，信托也在信托公司的管理下运行良好。A先生今年产生了个人债务，账户已全被法院查封，信托公司按信托协议约定向A先生分配1 000万元的日期临近，A先生能否要求信托公司停止分配，信托公司应否接受停止分配的请求？ A先生基于躲避执行的需要，要求信托公司停止分配，违反法律规定。信托公司应该严格按信托协议的分配条款进行分配，否则其配合行为很可能招致合规处罚。一般来说，对于有债务风险类的受益人不宜设定巨额的固定分配条款。

5. 离岸信托更具资产保护优势

离岸信托是指设立人依据离岸地信托法设立的信托，中国设立人A先生依据中国信托法在中国境内设立信托，聘请中国信托公司，信托财产也位于中国境内，这个信托是标准的中国信托或在岸信托；中国设立人A先生也可以采用离岸地法律如《开曼信托法》，聘请开曼的信托公司，管理中国境外的信托财产，这就是离岸信托。

仅从法律规定方面分析，开曼法对于债权人保护的条款并不一定比中国法（包括信托法、民法典等）更"优惠"，而且在中国信托法下也很少有信托设立人的债权人"挑战"信托的案例。可见中国设立人A先生远赴重洋设立开曼信托不完全是基于两地法律的对比优势，中国设立人以资产保护为目的设立离岸信托，可能考虑到如下因素。

a.隐私保护

A先生在中国境内设立的信托处于中国法律的完全管辖范围，A先生的债权人很容易通过诉讼要求法院获取信托的财产及分配等信息。A先生在开曼设立信托，其境外资产转入信托后，实现了A先生与名下财产在所有权层面的分离。中国债权人几乎无法获取A先生设立的离岸信托的任何信息。获取财产信息是对财产进行追索的前提，由于离岸地法律的隐私保护机制，离岸信托信息较在岸信托信息更难获得。

b.物理隔离

物理隔离是离岸信托最有力的隔离，它使得在岸司法机关无从了解、无从核实、无从执行离岸信托资产。将资产通过各种途径转到境外，使得资产脱离了在岸地管辖的物理范围，是设立离岸信托的惯常操作，物理隔离是资产保护的强支撑。从债务执行方面来说，理论上在岸地法院有可能因为信托的瑕疵而对其予以否认，因此在岸财产有一定被执行的风险，但是物理隔离却让这一可能性降至最低。

c.法律适用

A先生依据开曼信托法设立开曼信托，《开曼信托法》的存在使A先生的债权人主张权利时的法律适用变得极其复杂。

假设A先生欠付债权人B 5 000万元人民币，B也凑巧知道A先生设立了开曼信托（实践中可能性极小），且A先生向信托内置入了1 000万美元的资产，现A先生境内没有其他可用于清偿的财产。为了追索1 000万美元的信托资产，B应该怎么做？

首先B要在中国国内取得5 000万元人民币债权的确认判决。然后，B面临着如下选择（见表6-1）：

表6-1

方案	审理适用法律	审理法院
以信托目的不合法、Form Sham、Substantive Sham 等理由要求确认开曼信托无效	《开曼信托法》	开曼法院
以该1 000万美元转入侵害债权人为由要求撤销该1 000万美元转入信托	可以尝试以中国法律规定，确认A先生转入1 000万美元的行为无效	中国法院，但中国法院的判决需要开曼法院承认和执行
	以《开曼信托法》为依据在开曼起诉A先生转入1 000万美元的行为无效	

对于B而言，哪种方案都涉及开曼法、开曼法院，现实中，B很难选择任何一种方案。域外法律的适用给事实认定、法律分析带来了极大的挑战。

以资产保护为目的设立离岸信托时，也有如下注意事项：

1. 管辖法律的选择。

信托协议中必须有选择某地法律作为信托管辖法律的表述，被选择的管辖法律最好为"同情"债务人（即更倾向于保护债务人利益）的信托法。信托协议中关于离岸法域管辖法律的选择条款具有决定性，以防止债权人依据国际法律冲突规则适用其他国家/地区的法律来否定信托的有效性。

一般来说，信托协议明确选择适用的离岸信托法会规定，不得在判断信托的有效性时适用在岸司法管辖区的债权人保护法或破产立法，而这些法律都是有利于债权人的，如果适用，则信托有可能"被无效"，进而信托财产要归复设立人（债务人），纳入被债务人追索的范围。

2. 离岸受托人的选择。

设立人应选择那些仅在离岸中心注册（或者至少不在该设立人的住所所在国）的受托人，这些受托人必须在离岸中心注册并在其内部开展信托业务。这样做是为了避免受托人落入其他国家法律的管辖范围，导致这些国家的法律在与信托有关的问题上被适用。

有些设立人会把自己任命为共同受托人，这时设立人所在地法院基于属人或属地管辖原则，可能要求设立人行使受托人权利，把信托财产转回本国，以满足债权人的清偿要求。美国法院在"安德森案"中就依据这样的思路反制设立人。不过，在岸地法院对于真正的离岸受托人很难取得或行使管辖权。

3.设立不可撤销信托，保留权利越少越好。

资产保护信托应是不可撤销的，即设立人无权依据信托协议撤销信托以此让信托财产重归设立人。如果信托是可撤销的，设立人所在司法管辖区法院可以在债权人提起的诉讼中对设立人行使属人管辖权，并命令他撤销信托，从而使信托资产重新"暴露"在债权人的追索下。如果设立人破产，设立人的权利将由法院指定的破产管理人行使，若信托是可撤销的，则破产管理人可以代替设立人撤销信托，使信托财产能够重归设立人，进而将这些财产纳入破产财产，统一清偿债权人。在岸地法院无法判定离岸地信托有效或是无效，但是它有权迫使设立人撤销信托。

此外，即使信托是不可撤销的，设立人也不要在信托协议中保留过多权利，例如变更受托人、增加受益人类别或决定投资政策或确定分配的权利。否则，如果设立人保留了过多权利来"控制"信托，可能会构成"欺诈标示"，债权人便能够要求法院撤销财产转入信托的行为，或是认定信托无效。另外，在设立人破产的情况下，法院指定的破产管理人继承设立人的所有权利，此时，破产管理人就可以基于信托协议中设立人保留的权利，要求把自己任命为受托人、将自己加入受益人类别、向自己进行分配。或者，破产管理人也可以简单地要求受托人转回信托财产，使得债权人可以直接以这些财产偿抵债务。

4.任意分配信托。

以分配方式为标准，信托可以分为固定分配信托与任意分配信托。固定分配信托是指受益人得到分配的时间、数量是固定的，任意分配信托是指受托人有权自主确定受益人受益的具体情况，即受托人可以自由地将资金分配给范围内他们认为合适的任何受益人。

在任意分配信托中，即便设立人是受益人的一员，但他对信托财产也没有既得利益或可量化利益,那么设立人的债权人不能要求法律查封设立人在信托中的权益,因为设立人在信托中没有任何权益,只有期待权或是取得信托分配的可能性。但是,受托人有十足的自由裁量权,决定设立人是否能取得分配。

5.信托财产在域外。

信托财产的类型和所在地也影响着信托资产保护的有效性。理想情况是,所有关于信托和信托财产的问题应当由离岸中心所在地的法律管辖,而不是由可能会支持债权人的在岸地法律管辖;但是,如果信托财产中有不动产或是位于在岸地公司的股权,基于在岸地法律对于这些财产的属地管辖,这些财产很可能会被"清算"。

如A先生是中国居民,拟选用《开曼信托法》设立离岸信托,信托从业者会问A先生的第一个问题是"您在内地之外有钱吗",这个问题的言下之意是,离岸信托最好放入离岸的现金或其他类资产,对于A先生在中国内地的房地产或是公司股权,即便是能放入离岸信托,但是基于中国内地法律对于房地产或是公司股权的"优先适用性"或"排他性",《开曼信托法》无法超越中国内地法律,也就无法提供十足的资产保护功能。简而言之,若信托财产无法脱离在岸地的管辖,即便是被放入离岸信托、成为离岸信托财产,也不能完全享有离岸信托在资产保护方面的好处。

上述是在设立离岸资产保护信托时应该注意之处,对于大多数中国高净值客户而言,不熟悉离岸法律、无法完成资金合法出境是选择离岸信托的两大难题,故离岸信托还稍显遥远,中国内地信托仍是资产保护的好选项。

三、失败的资产保护信托案例分享

从理论上分析完信托的资产保护功能后,我们一起来分析三个案例。需要说明的是,失败案例并不代表信托的资产保护功能不足,在信托实务中,存在着"好事不出门,坏事传千里"的现象,即一个正常运作、发挥功能的信托是私密的,不会被公众知晓;但一旦信托被挑战、被撤销,该消息就会成为业界的新闻。我们讨论这些失败案例是为了从中汲取教训、明晰行为边界，并不表示资产保护信托很容易失败。

安德森案[23]

　　Financial Growth Consultants，LLC（被告金融发展顾问公司，简称"FGC"）由 Denyse 和 Michael Anderson（被告安德森）成立。FGC 向投资者承诺将获得 50%的投资回报率，实际上其所售产品不足以达到承诺的回报，FGC 就通过用后来的投资者的资金来支付给早期投资者的利润。FGC 从投资者那里筹集的 1 300 万美元中，公司保留了 630 万美元的佣金，而安德森夫妇则在库克群岛创建了资产保护信托用于持有这些佣金，并担任共同受托人。

　　美国联邦贸易委员会（原告）提出禁止令诉讼，要求安德森夫妇将其放入库克群岛信托的资金转回美国。在美国法院对安德森夫妇发布临时限制令和初步禁令之后，安德森夫妇向信托公司致函，要求对其资产进行会计核算和返还资金，信托公司依据"反胁迫条款"拒绝了该请求，声称该请求构成了信托规定中的"胁迫"，并罢免了安德森夫妇作为共同受托人。安德森夫妇声称，信托公司的行为使得他们无法遵守禁令。

　　美国法院因信托公司不遵守法院的命令而认定安德森夫妇蔑视法庭，并决定将他们拘留。根据信托条款，安德森夫妇是信托的"保护人"，作为保护者，安德森夫妇可以确定是否发生了胁迫事件，并可以通过据此罢免共同受托人。安德森夫妇提出上诉，认为库克群岛信托公司未将资产归还并不意味着安德森夫妇蔑视法庭。

　　上诉法院认为：安德森夫妇的库克群岛信托阻碍了美国法院实施管辖权，因为安德森夫妇仍然控制着库克群岛信托，他们并非不可能把信托财产转回美国。故安德森夫妇蔑视法庭成立。

　　在"安德森案"中，美国法院没有跟安德森纠缠库克群岛信托法是否适用、信托条款如何规定等细节问题，直接以"蔑视法庭"制约了设立人安德森

---

[23] FTC v Affordable Media 179 F.2d 13130（9th Cir 1999）.

夫妇，行使了最为有效的属人管辖。离岸信托所谓各种保护设立人的制度设计，在属人管辖面前是苍白无力的。因此，对离岸信托的保护功能要有正确的认识。

俄国银行家普加乔夫案[24]

普加乔夫是俄罗斯银行Mezhprom Bank（梅日普罗姆银行）的联合创始人，2010年，梅日普罗姆银行因经营不善倒闭，被俄罗斯存款保险机构接管。2011—2013年，普加乔夫通过儿子设立5家新西兰全权信托，"存放"了价值约9 500万美元的资产，该信托资产包括伦敦的2处房产和加勒比海的豪华度假屋。普加乔夫是这5个信托基金的全权受益人和保护人，他拥有广泛的权利，包括要求受托人提供信息、拒绝受托人行使权利"有理由或无故地解散受托人"、将信托财产转让给新任命的受托人。

俄罗斯存款保险机构在俄罗斯起诉普加乔夫侵吞资产，并获判决；普加乔夫移居英国后，俄罗斯存款保险机构在英国开展一系列诉讼，以期对普加乔夫在新西兰的信托财产进行执行，俄罗斯存款保险机构认为信托中的财产能够被执行：

（1）普加乔夫在信托中拥有广泛的权利，意味着这个信托纯粹是为了普加乔夫而创设的。

（2）创设信托的行为是虚假的，真实目的是为了创设完全属于普加乔夫的信托，相当于将钱从普加乔夫的左口袋挪到右口袋；

（3）依据1986年破产法的第423条，该信托是为了欺诈债权人，信托应当被撤销。

争议焦点

1.信托是否有效剥离了普加乔夫对信托资产的实益权利？（"信托真实效力"之诉）

---

[24] JSC Mezhdunarodniy Promyshlenniy Bank and another V Pugachev and others［2017］EWHC 2426（CH）.

2.这些信托（契约/协议）是否是虚假的？

3.基于英国《1986年破产法》423条㉕的控诉是否能够成立？

法院判决

1."信托真实效力"之诉：

普加乔夫是信托的财产授予人、全权受益人和保护人的事实使得法官认为他在信托中所拥有的权利纯粹是个人权利，从某种意义上说，普加乔夫可以出于自己的私利目的行使这些权利，而不考虑其他受益人的利益。同时，普加乔夫能够为自己的利益行使权利，使他能够完全控制自己放置在信托内的资产。普加乔夫可以不将信托财产分配给其他任何指定的受益人，并且他可以撤换拒绝将资产转让给他的受托人，任命愿意将资产转让给他的受托人，以确保将资产分配给他。

因此，法官认为，这些信托保留了普加乔夫资产的实益所有权。

2."虚假信托"之诉：

法官认为该信托是一种巧妙的伪装，他保留了普加乔夫对资产最终的所有权和控制权，它们的目的不是将对普加乔夫资产的控制权让与他人，而是为了隐藏他对它们的控制。

3."第423条"之诉：

法官认为，如果交易行为欺诈了债权人，但"欺诈债权人"仅仅只是"顺便"而不是主要目的的话，并不能满足423条中关于欺诈债权人交易规定的要求，但是由于普加乔夫以控制和使用信托作为借口，在资产所有权方面误导他人，因此普加乔夫设立信托和转让资产的目的满足423条中关于欺诈债权人交易规定的要求。

㉕ 英国《1986年破产法》第423条规定了欺诈债权人的交易——具体包括：向他人赠送礼物或者规定以不收取对价为条件与其他人进行交易；与其他人进行交易作为婚姻的对价；与其他人进行交易为换取货币价值或者所取得的货币价值明显低于他所提供的作为对价的货物之货币价值等。但如果能够充分证明财产所有权人存在有其他目的，例如为家庭、朋友或商业合伙之利益，那么，此条款就不能适用。本条还规定了阻止债权实现意图之交易、交易目的是否存在欺诈等内容。在此交易下的债务人如果进入了破产程序，那么破产受托人和因欺诈性转移行为而受侵害的人都可以行使撤销权。

评析：普加乔夫案生动地诠释了资产保护信托功能的发挥必须建立在以下基础上：（1）信托是有效的，信托目的不能非法，委托人在信托协议中不能保留过多权利，在信托实际运作中也不能享有太多权利；（2）信托财产转入不能侵害债权人利益。

张XL执行异议一案[26]

杨LL因与胡ZG、张XL不当得利纠纷一案，申请法院保全查封张XL名下资产，被查封资产包括受益人为张某（胡ZG、张XL的非婚生子女）的《××信托·福字×××号财富传承财产信托》项下的信托资金1 180万元。张XL对此提出异议，认为：本案中《××信托·福字×××号财富传承财产信托》并不涉及《信托法》第17条规定的情形（第十七条除因下列情形之一外，对信托财产不得强制执行：（一）设立信托前债权人已对该信托财产享有优先受偿的权利，并依法行使该权利的……）。

2016年1月28日，张XL（委托人）与××信托有限公司（受托人）签订《××信托·福字×××号财富传承财产信托信托合同》，合同载明：

2.2.3.1 本信托项下受益对象，为委托人的儿子、父亲、母亲、舅舅和外婆，共计受益人5名。

2.4.2 本信托成立时，委托人信托给受托人的自愿用于财富传承信托目的的信托财产首期总金额为预计3 080万元人民币，其中银行现金存款3 080万元……

17.2.1 信托在下列任一情形发生之日终止：

17.2.1.1 本信托之信托目的已经无法实现。

17.2.1.2 本信托被法院或仲裁机构依法撤销、被认定无效或被判决终止。

17.2.1.2 本信托期限届满或本信托项下全部信托财产分配完毕……

17.2.1.6 本信托运行满5年后的30日内，委托人可以提前终止信托；若本信托运行满5年后的30日内委托人无书面意思表示提前终止本信托，则信托持

---

[26] （2020）鄂01执异661号。

续运行至满50年止或全部信托财产分配完毕之日止。

7.2.1.1 在信托生效当日或之前，委托人或受益人以受益人名称在资金保管机构或其他机构开立独立的人民币专用账户（受益人收款账户）。受益人收款账户用于接收信托利益……

附件二——9信托利益支付计划1、自2018年1月份（含）起，受托人每个自然月度日历日10日向受益人1（张某）支付信托利益人民币6万元，直至本信托终止或受益人1死亡……

2019年，杨LL因不当得利纠纷一案起诉胡ZG、张XL，案件审理过程中，杨LL要求法院查封保全胡ZG、张XL资产。

2020年5月30日，张XL（委托人）与××信托有限公司（受托人）签订《信托受益人变更函》，将上述信托受益人由张某（委托人XL的儿子）、父亲、母亲、舅舅和外婆5人变更为张某。

法院认为：关于案涉信托合同项下资金及收益权能否冻结的问题。本院在财产保全程序中，为避免委托人转移信托受益权或信托理财回赎资金行为，本院依杨LL的申请于信托期间内对案涉《××信托·福字×××号财富传承财产信托》合同项下的所有款项进行了冻结，要求受托人××信托公司停止向委托人及其受益人或其他第三方支付合同项下的所有款项，该冻结措施不涉及实体财产权益的处分，不影响信托期间内××信托有限公司对张XL的信托财产进行管理、运用或处分等信托业务活动，只是不得擅自将张XL的本金作返还处理，不属于对信托财产的强制执行。

评析：法院并未直接回应张XL（委托人）《信托法》第17条的异议理由，法院以"为避免委托人转移信托受益权或信托理财回赎资金行为"冻结信托资产的支付，结合张XL于2020年5月将该胡ZG、张XL（不当得利案件的两被告）从信托受益人中剔除的行为，法院上述行为并非没有理由。

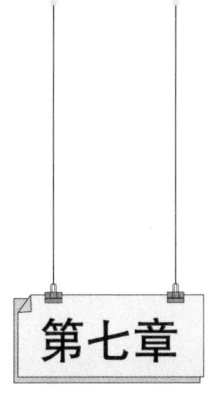

第七章

离岸配置——别把鸡蛋放在一个篮子里

早在4世纪的犹太人古书《塔木德》中,就有关于资产配置和风险分散的说法:"一个人应该将自己的钱三分之一投入土地,三分之一投入商品,三分之一握在手上。"17世纪初,西班牙人塞万提斯在其传世之作《堂吉诃德》中提到:"不要把所有的鸡蛋放在一个篮子里。"无独有偶,同时代的莎士比亚在《威尼斯商人》中也传达了类似的思想——安东尼奥告诉他的老友其实他并没有因为担心他的货物而忧愁:"不,相信我;感谢我的命运,我的买卖成败并不完全寄托在一艘船上,更不是倚赖着一处地方;我的全部财产,也不会因为这一年的盈亏而受到影响,所以我的货物并不能使我忧愁。"虽然,马克·吐温于1894年在《傻瓜威尔逊》中提出了相反的观点:"傻瓜说,不要把所有的鸡蛋放在一个篮子里;而聪明的人却说,把你的鸡蛋放在一个篮子里,然后看管好那个篮子",但是这并不能否认资产配置和风险分散的智慧,它在当今社会仍被奉为圭臬。只是我们在把鸡蛋放进去之前,要好好挑选篮子。不同的投资组合是一种分散风险的选择,而不同的地域、法域也是重要的"篮子",它的风险分散效果比单纯的资产组合更强。

A先生不时接触到境外投资信息,有朋友在国外买房定居,有人卖境外保险产品,也有专业投资人士向他推介境外金融市场投资机会。A先生有自己的考虑,孩子过几年可能去国外读书,基于资产安全等各方面的考虑,想在国外有些资产安排。当他开始着手以资产风险隔离为目的进行离岸配置时,发现事情并没有那么容易。

在资产风险隔离的评测维度部分,我们对资产隔离进行了一些理论归纳。在隔离方式的分析中,我们说到对于风险可以采用风险切割的方式进行隔离,还可以以建立"保险柜"的方式以备不时之需。"保险柜"可以建立在境内,即利用境内的资产或制度工具设立安全岛,如在境内购买保险、建立境内信托、将资产在境内提前赠与关联人等等;也可以在境外搭建安全岛,从最简单的购买境外资产(如境外购房),到较复杂的建立境外信托,以境外信托管理境外资产(甚至管理境内资产)。因此,我们在地理位置隔离及工具纬度隔离的讨论中都单独提出了离岸配置。

从资产隔离角度来说,离岸配置是指高净值人士在中国内地以外的地域,购买相关资产(金融资产、房产、动产等)或是利用域外的法律制度资源(信托、夫妻财产所有制、债务人保护规定、个人破产制度等)进行资产安排,以达到隔离资产风险的目的。

为什么很多人愿意脱离原本熟悉的本土环境,跨越千山万水来到某个国家/地区,适用当地的法律制度,聘请当地的专业人士,用不熟悉的语言、不熟悉的运作规则进行离岸配置呢?离岸配置比在岸配置到底有哪些优势?

第一,离岸地比在岸地具有更强的隐私性。

离岸地与在岸地具有平等的政治地位,处于不同的法域,客户在离岸地的资产信息或是法律安排信息受当地法律的保护。除非有特殊情况(存在国际条约或是双边条约),否则在岸地无权要求离岸地提供相关信息。隐私意味着安全,是高净值客户的第一需求,很多时候隐私性会超出便利性或是收益率,成为他们的第一考虑因素。

以代持为例,一般境内代持就是名义所有人与实际受益人之间达成协议,这样的代持安排可能产生各种风险,但加入离岸因素后,会将普通的国内代持"加工"的更隐秘、稳固,使得代持产生新变化,例如,很多离岸地都提供代持服务（提供名义股东、名义董事、开立账户等），通过隐秘的离岸公司返程持有国内公司的股权比一般的境内代持更为隐蔽。更有甚者，名义所有人通过更换护照的方式，在境外设立离岸公司，再通过这样的离岸公司返程持有国内的股权或资产，这种"假我"替"真我"持有资产的模式彻底杜绝了代持基于名义所有人不确定性可能产生的风险。

以保险为例，在保险中享有经济权益的投保人、被保险人/受益人不能隔绝自身债务风险。在国内的案件执行中，法院有权限查询被执行人的保险情况，如发现被执行人有保险经济权益，法院也有权执行，但若被执行人是在内地之外购买的保险，内地法院无权查询，保险所在区域（中国香港、中国澳门、新加坡等）法院除非在极个别的情形下，不会主动查询被执行人购买保险的情况。与此类似的还有银行账户及其他金融投资。

第二，资产的地域分散。

金融学中有资产分散达到系统风险最小的论证。绝大多数客户在境内经商、设立工厂、购买不动产、配置金融资产等，所有资产都集中在在岸地。集中于一地的好处是可以享受该地的发展红利，但也承受了该地域的系统性风险。在客户资产到达一定体量后，将资产进行地域分散，是保证资产安全的必然选择。

第三，多样化提升功能。

客户本人可能"生于斯、长于斯"，本地联系强烈，从个人角度对境外可能没有过多偏好，但是客户的后代可能非常适应国际化的生活，在国外学习、工作、生活。离岸资产配置不但可以为家族后代提供生活、发展支持，而且还可以在企业结构调整、税务优化、投融资等各方面对境内资产配置起到配合、提升功效。

离岸配置优势明显，但却是个"看上去特别美，做起来特别难"的安排。离岸配置意味着脱离在岸地的管辖，本质是不受在岸地欢迎的举动，因此在岸地会对离岸配置进行各种管制。

在深入探究离岸配置前，我们先了解一下离岸金融中心。

一、离岸金融中心的作用

离岸金融是指金融机构为非居民客户提供的投融资等金融服务,其交易不受使用货币发行国的法规管制,且一般能享受到交易发生地的税收优惠;非居民、低监管和少税收是离岸金融的三个主要特征。根据IMF(国际货币基金组织)的定义,离岸金融中心是指向非居民提供金融服务且其规模远大于国内(区域内)经济规模的国家或地区。目前,广受欢迎的离岸金融中心有:中国香港、新加坡、百慕大、开曼群岛、英属维尔京群岛等,离岸金融中心在国际经济运行中发挥着不可替代的作用。

离岸银行:跨国公司可以在离岸地设立一家离岸银行来处理其外汇业务或便于合资企业的融资;在岸地银行可以在离岸地设立全资子公司,提供离岸基金管理服务(完全整合的全球托管、基金记账、管理和转让代理服务)。上述情况中,离岸金融中心吸引力在于无资本税、无股息或利息的预扣税、无转让税、无公司税、无资本利得税、无外汇管制、监管宽松、报告要求宽松以及交易限制宽松。

离岸公司或国际商业公司(IBC):IBC是在离岸金融中心注册的有限责任公司,可被用于持有、经营商业实体,发行股票、债券,或以其他方式筹集资金,还可以被用来搭建复杂的金融结构。IBC可以只设立一名董事,在某些情况下,离岸金融中心所在国的居民可以作为名义董事,以掩盖实际董事的身份。在有些离岸金融中心,IBC可以发行无记名股票,有些离岸金融中心则不保留股东的登记名册;设立国际商业公司的成本很低,而且通常免征所有税款。因此,IBC是管理投资基金的一种常用工具。

保险公司:商业公司可以在离岸金融中心建立一家专属保险公司,以管理风险和减少税收;在岸保险公司可以在离岸金融中心设立子公司,对母公司承保的某些风险进行再保险,并减少准备金和注册资本,或是对灾难性风险进行再保险。上述情况中,离岸金融中心的吸引力来自优惠的所得税/预提税/资本税制，以及较低的精算储备要求和资本标准。

特殊目的机构（SPV）：人们在离岸金融中心设立SPV（也经常被称为特殊目的公司、特殊目的实体），以便在更优惠的税收环境下从事金融活动；在岸公司通常在离岸中心建立一个SPV，如IBC，来从事特定的活动，如发行资产担保证券（ABS），在岸公司向离岸SPV转让一组资产（例如，抵押贷款组合以及信用卡应收账款），SPV在此之上向投资者发行各种证券，SPV及其在岸母公司将受益于离岸金融中心的优惠税收待遇；金融机构也可以利用SPV活动限制性规定较少的优势开展金融活动，如银行使用SPV在离岸金融中心的低税环境下筹集一级资本，非银行性金融机构也可心设立SPV，利用离岸地比本国更宽松的净额结算规则来降低资本要求。

在财富规划和管理领域，离岸金融中心常被用来进行如下活动：

税务规划：富人们在开展与离岸公司、信托和基金会有关的业务时会尽可能地利用离岸金融中心的优惠税收环境和税收条约以及离岸信托制度的复杂性和不透明性来进行税务规划。例如，他们控制的跨国公司在低税率的离岸金融中心开展业务，通过转移定价将其总税赋降至最低——即货物可能在境内生产，但发票由跨国公司控制的国际商业公司在境外开具，将在岸利润转移到低税率地区。

逃税和洗钱：某些个人和企业依靠银行保密制度逃避向有关税务机关申报资产和收入；转移非法收益的人也最大限度地利用离岸金融中心对其资产进行隐蔽，以避免税务调查和刑事调查。

资产管理和保护：在经济落后、银行体系薄弱国家的有钱人和大企业希望将资产保存在海外，以保护他们不受国内货币和银行体系崩溃的影响和现有/潜在的外汇管制；有时高净值人士担心他们合法获得的资产被查扣、充公，离岸金融中心的账户往往是他们的首选保密工具；有些地区不能为企业经营者个人提供"无限责任"的保护，他们试图通过离岸结构来重构其资产结构和商业体系，以保护这些资产免受在岸诉讼的影响。

离岸金融中心的业务对世界经济的发展功不可没，但也带来了逃税、洗钱等负面后果，严重影响了在岸地的合法利益，从FATCA、CRS、受益人所有人登记、经济实质法，到主要在岸地达到共识要将全球最低企业税率设为15%，在岸地不断进行反制。离岸金融中心及其高净值客户如何适应不断强化的国际监管环境是无法回避的话题。

二、资金出境方案全解析

在与客户交流资产隔离、谈及离岸配置时，几乎所有客户都会问"钱如何出去"，绝大多数客户的资产都位于境内，如不将部分资产转移至境外，所谓离岸配置就无从谈起。

我国建立了以《外汇管理条例》为核心的外汇管制规则和以外汇管理局为主的执行机构，在外汇管理方面积累了丰富的实践经验，管理效率高、管理经验丰富。外汇管理的存在为国家经济平稳发展提供了有力的制度支持，外汇管理局被称为国家财富的"守门员"，外汇管理将在今后很长时间内存在，其将是所有资产跨境流动的"限制性条件"。

（一）市面上的资金出境方法

我们先看市面上流行所谓资产出境的方法（为叙述方便，假设A先生拟进行资金出境操作）：

1."个人额度"

目前，我国允许个人每年兑换等额5万美元的外汇，用作旅游、购物或者教育等。若A先生需要将更大额的资金转移出境，5万美元的限额显然不能满足要求。A先生往往会通过其亲友，先将人民币换成外汇，然后让亲友分别购买不超过5万美元的外汇汇至境外收款账户。鉴于我国银行系统对于境外往同一账户汇款的日常监控，这种使用"个人额度"的方法在境外还可能涉及使用多个收款账户汇集资金，如图7-1所示。

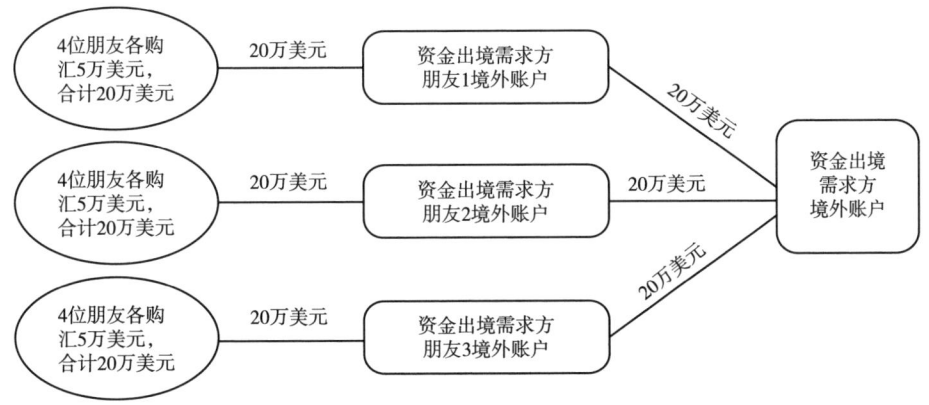

图7-1 "个人额度"资产出境示意图

2. "对敲"

在中国香港、新加坡等地，外汇资金汇兑是合法的金融服务。"对敲"服务商会跨境在我国境内开展此项服务，具体是：（1）A先生与"对敲"服务商确定服务报价；（2）A先生将人民币打入"对敲"服务商在中国境内的账户；（3）境内到账后，"对敲"服务商将外币打入A先生在境外的账户。

3. 朋友互借

A先生有资金出境的需求，A先生朋友正好也有资金入境的需要。此时，A先生可向朋友在境外借入外币，在境内以人民币偿还。这种方法本质上也是一种"对敲"，服务商将"对敲"做成业务，个人之间的"对敲"是需求信息的偶然匹配。

4. 境外消费提现

曾经有一段时间，A先生可以在境外直接刷卡购买金融资产（如保险）；或是A先生在境外"先买后退"，与特定商家合作，先购买物品，然后退货，由商家在境外扣除服务费后直接退还现金。

5. 贸易项下或非贸项下对外付汇

A先生在境内有公司甲，公司甲与境外公司乙有关联关系（假设是A先生的同一控制公司），公司乙向公司甲出售货物或是向公司甲提供咨询服务，公司甲向公司乙付款。公司乙收款后向A先生转款。贸易项下或非贸项下的付汇都需要有业务实质，公司甲、公司乙的运营成本、税务成本都是需求测算。

6.通过QDII（合格境内机构投资者）渠道

具备境外证券投资业务许可（QDII牌照）的金融机构（包括境内基金管理公司、证券公司、商业银行、保险机构、信托公司等）设计一款基金产品或提出一项资管计划投向境外融资项目，境外主体取得融资款后通过各种套现方式在境外将现金支付给资金出境需求方。目前，QDII施行配额制度，指标稀缺。

7.境内购买境外主体债

有很多境外上市主体在境内的关联公司运营需要资金支持，境外上市主体发行公司债，A先生可以向境外上市主体申购，在境内向境外上市主体的境内关联公司支付人民币，在公司债到期后，由境外上市主体在境外直接以外币进行偿还。此类产品资源有限，且A先生需要承担偿付信用风险。

（二）资金出境处罚案例分析

上述这些方式存在很多适用的限制条件，如合法性、成本性、渠道/产品的可获得性、信用风险等。事实上，在存在外汇管制的前提下，就不存在合法的"资金出境"方案。

外汇管理局自2017年开始至2021年1月，公布了12批处置案例，共涉及222例案例。这些处罚案例都是上述资金出境方案的具体运用，对这些方案的不合法之处，官方给出了明确的回应，如表7-1所示。

表7-1

对象	案件名称	主要违法行为	法律规定	案例件数
个人	非法买卖外汇案	通过地下钱庄兑换外汇汇至其境外账户； 通过离岸账户非法买卖外汇	《个人外汇管理办法》第三十条 《外汇管理条例》第四十五条	46
	通过离岸账户非法买卖外汇案	通过离岸账户非法买卖外汇	《个人外汇管理办法》第三十条 《外汇管理条例》第四十五条	1

续表

对象	案件名称	主要违法行为	法律规定	案例件数
个人	分拆逃汇案	利用多人境内年度购汇额度，将个人资金分拆购汇后汇往境外账户	《个人外汇管理办法》第七条《外汇管理条例》第三十九条	21
	逃汇案	采用分拆方式，将人民币资金分散汇入多人境内个人账户，再借用该多人个人年度购汇额度，将外币违规汇至本人控制的境外账户	《个人外汇管理办法》第七条《外汇管理条例》第三十九条	3
	私自买卖外汇案	私自购买外汇	《个人外汇管理办法》第三十条《外汇管理条例》第四十五条	4
	非法介绍买卖外汇案	非法介绍买卖外汇	《外汇管理条例》第四十五条	1
	非法套汇案	通过公司分散资金到个人，再多个个人购汇汇集到本人账户，非法套汇	《个人外汇管理办法》第七条《外汇管理条例》第四十条	1
	境外提现方式非法经营案	以本人及亲戚朋友名义，办理100多张银行卡，在澳门提取港元现钞，再私下卖给当地商户或赌场	刑法	1
企业	逃汇案	重复使用仓单对外付汇；虚构贸易背景，使用虚假外付汇；实际控制人未按规定办理境外投资外汇登记及变更登记，违规向境外母公司汇出利润；货物出口未收汇；对外支付预付货款，无实际进口货物；利用境内个人的个人年度购汇额度向境外转移资金；凭虚假物流信息办理跨境外汇支付业务；通过系统自动设置办理分拆购付汇；虚构、篡改、伪造提单，或者使用作废提单，对外付汇	《外汇管理条例》第十二条《外汇管理条例》第三十九条	52
	非法套汇案	重复使用报关单办理贸易融资	《外汇管理条例》第十二条《外汇管理条例》第四十条	2

续表

对象	案件名称	主要违法行为	法律规定	案例件数
企业	非法买卖外汇案	通过地下钱庄非法买卖外汇	《结汇、售汇及付汇管理规定》第三十二条 《外汇管理条例》第四十五条	4
企业	违反外汇管理规定案	超出核准范围办理跨境外汇支付业务，且国际收支申报错误	《支付机构跨境外汇支付业务试点指导意见》第六条 《国际收支统计申报办法》第七条 《外汇管理条例》第四十八条	3
企业	违反外汇管理规定案	未经备案程序为非居民办理跨境外汇支付业务，且未按规定报送异常风险报告等资料	《外汇管理条例》第三十五条 《外汇管理条例》第四十八条	3
企业	违反外汇管理规定案	违规办理跨境付款业务，且国际收支申报错误	《国家外汇管理局关于开展支付机构跨境外汇支付业务试点的通知》第九条、第六条 《外汇管理条例》第三十九条和第四十八条	3
企业	虚假贸易融资案	凭无效交易单证及重复使用交易单证办理贸易融资	《外汇管理条例》第十二条和第十四条 《外汇管理条例》第四十条	1
企业	非法结汇案	构造虚假出口报关单办理贸易融资并结汇	《外汇管理条例》第十二条、第四十一条	6
企业	擅自改变资本金结汇用途案	虚构资金用途办理资本金汇入并结汇	《外汇管理条例》第二十三条、第四十四条	1
企业	外汇违规汇入案	虚构出口贸易背景，以"预收货款"名义汇入	《外汇管理条例》第十二条和第十三条 《外汇管理条例》第四十一条	1
企业	违规转让QDII投资额度案	违反QDII投资外汇管理规定，向不具有QDII投资资格和资质的公司提供投资额度	《合格境内机构投资者境外证券投资外汇管理规定》第六条 《外汇管理条例》第四十四条	1
金融机构	虚假贸易融资案	凭企业虚假合同和提单，违规办理贸易融资业务	《外汇管理条例》第十二条 《外汇管理条例》第四十七条	1
金融机构	违规办理内保外贷案	未尽审核责任，未按规定对贷款资金用途、预计还款资金来源、担保履约可能性及相关交易背景进行尽职审核和调查	《跨境担保外汇管理规定》第十二条及第二十八条	26

续表

对象	案件名称	主要违法行为	法律规定	案例件数
金融机构	违规办理个人分拆售付汇案	违规为客户利用多名境内个人年度购汇额度办理分拆售付汇业务	《个人外汇管理办法》第七条 《外汇管理条例》第四十七条	4
	违规办理个人分拆购汇案	未尽审核义务	《个人外汇管理办法》第七条、第九条、第三十二条 《外汇管理条例》第四十七条	2
	违规办理转口贸易案	未按规定尽职审核转口贸易真实性，凭企业虚假提单办理转口贸易付汇业务	《外汇管理条例》第十二条 《外汇管理条例》第四十七条	12
	违规办理转口贸易付汇案	未对转口贸易及单证真实性、合理性进行尽职审核，为企业办理转口贸易付汇	《外汇管理条例》第十二条 《外汇管理条例》第四十七条	5
	违规办理经常项目资金收付案	为无贸易背景企业违规办理预付货款付汇业务	《外汇管理条例》第十二条、第四十七条	1
	虚假转口贸易案	凭企业虚假合同和提单办理转口贸易付汇业务	《外汇管理条例》第十二条 《外汇管理条例》第四十七条	3
	虚假转口贸易付汇案	凭企业虚假提单办理转口贸易付汇业务	《外汇管理条例》第十二条 《外汇管理条例》第四十七条	3
	违规办理贸易融资案	凭其他企业的海关报告单为某企业违规办理贸易融资业务；重复使用海关报关单；未对贸易背景及单证真实性、合理性进行尽职审查	《外汇管理条例》第十二条 《外汇管理条例》第四十七条	4
	违规办理个人外汇业务案	为个人分拆办理售付汇和外币现钞提取业务；未按规定审核境内个人有效身份证件及资金性质办理个人结汇业务	《个人外汇管理办法》第七条和第三十四条 《外汇管理条例》第四十七条和第四十八条	2
	违规办理预收货款结汇案	未对企业出口合同、发票等单证及其外汇收支一致性进行尽职审核	《外汇管理条例》第十二条 《外汇管理条例》第四十七条	1
	违规办理个人贸易收汇案	违规通过个人外汇储蓄账户办理跨境贸易货款收汇业务	《个人外汇管理办法》第三十二条 《外汇管理条例》第四十八条	1

续表

对象	案件名称	主要违法行为	法律规定	案例件数
金融机构	违规办理外债资金结汇案	未按规定审核留存有关企业结汇资金用途的合同及发票等资料，在未审核企业外债结汇资金用途与合同约定是否一致的情况下，违规为企业办理外债资金结汇业务	《外债登记管理办法》第十五条 《外债登记管理操作指引》第六章 《外汇管理条例》第四十七条	1
金融机构	违规办理售汇案	未对贸易背景及单证真实性、合理性进行尽职审查	《外汇管理条例》第十二条、第四十七条	1
金融机构	违规办理货物贸易结汇案	未尽职审核企业变更贸易收汇方式背景及外币现钞收汇的必要性	《境内机构外币现钞收付管理办法》第六条、第九条及第十条	1
事业单位	逃汇案	利用多名境内个人的个人年度购汇额度，违规以分拆购付汇形式向境外转移资金	《外汇管理条例》第十二条 《外汇管理条例》第三十九条	2

从统计可见，对于个人的处罚主要集中在"对敲"（通过地下钱庄买卖外汇出境）、"蚂蚁搬家"（利用多人的外汇额度分拆购汇付汇），对于企业的处置主要集中在虚构业务背景购汇付汇，对于金融机构的处罚主要集中在违规办理内保外贷。

（三）合法资金出境方法分析

我国外汇管理体制从主体角度分为个人外汇业务与机构外汇业务；从业务类型分为经常项目与资本项目，如表7-2所示：

表7-2

主体	分类	
	经常项目	资本项目
个人	包含贸易收支（即通常所说的进出口业务）、劳务收支（如：运输、港口、通信和旅游等）和单方面转移（如：侨民汇款、无偿援助和捐赠、国际组织收支等）	参与境外上市公司股权激励、特殊目的公司、移民、继承
机构	除投资、贷款以外的资金往来项目，贸易收支、服务收支、收益及经常转移	跨境信贷（一般外债，内保外贷等）、境外直接投资（ODI）/跨境证券投资（QDII等）

《外汇管理条例》为在经常项目下付汇及在资本项目下付汇设定了不同的管理规则,在经常项目下,有真实交易的、合理付汇需求是可以被满足的;在资本项目下的付汇需求经核准后才能被满足,是否核准受限于额度与国家政策。换言之,在资本项目下目前的核准风格是"法无许可即否定"。

在经常项目下,个人、企业因购买商品或者服务可以往外付汇。如个人因在境外旅游、留学、购买商品是可以购汇后向境外支付的。企业在从境外进口货物或是接受服务的,也可以依据交易文件、单据等申请对外付汇。只要是在有真实交易背景、价格公允的条件下,在经常项目下对外付汇是合理合法的。

大家熟悉的个人5万美元外汇额度,实际上是依据《个人外汇管理办法实施细则》第二条所进行的便利化操作,一般用于满足个人经常项目下合理用汇需求。正因为个人5万美元以下的换汇、付汇审核少,有人便假借他人额度,将大额换汇、付汇分拆成小额5万美元以下,以蚂蚁搬家的方式进行分拆逃汇。

《个人外汇管理办法实施细则》第二条对个人结汇和境内个人购汇实行年度总额管理。年度总额分别为每人每年等值5万美元。国家外汇管理局可根据国际收支状况,对年度总额进行调整。

个人年度总额内的结汇和购汇,凭本人有效身份证件在银行办理;超过年度总额的,经常项目项下按本细则第十条(指:境内个人经常项目项下非经营性结汇)、第十一条(指:境外个人经常项目项下非经营性结汇)、第十二条(指:境内个人经常项目项下非经营性购汇超额)办理,资本项目项下按本细则"资本项目个人外汇管理"有关规定办理。

在经常项目下提供商品服务的情形中,企业有可能以"高报价进口、低报价出口"的方式,将大量利润留存于境外。在实践的操作中,资金出境需求方及提供方会将资金出境夹带在正常的、真实的交易中,增加识别难度。

以跨境电商为例,内地的公司A、供应链公司B与供应商C进行合作,公司A的中国香港关联公司a向供应链公司B的香港关联公司b支付20%定金,供应链公司B向供应商C支付全部采购款,供应链公司B将货物以自己的名义报关、销售给其香港公司b,香港公司b将货物转售至香港公司a,公司A在亚马逊、eBay等电商平台向海外消费者销售产品,消费者向香港公司a或公司A的实际控制人掌握的账户支付货款,香港公司a再向香港公司b支付剩余80%的货款。在这种模式下,跨境电商等公司有大量的资金留存于境外,因此,就有资金出境需求方可与跨境电商公司、供应链公司签订协议,约定由资金出境需求方向供应商履行代垫款项之义务,而跨境电商境外关联方利用留存于境外的资金,向资金出境需求方境外账户支付相应款项,如图7-2所示。

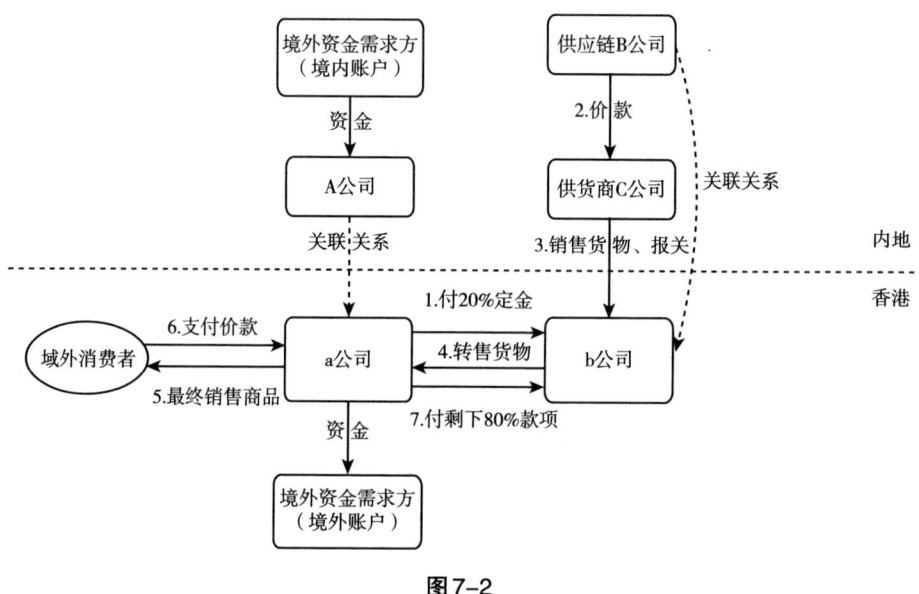

图7-2

早期内地客户在香港购买保单时通过刷内地银行卡支付保费,将刷卡支付归纳在境外"消费"项下。香港保单的保费数额巨大,带有明显的投资目的,故后来外汇管理机构及内地金融机构进行了系统升级,封堵了刷卡支付保费的银行渠道。目前,仍有一些境外金融机构,为拓展业务,通过种种技术手段将自身在境外银行系统归类为一般商户,故向其支付资金,仍属于境外"消费"项，境内客户可通过在境外刷卡甚至在境内刷卡的方式，实现资金出境。

在资本项目下，个人资金可以出境的范围很小。个人移民后财产转移是可以被核准的；被继承人去世后，外籍继承人因继承财产可以要求资金汇出；设立特殊目的公司及特殊中国居民（例如境外上市主体的境内运营企业高管）参与境外上市公司股权激励可以被核准。实践中，中国居民个人如果想在境外融资，一般只能在"特殊目的公司"事由下操作（"37号文登记"）。

"特殊目的公司"，是指境内居民以投融资为目的，以其合法持有的境内外资产或权益，在境外直接设立或间接控制的境外企业。在典型的VIE结构中，创始人在境外直接设立的BVI公司、间接控制的境外融资主体、香港子公司均是"特殊目的公司"，如图7-3所示。

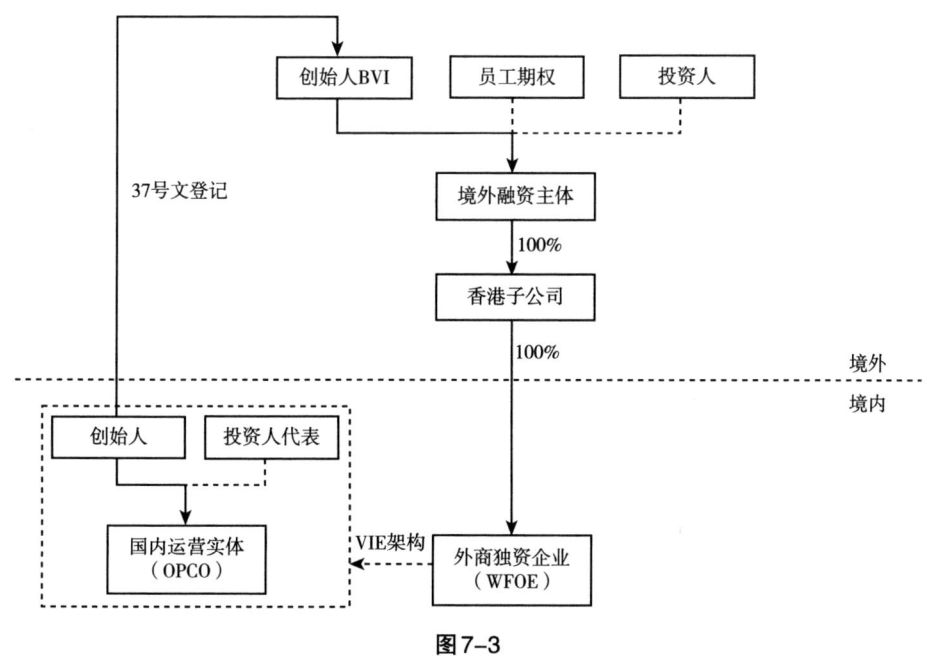

图 7-3

"特殊目的公司"结构搭建流程如表7-3所示：

表7-3

	新设	外翻
第一步	创始人在境内新设一家公司（Operating Company，OPCO）	此时已有OPCO
第二步	创始人在英属维尔京群岛（BVI）设立持股公司，作为其在境外融资主体的持股主体（"创始人BVI"） 创始人就其境外投资并返程投资的行为，向OPCO所在地银行办理其个人境外第一层特殊目的公司（即创始人BVI）的外汇登记（"37号文登记"）	境内机构投资人外翻可分为ODI模式、权证模式、境外关联方代持模式3种 境内自然人投资人外翻：同创始人一样，办理37号文登记 员工持股平台外翻：可在境外融资主体层面对应预留相应比例的股份（而不用实际向任何主体或人士发放），亦可由创始人代持或设立信托持有等
第三步	创始人BVI设立境外融资主体作为日后境外融资/上市主体 境外融资主体设立一家香港子公司 香港子公司设立WFOE，并办理相应的外汇登记	基本同新设，但境外融资主体的股权结构需根据最终确定的外翻方案确定
第四步	视项目具体情况及需要，WFOE可采取VIE架构，形成对OPCO的控制。WFOE亦可新设子公司，从事外资监管允许范围内的业务	基本同新设。由于外翻情形多涉及对境内已有资产的整合，如涉及收购境内资产，需注意避免触发关联并购；此外，境内原有股东间安排亦须在新的股权/协议控制关系形成时或之前终止，境内股权结构亦可能需要进行清理

搭建好BVI公司、中国居民完成37号文登记后，可以将相应资金对外支付，而且境外的融资也可以在这一结构下回流至境内。中国居民还可以BVI公司为载体，再行设立或参与不同的境外融资主体，完成向境内投资。

在资本项目下，企业可以出境的范围也很有限。我国对符合条件的跨境证券投资（QDII、QDLP等）设定了许多的条件，而且有额度限制。境内企业的境外直接投资（ODI）也是常用的资金出境方案，ODI是指国内企业在经过相关部门的核准后，通过设立、并购、参股等方式在境外直接投资，以控制境外企业的经营管理权为核心目的的投资行为。ODI根据投资金额大小、行业、国家等因素，分为备案制和核准制，一般程序是先完成发展改革委核准或备案，再完成商务部核准或备案，最后经外汇管理局备案。境内企业经ODI备案后，可将项目资金从境内汇至境外。

目前，内地各家金融机构、家族办公室所服务的在境外有资金的客户主要是两类：（1）境外上市公司创始人。在特殊目的公司项下，创始人通过37号文备案，打通境内外资金流通渠道后，在境外上市后退出。此种方案也适用于公司境外上市前股权激励计划已经行权的公司高管。（2）公司高管。公司境外上市后，高管参与股权激励计划，依据《国家外汇管理局关于境内个人参与境外上市公司股权激励计划外汇管理有关问题的通知》（汇发〔2012〕7号）办理备案后，可在境外出售股份。需要注意的是，随着我国外汇制度的改革，逐渐取消了原本施行的境外收入强制"调回境内"的规定，即不再要求将在特殊目的公司项下及参与股权激励计划项下的退出收入在6个月内调回境内。

很多客户有个误区，认为资金一旦出境就脱离了本国的监管，或者自己在境外的收入可以脱离本国的监管，但事实证明，资金出境或是在境外持有金融资产只是故事的开端。

三、金融账户涉税信息自动交换机制（CRS）

我们常常会在影视作品中看到这样的情节，某大佬对着手机，低沉地说一句："把钱打到我瑞士银行的账户！"1713年，瑞士有了第一部《银行保密法》，为客户保守秘密的瑞士银行有了法律作为强大后盾，也为瑞士银行业的整体形象打上了深深的保密烙印。正是这种近乎苛刻的私密性，瑞士银行业源源不断地吸引着全世界的金融资产，它的金融业非常发达，纳税额占国家税收的20%，在国民经济中居重要地位。瑞士人均国外资产和投资占世界第一位，有"金融帝国"之称。

如此严格的保密制度也让很多客户将瑞士银行作为家族财富传承的保险箱，使得瑞士成为高净值人士的避税天堂，瑞士因其发达的金融服务、完善的配套服务、稳定的政治环境，实际上超过开曼、BVI等岛国，一直成高净值人士的避税首选地。但缺乏透明的保密制度也成为犯罪分子洗钱和隐匿资产的保护伞，饱受诟病。

瑞士银行业的保密制度演变成为"以邻为壑"的自利行为，当越来越多的国家发现税收从它们指缝中溜走时，"天下苦秦久已"，以美国为首的发达国家更是被银行隐私保密制度在资金全球自由流动中蕴藏和滋生的弊端所害，逼迫瑞士银行业公开客户信息便成了一项"团队任务"。

美国投行雷曼兄弟在2008年9月倒闭，瑞士最大的瑞银集团亦风雨飘摇，瑞士政府在10月16日决定救助瑞银集团。次日，美国政府突然发难，令瑞银集团配合税务欺诈调查，这对于亟待救助的瑞银来说无疑是雪上加霜。美国司法部税务部门检察官唐宁在闭门会议上将"披露美国逃税者身份"作为结案的一项条件，瑞银集团和瑞士政府骑虎难下。在救助瑞银集团还是保护瑞士银行业声誉的艰难抉择间，瑞士政府最终选择了前者。2008年，瑞银集团最终以支付7.8亿美元的罚金并提供4 450名美国客户名字为条件与美国司法部门达成和解。一旦蝴蝶扇动了它的翅膀，后面的风暴将接踵而至。

披露信息之门一打开就难以关闭。2009年，美国、德国联合发难要求瑞士银行信息公开，2010年起，欧洲各国"以税之名"要求其银行信息公开。这种个案式、运动式的公开要求在2013年有了质的飞跃。2013年2月14日，美国财政部宣布，美国与瑞士已签署一项双边协议，根据协议，瑞士金融机构将披露美国账户持有人的更多信息，以帮助打击离岸逃税。这是美国为执行2010年颁布的海外账户纳税合规法案（FATCA）而与其他国家签署的一系列协议中的一个。FATCA要求外国金融机构就美国税收居民的信息向美国国税局进行年度自动交换，其将存在了上百年的银行保密制度撕开口子。

与此同时，20国集团（G20）与发达国家和发展中国家达成了一致：不再容忍长期怂恿逃税的避税天堂。受到美国成功施行FATCA的启发，在2014年，经合组织（OECD）发布了《金融账户信息自动交换标准》，旨在打击跨境逃税及维护诚信的纳税税收体制。标准中即包含"共同申报准则"（Common

Reporting Standard,"统一报告标准",即CRS),建立了全球范围的涉税金融账户信息自动交换制度。中国也是参加CRS的国家之一。

继2013年瑞士向美国依据FATCA进行信息交换后,2018年开始,瑞士也落实了CRS项下的交换,陆续向缔约国交换信息。2018年10月5日,瑞士联邦税务管理局(FTA)在其官网发布公告称,其已向合作方共享了约200万条金融账户信息,自身也收到数以百万计的信息,包括账户持有者的姓名、住址、国籍、纳税识别信息、税务申报机构、账户余额等。截至2021年1月,瑞士基于CRS向包括中国在内的75个国家/地区进行年度自动信息交换。

中国在2017年基于CRS条约颁布了《非居民金融账户涉税信息尽职调查管理办法》,并于2018年第一次与参与国进行非居民金融账户涉税信息交换。截至2021年1月,中国向72个中国(地区)发送非居民金融账户涉税信息,接受100个国家(地区)发来的中国居民金融账户涉税信息(见表7-4、表7-5)。

表7-4   中国向72个国家(地区)主动交换数据

序号	交换至国家或地区	序号	交换至国家或地区	序号	交换至国家或地区
1	安道尔	15	克罗地亚	29	根西岛
2	安提瓜和巴布达	16	库拉索	30	中国香港
3	阿根廷	17	塞浦路斯	31	匈牙利
4	澳大利亚	18	捷克	32	冰岛
5	奥地利	19	丹麦	33	印度
6	阿塞拜疆	20	爱沙尼亚	34	印度尼西亚
7	巴巴多斯	21	法罗群岛	35	爱尔兰
8	比利时	22	芬兰	36	马恩岛
9	巴西	23	法国	37	以色列
10	加拿大	24	德国	38	意大利
11	智利	25	直布罗陀	39	日本
12	哥伦比亚	26	希腊	40	泽西岛
13	库克群岛	27	格陵兰岛	41	韩国
14	哥斯达黎加	28	格林纳达	42	拉脱维亚

续表

序号	交换至国家或地区	序号	交换至国家或地区	序号	交换至国家或地区
43	列支敦士登	53	挪威	63	新加坡
44	立陶宛	54	巴基斯坦	64	斯洛伐克
45	卢森堡	55	巴拿马	65	斯洛文尼亚
46	马来西亚	56	波兰	66	南非
47	马耳他	57	葡萄牙	67	西班牙
48	毛里求斯	58	俄罗斯	68	瑞典
49	墨西哥	59	圣卢西亚	69	瑞士
50	摩纳哥	60	圣马力诺	70	土耳其
51	荷兰	61	沙特阿拉伯	71	英国
52	新西兰	62	塞舌尔	72	乌拉圭

表7-5　　　　　　100个国家（地区）向中国主动交换数据

序号	来源于国家或地区	序号	来源于国家或地区	序号	来源于国家或地区
1	阿尔巴尼亚	16	巴西	31	多米尼克
2	安道尔	17	英属维尔京	32	爱沙尼亚
3	安圭拉	18	文莱	33	法罗群岛
4	安提瓜和巴布达	19	保加利亚	34	芬兰
5	阿根廷	20	加拿大	35	法国
6	阿鲁巴	21	开曼群岛	36	德国
7	澳大利亚	22	智利	37	加纳
8	奥地利	23	哥伦比亚	38	直布罗陀
9	阿塞拜疆	24	库克群岛	39	希腊
10	巴哈马	25	哥斯达黎加	40	格陵兰岛
11	巴林	26	克罗地亚	41	格林纳达
12	巴巴多斯	27	库拉索	42	根西岛
13	比利时	28	塞浦路斯	43	中国香港
14	伯利兹	29	捷克	44	匈牙利
15	百慕大	30	丹麦	45	冰岛

续表

序号	来源于国家或地区	序号	来源于国家或地区	序号	来源于国家或地区
46	印度	65	墨西哥	84	萨摩亚
47	印度尼西亚	66	摩纳哥	85	圣马力诺
48	爱尔兰	67	蒙特塞拉特	86	沙特阿拉伯
49	马恩岛	68	瑙鲁	87	塞舌尔
50	以色列	69	荷兰	88	新加坡
51	意大利	70	新西兰	89	斯洛伐克
52	日本	71	尼日利亚	90	斯洛文尼亚
53	泽西岛	72	挪威	91	南非
54	韩国	73	阿曼	92	西班牙
55	科威特	74	巴基斯坦	93	瑞典
56	拉脱维亚	75	巴拿马	94	瑞士
57	黎巴嫩	76	波兰	95	土耳其
58	列支敦士登	77	葡萄牙	96	特克斯和凯科斯群岛
59	立陶宛	78	卡塔尔	97	阿拉伯联合酋长国
60	卢森堡	79	罗马尼亚	98	英国
61	马来西亚	80	俄罗斯	99	乌拉圭
62	马耳他	81	圣基茨和尼维斯	100	瓦努阿图
63	马绍尔群岛	82	圣卢西亚		
64	毛里求斯	83	圣文森特和格林纳丁斯		

目前，我们所熟悉的中国香港、新加坡、加拿大、澳大利亚、瑞士、开曼、英属维尔京等地每年向中国税务主管机构交换中国税收居民在该辖区的金融账户信息。

FATCA是个以美国为主导的金融账户信息交换制度，基本上是别国单项向美国交换数据；CRS是除美国以外的其他国家构建的金融账户信息的交换制度，是以互相交换为原则。美国现在尚未加入CRS，即美国还未向他国放开自己金融机构内非美国税收居民的账户信息，中国与美国就FATCA达成了原则一致，但后续还没有落实细节，故现在还未相互交换数据，但是中国、美国对境内非本国税收居民的账户信息都进行了采集，不存在任何交换技术障碍。（需要强调的是，FATCA和CRS交换所得信息仅可被税务主管机关基于税收征管目的使用，其他主体无法获得该项信息，即一般民事主体，包括债权人，无法获取、使用依据FATCA和CRS交换所得信息）。FATCA将存在上百年的银行保密制度撕开口子，CRS将其彻底摧毁，账户信息可以被各税务当局便利获取，至此金融账户信息保密已成为一个过时的概念。

（一）CRS工作流程

中国税收居民主要面临的是CRS项下的税务信息的采集、汇报，故在此我们仅介绍CRS。为叙述方便，我们假设A先生为中国税收居民，拟在新加坡配置金融资产。

新加坡的金融机构要对A先生进行调查，金融机构及涉及的金融资产类列如表7-6所示：

表7-6

类别		定义	所涉及金融资产
存款机构		日常经营活动中吸收存款的机构，如银行	存款、人寿保险或年金保险、公司股票、合伙权益、股权、债券、掉期（利率、外汇）产品等
托管机构		总收入中20%以上来源于为客户持有金融资产的机构，如证券公司、期货公司	
特定保险机构		开展有现金价值的保险或者年金业务的保险机构，如各种储蓄型、理财型人寿保险	
投资机构	第一类	从事投资业务的机构：买卖货币市场工具；外汇交易，利率和指数工具交易，可转让证券交易或商品期货交易；单一和集合类投资组合管理等，代表他人对金融资产或资金进行投资管理	
	第二类	满足：（1）机构自身或机构所拥有的资产（部分或全部）被第一类投资机构管理，（2）50%以上收入源于此。例如，被投资机构管理的有限合伙投资基金	

上述表格所列的金融机构在与A先生进行涉及上述金融资产交易时都会对A先生进行调查。金融机构会让A先生填写Tax Residency Self-certificate Form（税收居民身份自我申明表），图7-4为Tax Residency Self-certificate Form的主要部分，A先生需要填写自己是哪个国家/地区的税收居民，并且提供税收居民识别码（TIN，中国税收居民的识别码就是身份证号）。

Part 2　Jurisdiction of Residence and Taxpayer Identification Number or its Functional Equivalent ("TIN") *
Complete the following table indicating (a) the jurisdiction of residence (including Hong Kong) where the account holder is a **resident for tax purposes** and (b) the account holder's TIN for each jurisdiction indicated. Indicate **all** (not restricted to five) jurisdictions of residence.

If the account holder is a tax resident of Hong Kong, the TIN is the Hong Kong Identity Card Number.

If a TIN is unavailable, provide the appropriate reason A, B or C:

　Reason A – The jurisdiction where the account holder is a resident for tax purposes does not issue TINs to its residents.
　Reason B – The account holder is unable to obtain a TIN. Explain why the account holder is unable to obtain a TIN if you have selected this reason.
　Reason C – TIN is not required. Select this reason only if the authorities of the jurisdiction of residence do not require the TIN to be disclosed.

Jurisdiction of Residence	TIN	Enter Reason A, B or C if no TIN is available	Explain why the account holder is unable to obtain a TIN if you have selected Reason B
(1)			
(2)			
(3)			
(4)			
(5)			

图7-4　Tax Residency Self-certificate Form的主要部分

税收居民身份是个特别重要的概念，通俗的说，当某个人或机构与某国/某地有密切的社会经济联系时，该个人或机构就是该国、该地的税收居民，负有向该国/该地纳税的义务。每个国家都会发布税收居民身份（个人及机构）的认定准则，基本是按住所标准、居所标准或停留时间标准来判定。

中国的个人税收居民身份认定规则是：

在中国境内有住所，或者无住所而在一个纳税年度内在中国境内居住累计满183天的个人应认定为中国税收居民。在中国境内无住所又不居住，或者无住所而一个纳税年度内在中国境内居住累计不满183天的个人，为非居民个人。纳税年度，自公历1月1日起至12月31日止。在中国境内有住所是指因户籍、家庭、经济利益关系而在中国境内习惯性居住。所谓习惯性居住，是判定纳税义务人是居民或非居民的一个法律意义上的标准，不是指实际居住或在某一个特定时期内的居住地。如因学习、工作、探亲、旅游等而在中国境外居住的，在其原因消除之后，必须回到中国境内居住的个人，中国即为该纳税人习惯性居住地。

新加坡的个人税收居民身份认定规则是：

根据新加坡所得税法案（第134章）第2（1）节有关新加坡税收居民的法律定义，"新加坡税收居民"指：

（1）纳税年度的前一年在新加坡境内居住（合理的临时离境除外）或者工作（作为公司董事的情况除外）超过183天的个人；

（2）在新加坡境内经营且主要管理机构位于新加坡境内的公司或其他团体。

符合以下任一标准的个人视为新加坡税收居民：

（1）定量标准。

① 纳税年度的前一公历年内在新加坡境内居住超过183天；

② 纳税年度的前一公历年在新加坡境内工作（作为公司董事的情况除外）超过183天。

（2）定性标准。

个人在新加坡永久居住，合理的临时离境除外。

CRS制度的真谛在于：A先生是中国税收居民，其在新加坡配置金融资产，新加坡的金融机构要识别出A先生不是新加坡税收居民，而是中国税收居民。新加坡的金融机构将A先生的金融资产信息报送给新加坡税务主管部门，新加坡税务主管部门每年自动向中国税务机关交换一次，这些数据加上A先生在国内的收入数据将成为中国税务机关对A先生进行税务征管的重要依据。

A先生在Tax Residency Self-certificate Form填上中国税收居民，并填上税号，这些信息都要与A先生提供的开户资料相一致。新加坡金融机关获取这些信息，每年都会将A先生的金融资产信息通过新加坡税务主管部门交换给中国税务机关，交换的信息主要是：A先生在机构内产品（存款、托管、投资账户、保险）的期末余额/净值及期间收入。期末余额/净值是指12月31日账户资产数额或最近一次的评估值、现金价值、债权本金；期间收入指利息、股息、出售/赎回资产所得、各种保险赔付。

A先生在新加坡持有上述金融资产信息会被交换回中国，为了避免这样的交换，A先生打算以机构持有的方式来规避CRS，于是想要设立一个壳公司在新加坡购买、持有金融资产，那么，这种方法可行吗？

很遗憾，答案是否定的。CRS规定对于"消极非金融机构"（Passive NFE）要求穿透识别到实际控制人。消极非金融机构的定义很复杂，通俗理解是指不从事真实经营的机构，其实际控制人是指直接或间接持25%以上股权的自然人、通过其他方式控制的人、高级管理人员。A先生设立的壳公司很可能属于"消极非金融机构"，新加坡的金融机构调查壳公司时也会同时调查壳公司的实际控制人A先生，并把账户信息交换回A先生的税收居民国—中国。

在这里，我们要特别解析一下CRS对于信托的适用。A先生在境外设立信托，信托是不是可以规避CRS？答案是否定的。由于信托具有所有权与受益权隔离、参与者（设立人、管理人、受益人、保护人）众多、私密性强等特点，它是高净值人士配置资产的主要选择之一。因此，OECD在制定CRS时对信托进行了重点关注。

基于CRS的运行逻辑及CRS对信托的特殊规定，我们将CRS针对信托的适用总结如下：

一般来说，信托是一个由一系列法律文件构成的虚拟体，且很可能属于投资机构。信托作为投资机构，具有识别、汇报义务，该义务一般由信托公司（即受托人）履行，信托的CRS识别、汇报义务如表7-7所示：

表7-7

账户持有人	账户余额或价值	总收款
信托设立人	信托财产总价值	当年已收或已计总收款
固定受益人	信托财产总价值	当年已收或已计总收款
任意受益人（在其收到分配当年）	零	当年已收或已计总收款
其他有最终有效控制权的人	信托财产总价值	当年已收或已计总收款

A先生本以为只要资金能出境就可以享有绝对的隐私，这种想法在2018年

之前是有道理的，但是随着2018年我国落实CRS义务，并且与主流国家建立了信息交换渠道，每年我国税务机关都可以收到我国税收居民在这些国家的金融资产信息，绝对隐私的黑匣子已不复存在。

各主要在岸地国家历尽千辛万苦推动非税收居民的金融信息交换是为了本国税务机关更好地对本国税收居民行使税务征管权，获取本国高净值人士在境外持有资产的相关信息，极大地提高本国税务机关的征管效率。

（二）所谓的CRS规避之法全解析

客观地说，A先生的税务合规的意识还有待加强，CRS一出，他的第一反应就是如何规避。规避CRS已成为移民机构的一个热门卖点，从网络搜索第一的"移民"广告到眼花缭乱的结构，五花八门、各显神通。这些方法都是非常机械地理解了CRS，矮化了CRS，可以肯定地说，市面上流行的CRS规避方法都是不完美的、不规范的，是short-term gain, long-term pain。

在此，我们结合对CRS条文的解读、与各国金融机构的交流、对各种金融产品的分析，列举所有目前已知的CRS规避方法，并用通俗的方式分析这些方法的不足之处（需要说明的是，由于OECD颁布了Mandatory Disclosure Rules，本书所列方法仅为学习、研讨之用，不视为对客户的建议或暗示）。

1. 有哪些方法（见表7-8）

表7-8

编号	规避方法	描述	评价
1	年末清空账户	在期末把账户清空以达到零余额的目的	不可用
2	关闭账户	关闭账户	部分可用
3	买护照	以投资为标准，非实际工作生活为标准，给予国籍/税收居民身份	不可用
4	代持	找不被汇报主体来持有资产	不可用
5	信用卡	持卡人不得在信用卡内超额存款	合法可用
6	实物资产-黄金/珠宝/现金等	不是金融资产、无汇报主体	合法可用

续表

编号	规避方法	描述	评价
7	房地产	不是金融资产	合法可用
8	在非 CRS 国开立账户	非 CRS 国的金融机关没有 CRS 合规义务	部分可用
9	无现金价值的保险	保险合同绕过 CRS 关于现金价值的规定	部分可用
10	控制人的 25% 股权门槛	把控制人的股权降到 25% 以下	部分可用
11	存量机构账户 25 万美元门槛	把存量机构账户金融控制在 25 万美元以下	合法可用
12	在反洗钱规则（AML）生效前的存量账户	AML 前的账户不识别账户持有人	部分可用
13	双边交换关系	并非加入 CRS 的国家都互相交换信息	部分可用
14	把投资权益嵌入不纳税的 Active NFE	以 ActiveNEF 作为持有金融资产的主体	可用
15	集团持股公司	把金融资产"挂靠"在集团持股公司下	可用
16	把 Passive NFE 变为 ActiveNFE	避免穿透识别控制人	部分可用
17	把股权利益转化为债权利益	向一个机构捐献资产，但有转回安排	部分可用

2.对这些方法的分析、评价

（1）年末清空账户——不可用

分析：很多人看到 CRS 要求金融机构汇报非税收居民金融账户年末余额（大多数国家/地区是 12 月 31 日），想当然地认为在 12 月 31 日前把账户清空，就可以让账户信息变成零。

这是一个很大的误区，因为金融机构还要汇报这个账户的期间收款情况（1 月 1 日至 12 月 31 日）。

举例：1 月 1 日到 12 月 31 日，账户里有 1 亿美元，这 1 亿美元就会有相应利息，在 12 月 31 日把 1 亿美元转到别的账户，则利息收入与期末余额不匹配。关键的是，客户还要在下一年的 1 月 1 日把 1 亿美元再转回到账户，则该账户就有了 1 亿美元的收款。所以这种操作是不能起到任何规避 CRS 作用的。

顺着这个思路，如果一个账户频繁倒账、款项频繁进入，期间的收款将是个非常大的数字，将非常不利于在本国的税务处理。

（2）关闭账户——部分可用

分析：如果在金融机关没有识别之前关闭账户是可行的，但金融机关开始识别后再关闭账户，只能是年末余额为零，不能改变期间收款数。目前，绝大多数金融机关都已经进行了账户识别工作。

（3）代持——不可用

分析：代持是我们中国人最熟悉的路数，但CRS明确规定代持人不是账户的真正所有人，真正所有人应该是被代持人。更关键的是，金融资产放在别人名下有很大的法律风险。

（4）信用卡——合法可用

分析：CRS规定适格信用卡发行主体可不进行识别、汇报，所谓"适格"是指信用卡不得接受超过应付账单5万美元。故客户日常用卡行为且不在信用卡中过多存款是不会被识别、汇报的。

（5）实物资产（黄金/珠宝/现金等）——合法可用

分析：CRS机制运行的起点是有个具有汇报义务的金融机构，对于客户直接持有黄金/珠宝/现金类资产，由于没有汇报金融机构，尽管它们都是金融资产，却不在汇报之列。

很多客户在金融机构进行识别之前，将资产转化为黄金/珠宝/现金类资产存放在银行，除了没有收益、使用不便外，也确实起到了规避CRS的硬效果。某些欧洲银行的黄金/珠宝保管业务也因此激增。

（6）房地产——合法可用

分析：直接持有的房地产是被CRS明确排除在汇报之列的，但通过公司等以间接方式持有的并不一定能起到规避作用。

CRS是对境外房地产的一个利好，不过在某些地区、某些时段，一些国家会要求客户提供购房款的收入来源证明，而且支付购房款的过程也要使用境外银行，不可以避免在CRS系统留痕。

（7）在非CRS国开立账户——部分可用

分析：非CRS国主要有两类：A.美国（自行主导建立了FATCA）；B.泰

国、苏里南类未加入CRS的国家。在非CRS国开户当然不会被汇报，但所有人都不会想去B类国家开户（当地金融系统的稳定性差、存在外汇管制等），而且B类国家也在不断减少。所以，美国目前成为热门的避税地，但去美国配置资产也并非一定能解决CRS问题，原因有：

第一，中国与美国在2014年对FATCA原则上达成协议，只是双方并没有明确如何操作。FATCA跟CRS类似，是个美国主导的金融账户信息交换系统，就是说中美之间有可能在将来互相交换信息。

第二，美国本身的税制复杂，税负并不一定比中国轻。

第三，如果把客户资金从一个CRS国转入美国账户，该CRS国金融机构实际上已经有了客户的数据记录，该数据也会被汇报到中国。

（8）无现金价值的保险——部分可用

分析：CRS对于现金价值定义为"1.投保人有权在终结、解除合同时获取的价值，或；2.投保人在保险合同下可以借出的金额（两者以高者计）"，一些保险公司严格按CRS的定义进行保单条款设计，如"不得解除、质押、转让保单"，把保单模拟成不可撤销信托，同时该保单又是投资联接型的。这样一来，保单就没有了现金价值，就不在CRS关注之列，但是，这样的保险也失去了融资杠杆功能。

（9）控制人的25%股权门槛——部分可用

分析：CRS规定要对Passive NFE穿透识别到控制人，对于控制人的认定，CRS给出了几个标准。很多客户认为把股权比例降到25%以下，就不会被认定为控制人。其实这是个误区，因为CRS从来没把25%定为强制性标准，CRS原文"any person (s) owning more than a certain percentage of the legalperson, such as 25%"，可见25%只是一个举例。

对这个25%股权门槛的误解，不但存在于账户持有人，也存在于很多金融机构，如果两方都误解的话，反而"负负得正"，起到了规避的作用。

（10）存量机构账户25万美元门槛——合法可用

分析：CRS允许金融机构对余额在25万美元以下的存量机构账户不进行

识别，故如一个机构把账户的余额一直保持在25万美元以下，则一直不会被识别（机构本身及控制人）。

（11）在反洗钱规则（AML）生效前的存量账户——部分可用

分析：在AML生效之前是不强制金融机构识别账户持有人的，对于这样的账户，理论上金融机构可能不知道真正的持有人，故CRS不能有效识别持有人。问题是，这样的账户现在很少了，而且金融机构也可自主决定对AML生效前的存量账户进行AML识别。

（12）双边交换——部分可用

分析：很多国家加入自动交换条约，但并不是立刻执行；而且执行CRS有两种模式即多边、双边模式。选择双边模式的，两国要单独签条约确立信息交换关系。但不跟中国交换不代表这些国家的金融机构不采集中国税收居民的金融账户信息，CRS采用"wild approach"的策略，在金融机构识别、采集时只区分是否是非税收居民，不会区分国别。

上面列出的规避方法都是比较直接的，相对而言比较容易"识破"。很多从事资管、法律服务的人士发明出许多"结构性规避方法"，但这些方法在对客户所有权的保护、CRS义务的合法性方面都会有或多或少的问题。而且，CRS本身是个动态发展的过程，反规避也是CRS的题中之义。下面简单介绍几种"结构性规避方法"。

（13）把投资权益嵌入不纳税的Active NFE中——可用

分析：对于Active NFE，CRS不要求穿透到控制人，如果ActiveNFE放在一直对业务本身不征税的避税地，则ActiveNFE是没有税务成本的，再通过ActiveNFE去持有控制人的金融资产，则这部分资产也不需要被汇报。

（14）集团持股公司——可用

分析：CRS将主要行为（80%以上）是持有下属公司股份的集团持股公司定义为Active NFE，即便该集团持股公司从下属公司的投资中受益，或该集团持股公司本身就是个投资机构，该集团持股公司也没有汇报义务，也不该被别的金融机构穿透识别控制人。

（15）把Passive NFE变为ActiveNFE——部分可用

分析：CRS规定金融机构要穿透Passive NFE识别其控制人，很多离岸公司是Passive NFE，离岸地对这些公司不征税，所以CRS对离岸公司本身不影响，但对公司的控制人影响却很大。把Passive NFE变为ActiveNFE（如提供不实材料表明为ActiveNFE）可避免穿透识别到控制人，但这样的操作却是违反法律法规规定的。

（16）把股权利益转化为债权利益——部分可用

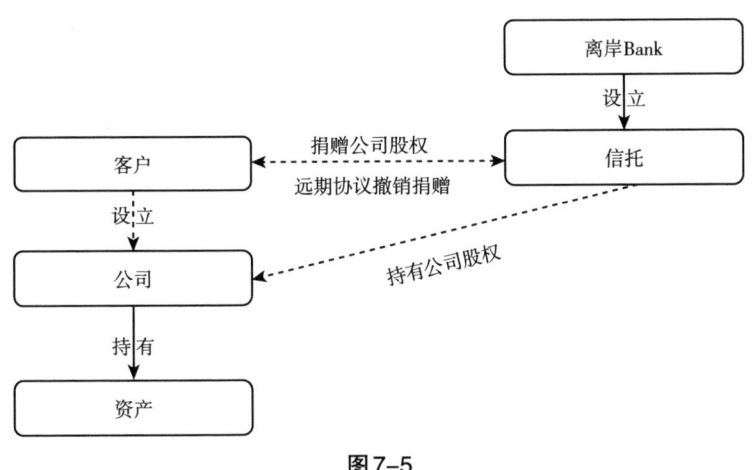

图7-5

分析：CRS对权益利益给出大篇幅的定义，但对于债权利益却没给出定义，所以有的规避方案就利用这个不明确性进行规避。

很多人认为，上述结构中，即便客户与信托之间有撤销捐赠协议（即双方之间有债权利益），客户只要对于这个信托没有权益，也不是控制人，就不会被识别。而且对很多金融机构一线工作人员来说，理解这种结构也确实困难，故有些客户利用这种复杂结构来增加识别难度确实也能达到规避CRS目的。但从实质上来说，信托作为金融机构是应该识别、汇报自身的账户持有人，不管持有的是权益还是债权利益，因为CRS对金融资产作了兜底性的一个反向排除，即非"直接持有的房地产"。

除上述列举外，很多国家/地区的国内法对本区域内何种账户、何种账户持有人不应被识别、汇报也有些特殊规定。若这些本地化的规定符合CRS精神，OECD自然不会反对，但若是滥用本地化规定达到对某些应报事项做不报处理，OECD也会不客气地点名批评、要求改正。

再分析一下前文提到的荷兰—黑山FGR结构：

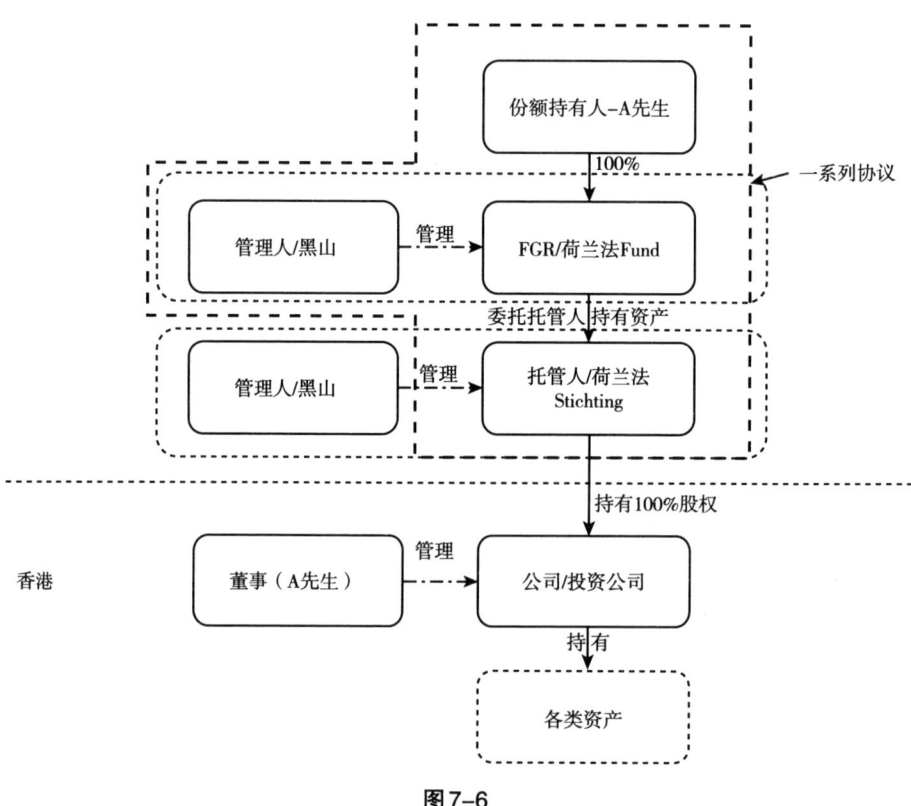

图7-6

若中国税收居民A先生采用该结构，则A先生本来在中国香港直接持有的金融资产，变成了投资公司名下资产，投资公司100%的股权被一个依据荷兰法成立的托管人（托管人的管理人是在黑山成立运营的公司）持有，该托管人又是为一个依据荷兰法成立的基金持有资产，该基金的管理人是一个依据黑山法律在黑山运营的公司。

第七章 离岸配置——别把鸡蛋放在一个篮子里

该结构是如何规避CRS的呢？

投资公司在中国香港地区的银行开户时，银行要调查投资公司的身份，投资公司申明自己是金融机构，银行作为一家金融机构没有义务调查另一家金融机构的税收居民身份，此时就躲避了第一次调查。投资公司的上层是荷兰托管人，也是一家金融机构，投资公司也没有义务调查荷兰托管人税收居民身份；荷兰托管人的上层是荷兰基金，故荷兰托管人也没有义务调查荷兰基金。可见，该结构就使得调查义务一层层上移。

荷兰基金的管理人是黑山管理公司，为什么选黑山，因为荷兰法律允许欧盟国家的管理公司在荷兰设立、管理基金，且黑山是唯一没加入CRS的欧盟国家。按照CRS规则，这个被黑山管理公司运营的荷兰基金是一个黑山的金融机构，但黑山又没有加入CRS，故该基金可以不履行CRS义务。

中国香港地区银行在对投资公司进行税收居民识别时，完全没有能力"看透"上层托管人——荷兰法Fund的结构安排，完全可以信任投资公司是金融机构的声明。可见该结构利用了滥用了CRS对于金融机构的定义以及部分国家未加入CRS的制度漏洞。

这个结构最大的问题是太复杂，以至于掩盖了所有权链条；并且黑山的管理公司完全可能摆脱A先生的控制，侵吞投资公司的资产；另外，结构越复杂，对应的运营成本也越高。

前面列举、解析了所谓CRS规避方法，下面我们还要着重分析一下买护照及境外配置实物资产两种方案。

第一，护照。

CRS实施后，很多高净值客户的第一反应是以买护照来规避CRS，加之部分移民中介的宣传，大众对买护照的谬误之深无以复加。CRS关注的是真实税收居民身份，不是国籍。税务身份是以实际工作、生活时间为标准来进行判定的，国籍只是认定这个标准的一个指标，两者并不等同。

鉴于以"买护照"来规避CRS情况的普遍性，OECD特地发布了应对指引。OECD认为：许多司法管辖区正在提供"投资入籍（CBI, Citizenship By

Investment）"和"投资居留（RBI，Residence by Investment）"计划，允许外国个人以当地投资为基础或以统一的费用获得公民身份或临时/永久居留权。个人可能出于某些原因对这些计划感兴趣，包括希望在管辖区开办新的企业，为子女提供更好的教育和工作机会，或想在政治稳定的国家生活。同时，市场上发布的信息和通过经合组织的共同报告标准公开披露机制获得的信息突出表明，这类计划里有滥用CBI/RBI以规避共同报告/标准报告的情况发生。

虽然通过投资获得居留权和公民权（CBI/RBI）计划允许个人出于完全合法的原因，通过当地投资或收取统一费用获得公民权或居留权，但这些计划也可能被滥用，来逃避经合组织/20国集团共同报告标准（CRS）所要求提交的报告，将其资产隐藏在境外。特别是通过CBI/RBI计划获得的身份证和其他文件有可能被滥用，以虚报个人的税收居住地，并危及CRS尽职调查程序的正常运作。

CBI/RBI计划还可能被滥用来破坏CRS的尽职调查程序。这可能会导致CRS下的报告不准确或不完整，特别是在没有向金融机构披露所有税收居住地辖区的情况下。例如，一个人实际上并不居住或者不仅居住在CBI/RBI的辖区，却声称仅仅是该辖区的税收居民，并向其金融机构提供根据CBI/RBI计划签发的证明文件，如居住证、身份证或护照，用以应付CRS下的尽职调查程序。

潜在的高风险CBI/RBI计划是指计划实行的地区为离岸金融资产提供低个人所得税税率，个人也不需要在该地区花费大量时间的计划。并非所有的RBI/CBI计划都有被用来规避CRS的高风险，可能具有高风险的计划是那些让纳税人获得离岸金融资产10%以下的低个人所得税税率的计划，并且不需要在提供CBI/RBI计划的司法管辖区实际居住至少90天。因为大多数希望通过CBI/RBI计划规避CRS的个人，都希望避免由原居住地辖区所征收离岸金融资产所得税，而不愿意从根本上改变其生活方式，离开原居住地的辖区，迁往CBI/RBI辖区。

金融机构在履行CRS尽职调查义务时，必须考虑经合组织对高风险CBI/

RBI计划的分析结果。经合组织分析了CRS承诺辖区提供的100多个CBI/RBI计划，认为以下计划可能对CRS的完整性产生高风险，如表7-9所示：

表7-9

法域	CBI/RBI 方案名称
安提瓜和巴布达	通过投资获得安提瓜和巴布达公民身份
安提瓜和巴布达	永久居留证
巴哈马	巴哈马经济永久居留权
巴林	通过投资获得巴林居留权
巴巴多斯	特殊入境和居留许可
塞浦路斯	通过投资获得公民身份：塞浦路斯投资者破例入籍计划
塞浦路斯	通过投资获得居住权
多米尼加	通过投资获得公民身份
格林纳达	通过投资获得格林纳达公民身份
马耳他	马耳他个人投资者计划
马耳他	马耳他居留和签证计划
圣基茨和尼维斯	通过投资获得公民身份
圣卢西亚	通过投资获得圣卢西亚公民身份
塞舌尔	第一类投资者签证
特克斯和凯科斯群岛	通过对房屋的投资获得永久居留证
特克斯和凯科斯群岛	通过投资指定公共部门项目获得永久居留证
特克斯和凯科斯群岛	通过投资房屋或企业获得永久居留证
阿拉伯联合酋长国	通过投资获得阿联酋居住权
瓦努阿图	发展支持计划
瓦努阿图	自费签证
瓦努阿图	土地所有者签证
瓦努阿图	投资者签证

目前热销的瓦努阿图、圣基茨和尼维斯、塞浦路斯等国家的护照项目全都在黑名单上，而且OECD也表明会随时更新上述"黑名单"，那些市场上广为流行的"移民项目"后续很可能因"引人关注"而登上"黑名单"，OECD要

求对来自"黑名单"的客户要"提高审核标准",很多金融机构对于"提高审核标准"的理解就是不得提供开户服务。

虽然有OECD的指引,但从实践经验看,各国金融机构的执行力度很不一致,有些金融机构对于来自上述国家的客户一概拒绝,但是对于上述名单之外的"小国护照",在提供其他辅助资料(如住址证明等)后,完全接受这些客户。

第二,实物资产。

CRS的工作目标是金融资产信息,对与金融资产的定义就存款、人寿保险或年金保险、公司股票、合伙权益、股权、债券、掉期(利率、外汇)产品等,金融资产之外资产是不属于CRS管辖范围的。加之海外实物资产的保值、增值及满足生活需求方面的优势,CRS更是给海外实物资产的销售打了"强心针",海外实物资产中海外房产及贵重动产是最为重要的两类。

根据不同的需求,海外房产可以分为投资型、教育型、养老型、度假型、移居型,地域从传统的美国、加拿大、英国等到新兴的西班牙,希腊,塞浦路斯,很多国家还有投资购房的移民项目,广受中国客户青睐。

贵重动产包括黄金、珠宝、现金、字画等,各自都有自己的特别之处,本书简单以钻石为例进行说明其具有如下特征:

①钻石保值、增值。钻石由于其独特的物理属性,拥有了独一无二的审美价值,稀缺而美丽造就了其价值稳定攀升。

②国际流通性强。钻石的价值与品牌产地无关,主要取决于钻石的4C品质。

③钻石是浓缩资产。以2017年4月4日苏富比香港拍卖为例,一颗59.60ct粉钻成交价5.53亿港币,被称为"粉红之星"。

④钻石所有权私密不记名。钻石没有统一的所有权登记制度,占有即所有。无法获知钻石的所有权信息,满足了钻石所有人的绝对隐私要求,除遗失、被盗风险外,钻石所有人的其他风险均与钻石隔离,即所有人的债权人无从要求以钻石价值清偿债务,税务机关也无从对钻石的赠与、继承课税。

⑤携带方便、出入境方便。由于钻石的高度价值浓缩性和审美属性，钻石方便被跨境携带；鉴于其国际流通性，在特殊场景下，钻石可能被用于巨大经济利益的流通。

⑥不在CRS管辖范围。CRS只关注金融资产（见上述定义），钻石与房产等一样属于实物资产，不属于CRS管辖范围；因为其没有所有权登记，完全没有任何信息统一汇报的可能。

如果单从资产端考虑，还有一些其他特殊资产不在CRS关注范围内，如电子货币，我们将在第九章反洗钱内容里再讨论电子货币给资产隔离带来的新思维。

（三）更换税收居民身份——CRS的终极解决之道

CRS关注的是A先生的税收居民身份，即A先生是中国的税收居民，但是他在新加坡持有了金融资产，因此新加坡要把其金融资产信息交换给A先生税收居民所在国——中国的税务机关。如果A先生想彻底解决这个问题，要么不在中国地域外持有金融资产，要么排除中国税收居民的认定。实际上，A先生可能基于业务上的考虑、各地域税收制度的考虑变更税收居民身份（如中国香港、新加坡均是非全球征税的区域，即对其税收居民在域外取得的收入不征税；但是中国、美国等主流国家，对其税收居民在全球范围内的收入征税）。

在深入讨论税收居民身份之前，我们先区分几个容易混淆的概念。

（1）国籍，是指一个人拥有某一个国家的国民或公民的法律资格，表明一个人同一个特定国家间的固定法律联系，是国家行使属人管辖权和外交保护权的法律依据。根据我国《国籍法》及《宪法》，获取中国国籍有出生取得和加入取得两种，有了中国国籍就有了中国公民权利，比如受中国外交保护权、财产权、受教育权等，国籍的证明文件是护照（passport）。

（2）永久居留权（Permanent Residency，缩写PR），永久居留权指个人被容许永久居留于某国的权利，但不享有公民权，拥有永久居留权的人称作"永久居民"，永久居民的身份证俗称绿卡。如A国容许别国公民永久居留于A国的权利,权利持有者在A国享有除选举权和被选举权外的一切权利和福利。不是所有国家都有永久居留权制度,拥有永久居留权制度的国家颁布的文件也不尽相同,在美国称为绿卡,在加拿大称为枫叶卡。

(3)户籍,通常是指家庭户口簿上的户口所在地。我国的户籍制度将公民分为农业户口与非农业户口,与升学、就业、社会保障、居住等社会经济权利都与户口挂钩。

税收居民身份不但能直接解决CRS信息交换问题,更可以为税务规划提供强有力的支撑,我们通过两例案例分析税收居民身份的判定、争议解决及规划。

1.税收居民身份判定争议案[27]

持有中国香港税收居民身份证明的自然人S先生,依据内地和香港税收安排享受受雇所得条款待遇,要求税务机关退还其以前年度缴纳的个人所得税。由于S先生同时为内地税收居民,主管税务机关运用税收安排居民条款中的"加比规则"解决了其双重居民身份的矛盾,将S先生判定为内地税收居民,作出S先生不符合享受税收安排待遇且不予退税的决定。

2013年,S先生与中国内地C公司签订无固定期限劳动合同,担任运营总监,合同约定其主要工作地点为内地某市。自2014年起,S先生兼任C公司位于中国香港的子公司D公司的常务理事,并同时在香港履职。

S先生认为,其受雇任职情况适用《国家税务总局关于执行内地与港澳间税收安排涉及个人受雇所得有关问题的公告》(国家税务总局公告2012年第16号)中对香港、澳门税收居民受雇所得的个人所得税计算方法,要求退还其2014年度和2015年度因未享受税收安排待遇而多缴纳的个人所得税约40万元。理由如下:

一是S先生已于2014年取得香港居民身份证(非香港永久性居民);

二是香港的税务机关为其开具了2014年度和2015年度的税收居民身份证明。

---

[27] 《税收协定执行案例集》,中国税务出版社出版,2019年12月。

处理过程：主管税务机关全面审查了S先生提交的有关资料，在对案件展开深入调查、全面掌握相关情况的基础上，明确了处理意见：

（一）根据中国内地法律S先生构成内地税收居民

根据个人所得税法及其实施条例的规定，对居民个人的判定有住所和停留时间两个标准，只要满足其一就可以判定为我国内地的税收居民。其中，在中国境内有住所，是指"因户籍、家庭、经济利益关系而在中国境内习惯性居住"。所谓习惯性居住，是判定纳税人是居民或非居民的一个法律意义上的标准，不是指实际居住或者在一个特定时期内的居住地。如因学习、工作、探亲、旅游等而在中国境外居住的，在其原因消除后，必须回到中国境内居住的个人，则中国为该纳税人习惯性居住地。在实际管理中，户籍是判断是否有住所的重要标准。申请人S先生提交的本人居民身份证复印件显示，其户籍所在地为内地，且S先生是由于工作原因由内地C公司派至香港工作而形成在香港居住的事实，外派工作结束后仍会回到内地居住。综合上述情况，S先生构成内地税收居民。

（二）运用"加比规则"判定S先生为内地税收居民

在S先生构成内地和香港双重税收居民的情况下，主管税务机关运用税收安排居民条款中的"加比规则"，进一步判定S先生税收居民身份归属。"加比规则"，是按照"永久性住所—重要利益中心—习惯性住所"的顺序来协调双重居民身份矛盾的一种规则，当采用上述顺位进行判断后仍无法确定单一居民身份的，再由双方税务主管当局协商解决。一旦确定了S先生是内地的税收居民，根据个人所得税法的规定，S先生应履行居民纳税人义务，就其从内地和香港取得的所得，缴纳个人所得税。

1.永久性住所标准

参考《内地和香港特别行政区关于对所得避免双重征税和防止偷漏税的安排》（以下简称"内地和香港税收安排"）第四条第二款第一项规定，同时为双方居民的个人"应认为是其有永久性住所所在一方的居民；如果在双方同时有永久性住所，应认为是与其个人和经济关系更密切（重要利益中心）所在一方的居民"。

《〈中华人民共和国政府和新加坡共和国政府关于对所得避免双重征税和防止偷漏税的协定〉及议定书条文解释》(国税发〔2010〕75号印发,以下简称"75号文件")第四条第二款第一项规定,"永久性住所包括任何形式的住所,例如有个人租用的住宅或公寓、租用的房间等,但该住所必须具有永久性,即个人已安排了长期居住,而不是为了某些原因(如旅游、商务考察等)临时逗留"。

本案中,S先生在内地某市拥有3套自住房产,S先生在派往香港任职之前以及任职期间回某市时均居住在其中一套,因此,应判定其在内地有永久性住所。同时,为了工作方便,S先生在香港租住了一处房屋,其在香港工作期间,一直在该房屋居住,非临时居留,该房屋也符合75号文件中对"永久性住所"的解释。因此,S先生在内地和香港都有永久性住所。据此标准无法明确判定S先生是哪一方税收居民,需要运用下一标准进行考量。

2.重要利益中心标准

参考75号文件第四条第二款的规定,"重要利益中心"要参考个人家庭和社会关系、职业、政治、文化及其他活动(营业地点、管理财产所在地)等因素综合评判,其中特别注重个人行为,即个人一直居住、工作并且拥有家庭和财产的国家(地区)通常为其重要利益中心之所在。

经核实,S先生受雇于内地的C公司,同时在其香港子公司D公司任职,在与C公司签订的劳动合同中明确约定了主要工作地点为内地某市,其在香港子公司履职的行为,实质上是在履行该合同规定的义务,其主要收入均来源于与C公司的劳动合同,由C公司向其支付工资,C公司还为S先生在内地缴纳社会保险和住房公积金,而不是D公司为S先生在香港缴纳保险。

S先生长期在内地工作,2014年度在内地停留时间为220天,2015年度在内地停留时间为160天,其长期生活、工作在内地。通过第三方信息显示S先生多数亲属均居住在内地,在内地具有稳定的社会关系,其家庭财产主要集中在内地,包括存款、股票、现金、车辆和3套房产等。而在香港,S先生仅有一处租住的房屋和一辆汽车。S先生的妻女虽然取得了非永久香港居民身份，但其妻子为家庭主妇，女儿在香港某中学读书。

综合考虑申请人的家庭、社会关系和财产状况等各方面因素，主管税务机关认为，S先生显然与内地具有更为紧密的关系，其重要利益中心在内地而非香港，因此应认定其为内地税收居民。

（三）对S先生申请退税的处理

由于最终将申请人S先生判定为内地税收居民，因此S先生不能享受税收安排待遇，不符合退税条件。

主管税务机关将处理意见以《税务事项通知书》的形式送达申请人S先生，同时告知其如有异议，可以根据内地和香港税收安排第二十三条相互协商程序的相关规定，通过香港主管税务机关提出启动相互协商程序的申请，由双方税务主管当局相互协商解决其居民身份问题。对税务机关的处理结果，纳税人S先生未提出异议也未申请启动相互协商程序。

2.利用居民税收身份规划节税案

利用居民税收身份规划节税

Z.J股份作为汽车革生产商于2017年12月5日提交《IPO招股书》，披露其在2015年溢价收购实际控制人的配偶张某所持有的两境外企业（墨尔本H.J.与昆士兰H.J.）股权，支付外币收购款且不具有代扣代缴个税义务。《招股书》称，张某虽为澳大利亚国籍，但属于澳大利亚非纳税居民，收取股权转让款无须在澳大利亚缴纳个税，而且因张某2015年在中国境内居住未满365天，属于中国非居民纳税人，仅需就来源于中国境内所得缴纳个税。故我国税务机关对支付给澳籍华人张某的境外公司股权转让所得没有征税权。

"张某系澳大利亚的非纳税居民，其就本次股权转让无须在澳大利亚缴纳税款，上述处置均符合澳大利亚相关的税收法律。……张某具有澳大利亚国籍，长期居住在中国香港，在中国境内无习惯性住所；根据张某的护照记载的出入境记录，张某在2015年度未在中国境内居住满365日，因此，根据《个人所得税法》《个人所得税法实施条例》等相关规定，张某某在中国境内属于非居民纳税人，仅需就来源于中国境内的所得缴纳个人所得税。ZHJ工业、墨尔本H.J.和昆士兰H.J.均为注册在澳大利亚的企业，因此，张某某本次股权转让所得来源于澳大利亚，而非中国境内，无须在中国境内缴纳个人所得税。"

Z.J股份实际控制人为贺某某，墨尔本H.J.与昆士兰H.J.控股股东为张某，贺某某与张某系夫妻关系，Z.J股份与墨尔本H.J.和昆士兰H.J.为关联方。本次重组目的系彻底解决发行人与墨尔本H.J.、昆士兰H.J.的关联交易问题。

张某具有澳大利亚国籍，属于澳大利亚非纳税居民，而且长期居住在中国香港，在境内无习惯性住所，在2015年度未在中国境内居住满365日，因此，张某在中国境内属于非居民纳税人，仅需就来源于中国境内的所得缴纳个人所得税，故张某在澳大利亚和中国就该笔股权转让所得都没有纳税义务；且香港不征收资本利得税，因此，张某在香港也没有纳税义务。

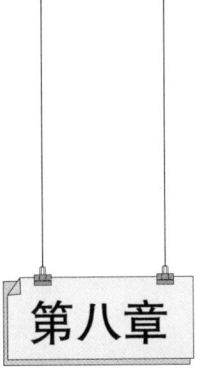

第八章

税务风险隔离——规划风控两手抓

富兰克林说过,人的一生有两件事情不可避免:一是死亡;二是税收。高净值群体中企业家、高级管理人员和专业人士占据了大多数,他们在参与经营、投资决策以及处理个人资产、管理财富时都会遇到税务风险。

一、高净值个人的税务风险分析

(一)高净值个人在经营中的税务风险

由于高净值群体的收入主要来自企业经营活动,企业经营成为税务风险的主要来源。在与民营企业和企业家的接触中,我们发现企业主对于纳税总有或多或少的误解:

第一种:企业主认为纳税与自己无关,自己只需要一心扑在企业经营和未来发展上,涉税事项都应该由会计或者是财务经理处理,企业主无须懂税收。财务人员或者是会计只是一般员工,他们在处理公司纳税事务上未必专业,若在处理问题的过程中发生争议或者是未尽合规义务,由此带来的风险将会由公司或者是公司的实际控制人或者是管理人员承担。

第二种:不懂节税。有的企业主要求财务人员及时足额缴纳税款,却不懂以合法合规的方式享受政策的红利和优惠,企业并未像节约经营成本一样,节约税收成本,经常因为没有透彻理解税收政策,而多交冤枉的税费。

第三种：心存侥幸。主要指企业主要求财务人员隐瞒相应的收入、取得虚假的发票，以此类的方式和手段少缴税费。企业主没有意识到税收是国家强制力的体现。随着金税三期[28]的全面上线，税收征管大数据时代已经到来，税务机关依据长期积累的纳税申报信息，对企业财务数据的采集等多方面信息的共享，可以非常准确、高效地了解纳税人的经营状况，企业老板如果存有此种侥幸心理，将会面临非常严重的行政处罚乃至刑事处罚的风险。

从行政违法的角度看，企业和企业主涉及到的问题和风险主要是政策理解不到位、执行中错误运用政策导致少缴税的风险；未及时申报缴纳税款产生的欠税风险；甚至在社会保险费由税务部门统一征收后由于社保不合规造成的社保、公积金不缴或者少缴的风险。

上述这些风险，近些年，特别是个人和单位的社会信用管理办法实施以后，常见于各个税务机关或稽查局的违法信息披露。以下为几个典型的税务风险的案例。

（1）公司收入没有对公转账而是进入私人账户的风险。

国家税务总局无锡市税务局第一稽查局关于送达税务行政处罚事项告知书的通告
（无锡市××科技有限公司）

发布时间：2020-06-09 15:19   来源：无锡局第一稽查局   字体：[大][中][小]   打印本页   正文下载

根据国家有关税收法律、法规的规定，我局对被检查单位无锡市华发科技有限公司进行税务行政处罚事项告知书送达，因上述公司在原址已处于非正常生产经营状态，相关人员无法联系，《税务行政处罚事项告知书》无法直接送达。根据《中华人民共和国税收征收管理法实施细则》第一百零六条之规定，现将上述《税务行政处罚事项告知书》公告送达，自公告之日起满30日，即视为送达。

附件：无锡市××科技有限公司.pdf

国家税务总局无锡市税务局第一稽查局
2020年6月9日

---

[28] 为有效防止不法分子利用伪造、倒卖、盗窃、虚开专用发票等手段进行偷、骗、逃国家税款的违法犯罪活动，国家决定在纸质专用发票物理防伪的基础上，引入现代化技术手段强化增值税征收管理。1994年2月国务院召开专题会议，指示要尽快建设以加强增值税管理为主要目标的"金税工程"。会议同意利用人民银行清算中心网络建设交叉稽核系统，同时指出防伪税控系统要先试点，后推行。为组织实施这项工程，国务院成立了国家税控系统建设协调领导小组，下设"金税工程"工作办公室，具体负责组织、协调系统建设工作。当年下半年防伪税控系统和交叉稽核系统开始试点，金税工程正式启动。

根据无锡市税务局官网披露的信息显示，无锡市××科技有限公司于2017—2018年账外取得电动车及配件的销售货款，未申报纳税。

企业主在2017年通过个人账户收取销售货款12 193 078.70元，其中11 495 378.70元未入账、未申报纳税。2018年通过个人账户收取销售货款27 883 309.65元，其中27 018 459.65元未入账、未申报纳税。经计算扣除留抵后，追缴增值税税款2017年1 670 268.70元，2018年3 839 500.25元。追缴企业所得税2017年、2018年合计439 662.71元。因该公司隐匿废料收入、利用虚开增值税专用发票在账簿上少列收入、多列支出的行为构成偷税，拟对应追缴增值税、企业所得税处50%罚款，计2 974 715.87元。该公司因个人账户收款未申报纳税，被追缴税款及罚款共800多万元！

大多数的企业属于中小企业，与其个人或者个体户从事经营的情况类似，收款、账目处理长期不规范，企业主惯性地把公司收入和自己的收入混为一谈，导致在经营过程中把企业经营收入收到自己或者关联人等的个人"腰包"，这是现阶段企业主在经营行为中最大的隐患。

一些企业主没有将企业在经营中取得的收入并入到企业的收入中进行计税，同时还指示会计或财务人员，使用他们的私人账户来收取相应的经营收入，这样的行为不但是企业在商事经营活动当中的税务违规，还违反了《税收征管法》第63条规定，属于偷税行为。

"第六十三条　纳税人伪造、变造、隐匿、擅自销毁账簿、记账凭证，或者在账簿上多列支出或者不列、少列收入，或者经税务机关通知申报而拒不申报或者进行虚假的纳税申报，不缴或者少缴应纳税款的，是偷税。对纳税人偷税的，由税务机关追缴其不缴或者少缴的税款、滞纳金，并处不缴或者少缴的税款百分之五十以上五倍以下的罚款；构成犯罪的，依法追究刑事责任。

扣缴义务人采取前款所列手段，不缴或者少缴已扣、已收税款，由税务机关追缴其不缴或者少缴的税款、滞纳金，并处不缴或者少缴的税款百分之五十以上五倍以下的罚款；构成犯罪的，依法追究刑事责任。"

经常会有人问：只是把对客户的收费转入自己的银行账户，难道就是偷税的行为吗？根据《税收征管法》第63条的规定，答案是肯定的。偷税的表现形式就是指行为人采取了隐蔽的手段，蒙蔽税务机关或者是监管单位，恶意规避纳税义务的行为。上述案例中这家无锡公司采取的方式就是隐匿自己的收入，即将应该归属于公司的应税收入，转入法定代表人或者是实际控制人自己的私人账户，以此来逃避国家的税款征收，完全符合《税收征管法》第63条规定的情形，税务机关要求其补缴税款并对其进行罚款是合法的。

参考《税收征管法》第63条释义，偷税行为主要包括三种：一是通过伪造、变造、隐匿、擅自销毁账簿、记账凭证等手段，不缴或者少缴应纳税款的行为。所谓伪造账簿，是指违反会计法和国家统一的会计制度的规定，根据伪造或者变造的虚假会计凭证填制会计账簿，或者不按要求登记账簿，或者对内对外采用不同的确认标准、计量方法等手段登记会计账簿的行为。所谓变造账簿，是指采取涂改、挖补或者其他手段改变会计账簿的真实内容的行为。所谓伪造记账凭证，是指以虚假的经济业务或者资金往来为前提，填写、制作记账凭证的行为。所谓变造记账凭证，是指采取涂改、挖补以及其他方法改变记账凭证真实内容的行为。所谓隐匿，是指故意转移、隐藏应当保存的账簿、记账凭证的行为。所谓故意销毁，是指故意将依法应当保存的账簿、记账凭证予以毁灭的行为。二是通过在账簿上多列支出或者不列、少列收入，不缴或者少缴应纳税款的行为。所谓多列支出，是指在账簿上填写超出实际支出的数额以冲抵或减少实际收入的数额。所谓不列、少列收入，是指瞒报或者少报收入，并在账簿上作虚假登记，以不缴或者少缴应纳税款的行为。三是经税务机关通知而拒不申报或者进行虚假的纳税申报，不缴或者少缴应纳税款的行为。所谓经税务机关通知而拒不申报，指的是应当依法办理纳税申报的纳税人，不按照法律、行政法规的规定办理纳税申报，并经税务机关通知，仍拒不申报的行为。所谓进行虚假的纳税申报，是指纳税人在进行纳税申报的过程中，制造虚假情况，不如实填写或者提供纳税申报表、财务会计报告及其他纳税资料的行为。

根据本条第二款的规定，偷税行为的行为人一般为纳税人，但是，扣缴义务人采取伪造、变造、隐匿、擅自销毁账簿、记账凭证，或者在账簿上多列支出或者不列、少列收入，或者经税务机关通知而拒不申报或者进行虚假的纳税申报等手段，不缴或者少缴已扣、已收税款的，也是一种偷税行为。

（2）企业主不关注企业纳税义务，企业经营面临税务违法风险。

前文中提到，有些企业主一直觉得税务问题是会计人员和财务人员的工作，与自己没有太大的关系，在实际经营企业的过程中持事不关己高高挂起的态度。当企业遇到税务机关告知或者通知申报的时候，有的企业主置身事外，觉得这些事情应该由财务人员来安排，自己并不关注。若此时企业存在未申报、未缴纳的情况，也可能会构成《税收征管法》第63条所说的偷税行为，从而面临税务机关的罚款，甚至刑事方面的风险。

某房地产开发企业在拿地之后就投入巨资进行建设工程和销售中，但由于房地产项目工期长、地段不佳，因此销售业绩并不好，企业主还面临着资金方面的压力。此时，由于项目已经验收完成，税务机关要求企业进行清算，在多次要求未得到积极回应之后，税务机关的管理人员进场，现场约谈企业的财务人员，并在约谈后发出了《税务事项通知书》通知企业进行相关税款的申报，财务人员把《税务事项通知书》交给法定代表人，签字完成后将回执交给了税务机关。财务人员在请示法定代表人是否进行申报的时候，法定代表人因企业账上没有现金缴税，就让财务人员"放一放"，一放就超过了通知书规定的15天的申报期限。后续税务机关又做了催促申报，再次下达了《税务事项通知书》催促企业进行申报，法定代表人因为出差，财务人员自己签了送达回执，并没有告知法定代表人。一直没等到申报，税务机关就按程序将案子移送给了公安机关，进行刑事侦查。法定代表人在出差的途中直接就被公安机关采取了强制措施。

法定代表人在委托律师代理案件的时候甚至都还觉得费解，"只是没有按照要求申报，为什么会导致公安机关的介入"。

因为根据《税收征管法》第63条的规定，经税务机关通知申报而拒不申报或者进行虚假的纳税申报，不缴或者少缴应纳税款的，是偷税行为。对纳税人偷税的，由税务机关追缴其不缴或者少缴的税款、滞纳金，并处不缴或者少缴的税款百分之五十以上五倍以下的罚款；构成犯罪的，依法追究刑事责任。因此，税务机关在通知申报而纳税人没有反馈的情况下，向公安机关进行偷税案件移交是有法律依据的。

（3）企业主以私人账户发薪，涉及个人所得税扣缴义务的风险。

企业主以私人账户发薪往往有以下几种情况：

一是企业没有钱，公司的盈利状况不好，此时就由股东借款给企业，企业账面挂往来处理。工资薪金虽然是由企业对外发放，但是实际的承担者是股东个人。税务机关也不会将这种情况视为一种税务违法行为，但是企业应当对员工的工资代扣代缴个人所得税，同时要缴纳国家强制规定的五险一金。

二是企业帮助员工规避个人所得税。有些公司通过老板的私人账户直接给员工发放工资薪金或者是业绩奖励，这些收入实际上是员工的个人所得，按照税法的规定应计征个人所得税，由于没有体现在企业账面上而未被课税，这种方式其实是企业和老板个人帮助员工"节约"了个人所得税。同时，因为员工的工资从老板的私人账户发放，对公账户上发放的工资薪金基数减少了，社会保险费的基数也因此减少，公司规避了一部分社会保险费和公积金。一经发现有私户发薪的情况，员工个人应补缴个人所得税，而对于作为扣缴义务人发放工资的企业，应被税务机关罚款处理。根据《税收征管法》第69条的规定，扣缴义务人应扣未扣、应收而不收税款的，由税务机关向纳税人追缴税款，对扣缴义务人处应扣未扣、应收未收税款百分之五十以上三倍以下的罚款。

三是老板用自己的私人账户发放工资伪造了企业的业绩。用工成本或是人员成本属于企业的劳务成本，由私人账户发工资导致对公账户上的支出或成本减少，使企业的业绩和利润变得好看。但在上市或是引入战略投资者时，老板及企业都会因存在不真实的经营现实而经不起尽职调查，面临很大未诚实披露的风险。工资的属性无法变更，即员工的个人所得，个人所得税法把它定性为工资薪金所得。股东如何处理用于发放工资的资金是一个常见的问题，如发放不当，也很容易引起股东个人或者企业的税务风险和其他法律责任。

（4）社保归税之后，少缴社保和公积金的风险。

一般而言，社保和住房公积金中由公司承担的部分通常会占到工资总额的30~40%，此笔开支巨大，有老板或员工会想办法规避。随着社保归税政策落实，由税务机关设立的非税业务部门来征收社保，社保问题从过去的灰色地带集中转入到需要重点关注，并且尽快合规的领域。社会保险费和住房公积金的支出是企业经营中非常大的成本开支，特别是对于一些用工密集型的企业，如果按照工资的基数完全合规缴纳社保，很可能无法承受。很多创业初期的企业，甚至一些上市公司的子公司，都存在没有及时、足额缴纳社保以及公积金的问题。以往在社保局监管社保基金的情况下，企业往往通过把社会保险费基数降低从而少缴社会保险费的方式来减少开支，若社保部门接受举报和自行检查确认企业有此行为，常会对企业进行社保罚款。

由于过往社保局在征收社保时并没有办法取得税务机关在金税三期系统中个人所得税申报的工资薪金的总额基数，因此往往无法得知企业或个人是否足额缴纳社保。从2019年起，由税务机关在全国负责征收社保，税务机关可以比对在金税三期系统中工资薪金和社保缴纳基数是否为同一数据，几乎不用费力核查就可以发现少缴的问题。税务的数据作为社保基数参照，使得原来企业利用税务机关和社保部门信息不对称来少缴或不缴的违规操作不攻自破。

用工密集企业的社保问题由来已久，一般在企业合规和上市之前要进行统一补缴。HDL公司的招股说明书中就披露了HDL公司社保合规的进程和补缴问题。

HDL公司于2018年9月12日向中国香港联交所提交全球发售文件，披露往期存在未及时缴纳社会保险及住房公积金供款的情况，针对缴纳不足部分补计提2015—2018年上半年共计10 990万元。"于二零一五年、二零一六年及二零一七年以及截至二零一八年六月三十日止，我们就社会保险及住房公积金供款不足分别计提拨备人民币23.6百万元、人民币36.2百万元、人民币28.2百万元及人民币21.9百万元。"此外，鉴于社保费可能会涉及加征滞纳金及处罚、住房公积金可能会被强制执行，公司还取得了现有股东出具的"弥偿保证"。相关事项梳理如下：

①针对欠缴社保费，可能涉及加征滞纳金事项，"据我们的中国法律顾问告知，相关中国机构可能要求我们于规定期限内缴纳尚未缴付的社会保险款，每迟缴一天按未缴款项的0.05%支付滞纳金。倘我们于规定期间内未能缴纳未缴社会保险供款，我们可能会被处以逾期款额一至三倍的罚款。倘我们未于指定期限内缴纳尚未缴付的住房公积金供款，我们可能会收到相关中国法院的命令要求我们支付相关款项。"

②不合规的原因。"不合规情况主要是由于我们大量的劳动力和相对较高的流动性、我们缺乏有经验的人力资源人员以及对相关中国法律及法规相关要求并未完全理解，还有因为我们许多员工不愿作出相关供款我们部分员工不愿意合作向该等基金作出供款，原因为彼等选择参与彼等居住所在的当地农村社会保障制度。于该等情况下，我们为该等员工提供补偿及福利，以代替该等供款。此外，我们根据当地的最低工资作出社会保险及住房公积金供款。"

③规范措施。"自二零一八年五月起，我们已开始实施我们的政策，为雇员向社会保险及住房公积金作出供款，以符合相关的中国法律及法规。我们积极鼓励并为我们的雇员作出供款。尽管我们已作出努力，惟我们截至最后实际可行日期无法为我们的雇员向社会保险及住房公积金作出全额供款，原因为部分雇员并不合作且选择参与彼等居住所在的当地农村社会保障制度。"

由此可见社保问题是企业常见的税务风险，企业主可能在企业发展到一定阶段会面临社保合规带来的阵痛和用工成本的增长。

此外，因为社保是属于国家强制实施、征收的经费，如果不足额或不及时缴纳将会产生滞纳金和相应的罚款。

根据相关媒体的报道，2018年8月23日，江苏省常州市新北区人民法院发布《行政裁定书》显示，常州市Y.H公司2007年12月至2017年11月期间欠缴基本养老保险费、基本医疗保险费、工伤保险费、失业保险费、生育保险费合计2 011 134.15元。江苏省常州地方税务局第五税务分局作出社会保险费征收决定，对Y.H公司征收社会保险费。在征收决定生效后，因该公司未全部履行缴纳义务，税务机关向法院申请强制执行。Y.H公司的老板李某无论如何没想到，自己竟然因没缴社保出名。自2018年6月底工厂关停后，Y.H公司100余工人已离厂另谋出路，截至2018年9月几乎只剩下股东一人，公司陷入了破产的危机。

（二）个人所得税改革带来的个税违规风险

新《个人所得税法》于2019年1月1日正式实施，对每个纳税人都产生了非常重大的影响，其也是我国从分类税制到分类综合相结合税制迈出的重要一步。旧的个税征管制度主要依靠收入支付方作为扣缴义务人来征收个税，而在新《个人所得税法》体系下，每个人将对自己的工资薪金、劳务报酬、特许权使用费和稿酬所得实施年度的汇算清缴。也就是说，新《个人所得税法》将支付方的预扣预缴义务和纳税人的自行申报完税的义务并行考虑，加以约束，这无疑增加了对于高收入人群、高净值人士的合规责任。

结合高净值人士的特点，新个人所得税设定的汇算清缴要求有可能给以下两类人群带来相关风险：

- 对于多处取得工资薪金、劳务报酬或者一个纳税年度中换工作的，有可能造成预扣预缴的税款小于汇算时"合并四类综合所得"应适用的税率，进而需要进行申报补税但怠于履行申报和纳税义务的情形；
- 对于中国税收居民，新的《个人所得税法》中明确了中国居民税收身份的判定标准，重申了中国税收居民就其全球收入纳税的义务。中国税务机关对其全球收入拥有管辖权，若纳税人心存侥幸，认为境外的收入信息无法被税务机关掌握，因此对境外的所得不申报、未完税的。

对于第一类人群，如果纳税人符合需要进行汇算清缴且需要补税的情形但不履行汇算清缴的申报义务，其会面临行政处罚，并计入个人纳税信用档案。

对于第二类人群，纳税人没有履行申报义务的，会面临《税收征管法》第63条规定的偷税行为的法律风险。

2016年7月26日《中国税务报》报道了上海市闵行区国税局稽查局破获的一起利用个人境外储蓄账户隐匿公司收入的逃税案。

2015年7月，闵行区国税局稽查局接到一封情报交换函件，函件中称上海××××信息科技公司利用法定代表人个人境外储蓄账户等多个银行账户，收取境外服务款项近2.9亿日元（约合人民币2 200万元），隐匿巨额收入不申报纳税。该局立即成立专案组。

通过案头分析和实地调查，专案组了解到，这家经营网络信息技术咨询和服务业务的公司，法定代表人是刘某，2010年至2012年申报营业收入约900万元，纳税50余万元。刘某曾以公司的名义，与3家日本公司签订过软件开发和技术维护服务协议。该公司的服务收入既通过公司的基本账户收取，也通过刘某个人的境外账户等账户收取。

分析有关账户数据，稽查人员发现，这家公司在被查年度内通过基本账户收取境外服务款项1.18亿日元（约合人民币900万元），与其向税务机关申报的金额一致，另通过刘某的个人境外账户等4个账户收取境外服务款项1.7亿日元（约合人民币1 300万元）。

稽查人员要求刘某解释其个人账户收款的性质及来源，刘某称有关收款是自己取得的劳务报酬，未申报个人所得税。当被要求提供收入来源时，刘某拿不出任何证据。

经过解释，刘松最终承认其个人账户收款是公司的服务收入，并提供了业务合同等证据资料。刘某还向稽查人员透露，日本的税务部门已约谈过他，他正为要不要说实话而纠结。

前不久，闵行区国税局稽查局对这家公司追缴税款上百万元。该局有关负责人指出，"由于跨境服务涉及境外企业，资金结算可能涉及离岸账户，涉税风险较高，建议税务机关加强对跨境服务行业的税收政策宣传和监管，对已申请免税备案的企业按比例抽查核实；与外汇管理局、银行等机构建立信息交换机制，重点监测跨境交易、离岸账户及个人外汇交易的资金流动情况，防范不法分子利用个人账户等偷逃税款"。

由此可见，中国税务居民不管是用海外的个人离岸账户来拆解收入、试图躲避中国境内应当缴纳的税款，还是在境外取得收入后藏匿于境外、不在中国境内进行申报和纳税，都会面临偷税的处罚风险。特别是在新《个人所得税法》实施之后，ITS（自然人税收管理系统）在金三系统的模块下进行了升级，后续税务系统会逐步和外汇管理局、公安机关、社会保险、银行等端口逐步实现信息的互动互通。即将上线的金税四期更会如此。因此，在大数据的时代，联系到本书论述的CRS和全球税务信息透明化的建设进程，高净值人士未来在个人所得税方面合规申报、正确理解及践行政策、足额缴纳税款的义务只会越来越明确。

除此之外，新《个人所得税法》还明确了离境清税的制度，离开中国境内注销户籍的，需要先进行清税。根据新《个人所得税法》第十条的规定，中国籍个人在注销户籍时应当办理纳税申报。离境申报的义务主要是要求中国籍个人在注销户籍前结算并清缴个人此前未完税的部分（如有）；若在注销户籍前所有个人所得税均已足额缴纳，则在离境申报环节并不会产生额外的税负。同时，国家税务总局公告2018年第62号文件也进一步解释了离境申报规则所涵盖的具体范围，即个人需要在注销户籍时提前完成当年度的综合所得、经营所得的汇算清缴，对当年度的其他所得进行申报，并确保没有未缴或少缴税款的情况。另外，个人离境清税也应当包括确认个人在任何的税务检查和稽查的程序中没有欠缴的税款。可以预测的是，未来公安出入境管理部门在注销个人的户籍之前会要求自然人流程性地履行清税义务。

（三）高净值人士在应对征管实践中的反避税风险

2008年的企业所得税规定了反避税相关条款，特殊反避税和一般反避税在企业所得税征管实践中逐步成熟。随着经济全球化，个人财富不断积累，跨境业务高发，离岸地区、低税地区的信息不透明以及低税的优势给众多高净值人士搭建跨境结构避税提供了"土壤"，但个人所得税的立法上却没有相应的跟进。为防范自然人避税筹划，营造公平的税收竞争环境，针对自然人避税的特点，我国充分借鉴企业所得税反避税立法经验，增加相应的反避税条款，构建涵盖从企业到个人、体系完整的反避税防控制度体系；这种立法是借鉴例如美国、日本等OECD国家的反避税措施和条款的结果，旨在避免纳税人获取不当税收利益，从事激进的避税的立法安排。虽然在既往个人所得税征管实践中也有通过反避税的一些手段来维护税基、打击不当税收安排的执法行为，但是新个人所得税法从税收法定原则的高度出发、在立法中给予原则性规定还是一大突破。

新《个人所得税法》增加了第八条："有下列情形之一的，税务机关有权按照合理方法进行纳税调整：

（一）个人与其关联方之间的业务往来不符合独立交易原则而减少本人或者其关联方应纳税额，且无正当理由；（"独立交易"原则）

（二）居民个人控制的，或者居民个人和居民企业共同控制的设立在实际税负明显偏低的国家（地区）的企业，无合理经营需要，对应当归属于居民个人的利润不作分配或者减少分配；（"受控外国企业"规则）

（三）个人实施其他不具有合理商业目的的安排而获取不当税收利益。（"合法商业目的"规则）

税务机关依照前款规定作出纳税调整，需要补征税款的，应当补征税款，并依法加收利息。"

反避税条款的第一项是"独立交易"原则，该条款打击的是个人和关联方利用受控优势，采取不合理的低价进行交易，从而达到规避和减少个人所得税税款的安排。

新京报（2017年01月10日）刊登了《2016年朝阳地税局根据BEPS计划进行反避税调查》的文章：

2016年，朝阳区地税局根据BEPS行动计划中关于受控外国公司规则，成功发现朝阳区某企业通过在避税地设立受控外国公司转移利润的案例，并对其开展反避税调查。

经过朝阳区地税局深入核查发现，第一笔交易真实时间为2015年4月28日，中国香港H有限公司与维尔京B公司签订协议，转让维尔京B公司80%股权，协议约定转让价格为2.65亿人民币（分三次支付，第一次支付人民币1.5

亿元人民币）。第二笔交易真实时间为2015年5月5日，北京A公司原股东与香港S公司签订股权转让协议，以人民币2 105.84万元为交易对价，转让A公司100%股权，个人股东已在朝阳区地税局缴纳个税。对两笔交易进一步深入核查发现，维尔京B公司通过其他几家设立在避税地的公司间接持有香港S公司100%股权，而经过第二笔交易后，维尔京B公司实际间接持有北京A公司100%股权。维尔京B公司唯一控股股东徐某，正是A公司原控股股东闫某的妻子。根据税务总局《特别纳税调整实施办法（试行）》（国税发〔2009〕2号）中对关联关系的认定，A公司与香港S公司实际为关联公司，第二笔股权转让交易实际为关联方之间的交易。第一笔交易为非关联方交易，交易价格具有一定参考价值。

朝阳区地税局发现，两次交易的实际标的均为A公司，且对比第一笔交易，第二次交易价格明显偏低。A公司原股东闫某及其妻子徐某，可能通过在维尔京设立受控外国公司B公司，间接转让A公司股权，并将股权转让利润留在B公司。而根据税务机关调查发现，第一笔转让款中的1.5亿元，已经以借款方式转入闫某的个人账户。朝阳地税局认为，应该参考第一次交易价格，对A公司第二次股权转让价格进行调整。

总结下来，案例中的股东闫某和妻子徐某之间的股权交易属于关联交易，定的价格是2 000多万元，远远低于第一次股权交易（独立交易场景下）的1.5亿元，因此受到了主管税务机关的质疑，引发了相应的反避税风险。

反避税条款的第二项是"受控外国企业"规则（CFC规则），关于CFC规则（新个税法关于中国居民在境外低税区域控制企业反避税制度）的使用，在企业所得税法中的受控外国企业的反避税调查和调整均有公开报道的案例可以借鉴，但是个人所得税目前仅有概括性的原则条款。通常来讲，如果中国居民个人在境外成立了一个离岸公司，而该公司又没有任何实质性的经营活动，或者消极收入占总收入比例巨大，且长期不向自然人股东进行分配的，根据"受控外国企业"规则，中国税务机关可以启动CFC规则和反避税调查，会采取"视同分配"的方式将海外受控外国企业的分红纳入国内征收个人所得税。

反避税条款的最后一项为"合理商业目的"规则，其属于一般反避税领域的兜底条款。事实上，"合理商业目的"规则常见于企业所得税中非居民间接股权转让的商业目的和课税方式的判定上，此次个人所得税改革在立法层级给予借鉴和明确。

此前，《中国税务报》报道过一个深圳地税个人所得税一般反避税的案例：

深圳地税跨境追缴1368万元税款

近日，全国首例对非居民个人间接转让中国境内企业股权追征个人所得税1368万元在深圳市地税局入库，从而结束了长达半年的跨境税款追踪，实现了非居民个人在境外直接转让母公司股权，间接转让境内子公司股权征税个案突破，为拓宽反避税视角作出了有益探索。

据悉，某香港商人在港注册一家典型"壳公司"，注册资本仅有1万港元。2000年该公司作为投资方在深圳注册一家法人企业，专门从事物流运输，同时置办大量仓储设施。经过近10年的经营，子公司已经形成品牌企业，经营前景看好，而且由于房地产市场一直处于上升趋势，公司存量物业市场溢价很大。2010年，该港商在境外将香港公司转让给新加坡某公司，深圳公司作为子公司一并转让，转让价格2亿多元。对于港商个人取得的转让收益是否征税，税企之间存在很大分歧。经过反复调查和多次取证，深圳市地税局认为本案转让标的为香港公司和深圳公司，标的物业为深圳公司的资产，转让价格基础是深圳公司资产市场估价。鉴于香港公司在港无实质性经营业务，其转让溢价应大部分归属深圳公司资产增值。这种形式上直接转让香港公司股权，实质上间接转让深圳公司股权的行为，存在重大避税嫌疑。经请示税务总局，决定对其追征税款。

从报道中对于案例的描述可以看到，当事人虽然是对香港公司进行转让，但实质意义上转让了深圳公司的股权，出让了中国境内资产的利益，因此对于非居民个人也征收了个人所得税，此案属于一般反避税规则中应用"合理商业目的"规则的实际案例。

（四）OECD框架下税收合作和透明化带来的税务风险

为打击海外账户避税问题，经济合作与发展组织（OECD）在2014年的G20布里斯班峰会上，正式发布了金融账户涉税信息自动交换标准。其中有一个重要协议——共同申报准则（Common Reporting Standard，CRS）。简单地说，它就是各国政府互助合作、相互通报对方公民在自己国家金融资产信息的标准，以共同打击纳税人利用跨国信息不透明进行逃漏税及洗钱等行为。

而国家税务总局官网（http：//www.chinatax.gov.cn/aeoi_index.html）的信息显示，自2018年9月起，国家税务总局与多个国家（地区）税务主管当局第一次进行"金融账户涉税信息自动交换"，这意味着即使中国富人们不主动申报自己离岸账户，中国税务部门也将获得这些信息。

CRS所交换的数据对缔约国（地区）来说是非居民的金融账户信息，通过交换，把缔约国（地区）非居民金融账户涉税信息传递和交换给其居民管辖国（地区）；这样的交换能够迅速让居民管辖国（地区）掌握其税收居民在其域外的金融资产的情况。

因此，CRS重点针对和打击的对象有以下几类人群：

● 配置了大量海外金融资产且税收居民身份为中国居民身份的人。这些中国居民个人的财富积累以牺牲中国税收利益为前提，他们在境外持有大量的金融资产，不管是在境外通过交易服务等方式取得，还是在境内取得后通过某种方式转移出境，只要没有就这些应税的收入缴纳过个人所得税，就存在CRS下的风险。

● 在海外通过离岸的空壳公司从事贸易、金融资产投资的中国居民；对于囤积在境外离岸公司的利润，这些中国居民一直没有缴过税，由于CRS的披露规则一般将壳公司视为消极非金融机构，要求穿透识别其实际控制的自然人所持有的权益和身份，因此会给这些中国税收居民个人带来相应的税收风险，至少其海外的资产状况会通过交换网络传递到中国境内。

很多读者对于税务机关如何进行风险核查和如何进行涉税处理感到好奇，

在此举例释疑,《中国税务报》于2015年10月27日刊登:

5处豪华房产、6辆名贵汽车……中国移民夫妇与此不相符的低收入申报纳税引起了移民国的注意。利用移民国发出的跨国情报交换请求,广东省中山市地税局经过历时两年半的调查,最终找出了当事人持股企业的隐名股东,依法追缴个人所得税税款3 474.37万元。

嫌疑:跨国情报交换引发高收入移民调查

2015年7月16日,随着广东省中山市某企业最后一笔代扣代缴其隐名股东的利息、股息、红利所得项目个人所得税2 118万元的入库,一起利用跨国情报交换调查高收入移民的涉税案件终于画上了句号。本次情报调查核实工作历时两年半,共依法追缴税款3 474.37万元。

2012年末,C国税务局通过我国驻国际联合反避税中心(JITSIC)代表处向国家税务总局提出协助请求,希望我方提供中国移民X某和L某夫妇在华的收入和纳税情况。

X某和L某夫妇原籍中山,于2006年12月移民C国,并在C国一直按低收入申报纳税。但C国税务局掌握的资料显示,X某和L某两人在C国期间共购置了5处豪华房产、6辆名贵汽车,并在中山市内购置了3处房产、2块土地。X某银行账户同期有大量来自中国亲属的资金汇入记录,且汇入频率高、金额巨大。C国税务局怀疑两人没有如实申报在华财产和收入,存在避税嫌疑,因此通过国际联合反避税中心向我国发出税收专项情报,请求协助核查该夫妇在华收入和纳税情况。

排查:对情报涉税企业铺开调查之网

根据C国的情报线索,本次调查涉及当事人曾直接或间接持股的13家企业,这些企业分布在中国境内三个省份,其中8家企业在广东省,并全部在中山市辖区内。接到情报调查任务后,中山市地税局迅速成立专项工作组,制定工作方案,铺开调查之网。

中山市地税局税务人员通过征管信息系统迅速掌握情报所涉企业的税务登记信息、生产经营状况及当事人申报纳税情况等基础数据,并向本市公安、国土、工商、银行等相关单位发出协查文书，全面了解X某和L某夫妇两人的出入境情况、资产购置存量、股权拥有情况和资金流水信息等。通过对大量信息数据的梳理排查和归集统计，该局税务人员就C国提出的核查要求逐一研究，按时完成了情报核查及层报回复工作。

在此基础上，中山市地税局专项工作组延伸运用情报，进一步排查涉案人员在我国境内是否存在涉税违规的行为。专项工作组展开案头分析，对X某夫妇国内亲属2009—2011年度的纳税申报情况、双方借款合同等资料进行分析，对其借款能力及借款行为的真实性进行评估。另一方面，工作组溯查资金源头，重点对X某母亲银行账户的大额资金收支记录进行分析，筛选并锁定疑点企业。同时，对情报信息涉及的企业以及通过核查发现的其他关联企业的生产经营及申报纳税情况进行逐一排查。

破局：多次约谈取证终获关键信息

根据C国税务局多次传递更新的情报需求，中山市地税局专项工作组先后对X某和L某两人的国内亲属开展三阶段7人次的约谈取证，希望通过约谈获取国（境）内向X某银行账户汇入资金的相关信息，寻求线索及证据。约谈期间，税务人员虽多次向约谈人员宣讲税收政策和法律风险，试图运用心理攻势打开突破口，但进展却不理想。X某母亲以年事已高为由缺席，其他亲属在多次约谈后不再配合，调查一时陷入困境。

专项工作组迅速改变调查切入点，利用全市19家银行机构提供的涉案人员及其亲属名下银行账户的交易记录，筛查其中交易频繁且金额巨大的疑点企业和个人，最后将3家企业列为重点核查对象，通过对这些企业法定代表人开展约谈取证，最终，工作组获得了关键信息，即X某母亲为企业的实际投资者，企业向X某母亲大额转账的款项是向其借款。为此，工作组下户核查并调阅相关企业2005—2013年度财务报表、账册及凭证资料，核实X某母亲与企业间的资金往来情况。通过反复调查取证，确认了X某母亲以借款为由，长期套取其隐性持股企业的生产经营所得，再通过多名家族成员的香港银行账户逐步将国内投资所得向C国转移的基本事实。

收官：依法追缴税款 3 474.37 万元

依照有关规定，中山市某企业实际投资者 X 某母亲从投资企业处取得的借款，在纳税年度终了后尚未归还、又未用于企业生产经营的部分，应视同企业对其的红利分配。中山市地税局专项工作组依法要求企业按照"利息、股息、红利所得"项目代扣代缴 X 某母亲个人所得税共计 3 474.37 万元。

历时两年半的调查，前后翻阅核查了上万条银行账户交易记录、2 300 多条出入境记录、10 家企业横跨 9 年的工商登记及变更资料、9 宗不动产的产权登记材料，中山市地税局专项工作组经过不懈努力，有力地维护了国家的税收主权和税法尊严。

从此案不难看出，税务机关通过采用资金流向回溯的方法，找到资金流向海外、供海外华人夫妇进行消费的资金流向，接着直指资金源头，从而掌握这笔资金是否属于应税所得、有没有合规缴纳过相应的税费。正如税务机关所发现的，当事股东向多家公司借款，没有用于经营也没有合理的理由长期不归还，这些"借款"应被认定为企业给股东个人分配的"利息股息红利"所得，应对这笔应税所得进行征税，而当事人不但要补缴税款，还要缴纳滞纳金，而滞纳金的标准是日息万分之五，换算为年化利率约为 18.5%，在追征期内，纳税人违规时间越长，所付出的成本就越高。

在 CRS 自动情报交换领域，涉及的高风险信息也会通过上述方式进行核查，高净值客户在应对跨境的情报交换上需尽早进行自我梳理，及早发现存在的风险和税务问题，避免更大的损失。

（五）特殊行业的"两高"人群的涉税风险

新《个人所得税法》实施之后，税务主管部门对于占税收贡献比例较大的"两高人群"（即高收入和高净值两类人群）逐步提高关注，重点监控其税务指标和税收变化情况。除了传统的企业家、上市公司高管、金融从业者外，从事高溢价活动的文艺创作、文化创作人群也引起税务主管部门较多的关注。本节所述的特殊行业的高净值人士指的是收入较高的演艺人员、书画家、音乐家以及现在较火的线上直播行业的"主播网红们"。

以从事演艺行业的艺人为例，他们的收入主要有以下几类：作为主演主创/经纪公司或者影视制作公司选定其作为演职人员所取得的劳务收入、代言所获得的劳务收入、以自己成立的工作室名义取得的相关经营所得。由于商业的安排，艺人收入支付方式不一致使得收入的形式也不一致，从把控税务风险的角度看，第一，要正确拟定合同条款，理清交易形式和收入性质，避免出现因收入确认角度争议引发的税务问题；第二，不管是劳务报酬、经营所得都会面临新个人所得税法下的汇算清缴义务，及时申报、正确统计/会计处理并及时入库均是法律要求。如果不能正确、及时申报，艺人们很可能会触发前文提到的"偷税"的税务法律风险。此外，更不能在处理经营所得时，为减少应税收入，以"买票"的方式来冲账做成本，如此行事会涉及"虚开增值税发票"等法律风险。

某影视艺人在2018年因公开实名举报被税务机关进行调查，其因为对涉及不同主体、不同交易形式的税务处理不当，进而引发相关税务风险。

根据新华网的报道，税务机关公开了调查核实情况，该艺人在电影拍摄过程中实际取得片酬3 000万元，其中1 000万元已经申报纳税，其余2 000万元以拆分合同方式偷逃个人所得税、营业税及附加。此外，还查出其担任法定代表人的企业少缴税款。

对于查实的违法行为，根据国家税务总局指定管辖，江苏省税务局依据《中华人民共和国税收征管法》第三十二、五十二条的规定，对其担任法定代表人的企业追缴税款并加收滞纳金；依据《中华人民共和国税收征管法》第六十三条的规定，对该艺人采取拆分合同手段隐瞒真实收入偷逃税款处4倍罚款，对其利用工作室账户隐匿个人报酬的真实性质偷逃税款处3倍罚款；对其担任法定代表人的企业少计收入偷逃税款处1倍罚款；依据《中华人民共和国税收征管法》第六十九条和《中华人民共和国税收征管法实施细则》第九十三条的规定，对其担任法定代表人的两户企业未代扣代缴个人所得税和非法提供便利协助少缴税款各处0.5倍罚款。

此后，中宣部等五部门下发通知，要求自2018年10月起开始规范影视行业税收秩序。截至2018年底，自查申报税款117.47亿元，已入库115.53亿元。可见，税务主管部门对高净值、高收入的特殊群体加强征管措施、维护税基不受侵蚀的成果是显著的，从涉及的税款数额看，该类高收入和高净值人群的税务风险非常大。

除此之外，随着电商行业的发展，电商带货热火朝天，而"网络主播""网红经济"一时间也成为很多热衷于内容创作、展示自己的年轻人热衷的职业；在流量时代，网红们的收入增长迅速、财富积累惊人，这些高收入网红们的纳税情况也成为税务机关关注的重点。

《中国税务报》在2017年发布了一条新闻：

"北京市朝阳区地税局披露，位于朝阳区的某网络直播平台2016年支付给"网红"的收入3.9亿元，未按规定代扣代缴个人所得税。最近，在税务机关的督促下，补缴了应代扣代缴的税款和滞纳金6 000余万元。

直播平台的快速发展，使得网络主播的身价也迎来了三级跳。网络主播通过直播歌舞表演、与网友视频聊天，得到网友的打赏，年收入可达几十万元甚至上百万元。针对"网红"经济这一新兴业态快速发展的现状，北京市朝阳区地税局及时将其涉税风险点纳入了监督检查，运用大数据实施精准管理，堵塞税收漏洞。

税务人员对几大直播平台的运营规模和缴纳税款情况展开对比分析，发现某直播平台的纳税情况可能存在很大的问题。这家知名大型直播平台有数百位"网红"入驻，活跃用户数百万，但所有的"网红"都没有代扣代缴个人所得税。税务人员决定以这个直播平台为突破口，破解直播平台存在的税收问题。

但由于"网红"经济是个新生业态，如何测算收入是一个现实的难题。

通过几次下企业开展核查，税务人员终于搞清了直播平台网络主播的收益和提现方式。原来，该平台的网络主播通过获得各种礼物打赏，实际上是收取了粉丝购买的虚拟货币X，再将其兑换成虚拟货币Y，就能通过支付宝提现，在兑换过程中直播平台则按一定比例提成。而这家企业自成立以来确认的所有收入，均未包括支付给网络主播的个人分成收入，也未给其代扣代缴个人所得税。

为此，税务人员向该负责人宣传了税法的相关规定，因"网红"主播是依靠平台取得收入的，代扣代缴个人所得税的义务应该由平台承担，而不能由支付宝等第三方负责。最终，税务机关依法对"网红"收入应缴个税进行了追征。

由此可见，由平台支付网红相关打赏报酬的，平台作为支付方要履行代扣代缴的义务。而这个案例如果出现在2019年新的《个人所得税法》实施之后，税务机关除了要追究平台方作为扣缴义务人应扣未扣的责任外，还得追究网红个人作为纳税人未按照要求进行个人所得税汇算、申报的法律责任。

事实上，自2021年以来，全国各地的税务机关利用大数据发现了网络直播行业主播的涉税风险，查处了一批网络主播通过隐匿个人收入、虚构业务转换收入性质进行虚假申报等手段偷逃税款的行为，追回税款和滞纳金，并对违法行为进行了处罚。

近些年，电子商务发展迅速，带动了网络主播带货、平台经纪等多种新鲜的业态。因为业务形态新、盈利模式多样、交易来往频繁密切，加上网红经济分散性强，滋生了偷税漏税。通过私下点对点交易分散收入、通过各类阴阳合同改变收入性质或通过设立个人工作室、开设公司等方式避税的不在少数。行业头部主播的团队和主播个人收入高，纳税状况无法和收入规模相提并论也是事实。

网红主播们享受了时代的红利，却逃避与其取得红利相匹配的纳税义务，违背了税收公平的原则；税务部门加强对新经济、新业态的税收监管和规范，发挥税收大数据作用，查处并曝光重大典型的偷逃税案件，是对全行业合规纳税的积极引导，同时也是对偷逃税违规行为的震慑。网红主播们除了在税务机关的辅导下积极组织自查自纠外，也要清晰认识到新征管形势下的税收风险，梳理经营活动的交易形式可能涉及的税务问题：比如网红主播设立工作室和平台进行交易安排的，要积极建账建制，依据会计准则清晰记载工作室的收入、成本和费用，而不能依旧认为自己的工作室只是一个收款开票的"空壳"，在没有人员、资产和实质运营的情况下向平台开票收款，这样很容易引发"虚开发票"和"偷税"的风险。

二、税务风险防范

第一，高净值人士不能公私资产混同，要做到"公私分明"。

在向家族企业、企业家提供税务、法律专业服务的过程中，我们发现企业家们常常将公司和自己的财富混为一谈，认为企业是自己经营管理的，那么企业账面的资产、收入也就是自己个人的，更有甚者认为"有限责任公司"只有一道所得税，交完了企业所得税，钱就是自己的。基于这种错误认识，企业家会给财务人员错误指示、进行错误操作，例如直接从账面上以股东借款方式、挂白条方式将企业资产直接给予股东，这种操作给企业家带来税务及其他法律风险。

除了认为公司的钱就是股东的钱、通过不当的会计处理来使用公司的资产外，家企混同还有其他的表现形式，如：家族成员控股的公司之间发生关联交易、股东以企业资产进行抵押融资、股东虚假出资等，上述违法行为将给企业家带来民事债务责任、行政处罚责任、刑事处罚责任三重后果。

就防范税务风险而言，第一步就是做到公私分明，在家和企业之间搭起防火墙，把企业的资产、个人的财富来分别看待，搭建企业治理制度体系，逐步健全企业的财务制度，建立起个人所得的纳税意识。

第二，高净值人士要正确区分个人所得的收入种类，清楚申报义务和相关法律责任，对税法有敬畏之心。

在执业过程中，经常会遇到企业家向我们解释或是向税务部门解释"平时工作重点都在拓展业务上，不了解相关税务法规和处理方式"，税务机关的稽查检查是代表国家公权力，就违法行为进行的调查取证、处理，尽管税务机关知道企业主所言不虚，但也不能因为同情而影响事实认定和法律适用。

高净值人士应在经营企业时与税务专业人士做朋友，聘请专业的财务人员进行规范的账务处理。敬畏规则、敬畏税法是高净值人士做好风险防范的第二步。

高收入和高净值人士不能轻信谣言、忽视专业，要选择合适的规划路径，不能采取过于激进的方式来规避纳税义务。市场环境千变万化，交易模式的创新、技术的革新都非常迅速，而规则的制定总是滞后于实务的发展。企业经营不可能在"真空环境"中开展，风险和不确定性是必然存在的，税务机关对于大企业的税收管理都存在着对于法律、政策的理解与执行不一致的情况，更何况对于广大处于发展初期的中小型企业。企业家在经营活动中，可进行一些合理的税务规划，节约税负，但在税务规划时不能偏听偏信，一定要尊重业务的实质、尊重客观的规律和现行国家政策法规，不能随意创设条件来激进避税。

三、高净值个人的税务规划和隔离手段

（一）注重控制结构的搭建，用好企业的各类组织形式

大众创业、万众创新的热度不减，个人只要在一个行业和专业领域深耕，往往能够迅速作出成绩、积累财富。高净值人士在从事经营、投资或者是融资的过程中，进行风险隔离的第一步是选择一个适合自己业务的经营方式，即选择企业的组织形式。从税务的角度来说，企业有以下几种组织形式，对应不同的风险承担和税务处理方式，如表8-1所示：

表8-1

经营组织形式	适用场景	税务处理	股东法律责任
个体户	适合个人工作室、个人文化、培训或建筑施工、饭店等	从业形式多样，按5%—35%超额累进税率依规定计算生产经营个人所得税，但多数存在所得税核定征收	个体户以其所有财产对外承担责任
个人独资企业	适合个人以企业方式运营，但是承担无限责任	同上	个人独资企业投资人对企业债务承担无限责任

续表

经营组织形式	适用场景	税务处理	股东法律责任
合伙企业	2—50人，分无限责任人与有限责任合伙人	合伙人按分配比例计算，以5%—35%超额累进税率规定计算生产经营个人所得税	普通合伙企业由普通合伙人组成，合伙人对合伙企业债务承担无限连带责任。有限合伙企业由普通合伙人和有限合伙人组成，普通合伙人对合伙企业债务承担无限连带责任，有限合伙人以其认缴的出资额为限对合伙企业债务承担责任
有限责任公司	广为接受的经营主体，隔离企业家风险	企业所得税，通常是25%，享受优惠税率可以是15%、10%、免税等	有限责任公司的股东以其认缴的出资额为限对公司承担责任

从现代经济发展和管理学角度看，公司是企业家和股东们谋求个人商业目的、利益最大化的一种最佳方式，经营者选择公司制度源于公司制度的两大基石"有限责任"和"独立人格"，这两大基石能保证公司独立于股东、管理者个人。在涉及债权债务的民事风险、税收违法的行政风险的应对上，股东是以对公司的出资为限，承担有限责任。例如，因为税务政策的理解偏差，公司被税务机关追缴税款和滞纳金，且由于违法时间较长导致滞纳金金额较大、公司资产不足以清偿，公司可以向人民法院申请破产。

需要注意的是，不同税务违法行为导致的法律后果不同。虚开增值税发票，金额巨大的，就不单是公司承担相应责任，税务机关会将案件移送公安机关，从而追究股东个人刑事责任。

（二）保险——递延纳税及税前扣除

高净值人士以自己的税后收入投保的，保险的性质是保障性、补偿性的，发生意外或者是满足保险赔偿条件所获得的赔付是免于征收个人所得税的，《个人所得税法》对此作出明确规定。

此外，税务机关在进行检查稽查时，根据《税收征管法》规定，可以对以下财产采取强制执行措施：

"（1）书面通知其开户银行或者其他金融机构从其存款中扣缴税款；

（2）扣押、查封、依法拍卖或者变卖其价值相当于应纳税款的商品、货物或者其他财产，以拍卖或者变卖所得抵缴税款。

个人及其所扶养家属维持生活必需的住房和用品，不在强制执行措施的范围之内。"

实践中，如果纳税人投保了以其生命或者身体安全健康作为保险标的的人寿保险，且保险费已经缴纳，在没有法律条文授权税务机关解除保险合同、执行其现金价值时，税务机关很难强制执行保单的利益。

除了保险的隔离功能，某些险种还有税务上的递延纳税或者税前扣除作用。举例如下：

1. 商业健康保险

个人购买符合规定的商业健康保险产品的支出，允许在当年（月）计算个人所得税应纳税所得额时予以税前扣除，扣除限额为2 400元/年（200元/月）。取得工资薪金所得、连续性劳务报酬所得，或者是经营所得的纳税人均可以享受该税前扣除的政策。在实务中，在享受政策时需要填报保单的税优码进行扣除。

2. 企业年金

企业年金，是指根据《企业年金试行办法》（原劳动和社会保障部令第20号）的规定，企业及其职工在依法参加基本养老保险的基础上，自愿建立的补充养老保险制度。

为促进我国多层次养老保险体系的发展，财政部、人力资源社会保障部和国家税务总局联合下发了《关于企业年金、职业年金个人所得税有关问题的通知》（财税〔2013〕103号，以下简称《通知》），明确自2014年1月1日起，实施企业年金、职业年金个人所得税递延纳税优惠政策。

根据《通知》的规定，对单位和个人不超过规定标准的企业年金或职业年金缴费，准予在个人所得税税前扣除；对个人从企业年金或职业年金基金取得的投资收益暂不征收个人所得税；对个人实际领取的企业年金或职业年金按规定征收个人所得税。

企业年金个人所得税递延纳税优惠政策具体如下：

（1）年金缴费

①单位缴费部分：企业和事业单位（以下简称"单位"）根据国家有关政策规定的办法和标准，为在本单位任职或者受雇的全体职工缴付的企业年金或职业年金（以下简称"年金"）单位缴费部分，在计入个人账户时，个人暂不缴纳个人所得税。

②个人缴费部分：个人根据国家有关政策规定缴付的年金个人缴费部分，在不超过本人缴费工资计税基数的4%标准内的部分，暂从个人当期的应纳税所得额中扣除。

超过以上规定标准缴付的年金单位缴费和个人缴费部分，应并入个人当期的工资、薪金所得，依法计征个人所得税。税款由建立年金的单位代扣代缴，并向主管税务机关申报解缴。

③缴费工资基数：企业年金个人缴费工资计税基数为本人上一年度月平均工资。月平均工资按国家统计局规定列入工资总额统计的项目计算。月平均工资超过职工工作地所在设区城市上一年度职工月平均工资300%以上的部分，不计入个人缴费工资计税基数。

（2）年金基金投资运营

年金基金投资运营收益分配计入个人账户时，个人暂不缴纳个人所得税。

（3）领取年金

第1项：个人达到国家规定的退休年龄，领取的企业年金、职业年金，符合《财政部　人力资源社会保障部　国家税务总局　关于企业年金　职业年金个人所得税有关问题的通知》（财税〔2013〕103号）规定的，不并入综合所得，全额单独计算应纳税款。其中按月领取的，适用月度税率表计算纳税；按季领取的，平均分摊计入各月，按每月领取额适用月度税率表计算纳税；按年领取的，适用综合所得税率表计算纳税。

第2项：对单位和个人在2014年1月1日企业年金征税新政实施之前开始

缴付年金缴费，个人在2014年1月1日之后领取年金的，允许其从领取的年金中减除在2014年1月1日之前缴付的年金单位缴费和个人缴费且已经缴纳个人所得税的部分，就其余额按第1项的规定征税。在个人分期领取年金的情况下，可按2014年1月1日企业年金征税新政实施之前缴付的年金缴费金额占全部缴费金额的百分比减计当期的应纳税所得额，减计后的余额，按照第1项的规定，计算缴纳个人所得税。

第3项：个人因出境定居而一次性领取的年金个人账户资金，或个人死亡后，其指定的受益人或法定继承人一次性领取的年金个人账户余额，适用综合所得税率表计算纳税。对个人除上述特殊原因外一次性领取年金个人账户资金或余额的，适用月度税率表计算纳税。

企业年金个人所得税递延纳税政策出台后，企业年金参保者均可享受递延纳税的好处，而且还会在一定程度上降低个人所得税的税负。

3.个人税收递延型商业养老保险

2018年4月，为推进多层次养老保险体系建设，对支持发展养老保险第三支柱进行有益探索，财政部、税务总局、人力资源社会保障部、中国银行保险监督管理委员会、证监会根据国务院常务会议精神，联合下发《关于开展个人税收递延型商业养老保险试点的通知》（财税〔2018〕22号，以下简称《通知》），规定自2018年5月1日起，在上海市、福建省（含厦门市）和苏州工业园区实施个人税收递延型商业养老保险试点。试点地区个人通过个人商业养老资金账户购买符合规定的商业养老保险产品的支出，允许在一定标准内税前扣除。计入个人商业养老资金账户的投资收益，暂不征收个人所得税。个人领取商业养老金时，再按规定征收个人所得税。

通过购买税收递延型商业养老保险，投保人可以在税前列支保费，等到将来领取保险金时再缴纳个人所得税，这样可以在一定程度上降低个人的税务负担。

（三）信托——递延纳税及复杂税务安排

除了隔离功能，信托还有税务递延功能，利用好信托可以实现企业、企业主的税负递延和节约。例如，在海外上市架构中，很多企业家都在境外搭设了企业实控人的家族信托以及员工激励信托。实控人的家族信托较为常见，如小米、海底捞等企业在上市前都搭设了实控人的家族信托。员工股权激励信托较为新颖，员工激励信托是指在上市前，拟上市公司为了对公司核心员工和高管团队进行股权/期权激励而设立的信托，该信托通过红筹架构进行搭建，主体通常包括设立人（拟上市企业）、受托人（如信托公司）、受益人和咨询委员会，信托下设一层SPV（特殊目的公司，一般是BVI公司），SPV可以持有设立人的各类资产，放入信托中的资产通常是设立人已有股权或股票期权。如果设立信托时机得当，对应股权的价值不高，股票期权放入信托时，核心高管和员工对应的个人所得税税负不会太重，在能够承受的范围内。信托设立完成，目前中国税务机关不对信托持有期间的收益进行课税，信托未来产生的股票减持收入，只要信托不分配给受益人，也有隔离和纳税递延的效果。

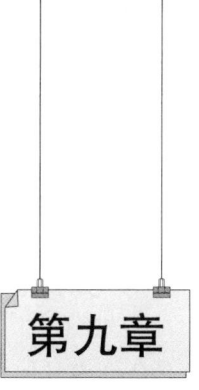

第九章

其他——隔离与保护方案的基础环境

资产隔离是一个很庞杂且实操性强的话题，它涉及面广，实务中往往横跨金融、法律、外汇、税务等领域。前几章，我们以隔离与保护为导向，讨论了经常采用的方法、手段，但隔离与保护的方法并不是自我独立运行的，必须与其他因素相结合，这些因素构成了隔离与保护方案的基础环境。

在方案规划及落地过程中，高净值客户经常会遇到外汇管理、反洗钱调查及跨境执行法院裁判、个人破产的问题，它们并非是资产隔离的方法，但是与资产隔离操作息息相关，甚至是成功实操的关键要素。在第七章，我们已经讨论了外汇管理项下的主要关切点——资金出境。在本章，我们将重点谈反洗钱、跨境执行及个人破产。

一、反洗钱——魔高一尺道高一丈

美剧《绝命毒师》讲述了一个离奇的故事，男主角 Walter White 原是一名普通的高中化学老师，安分守己、兢兢业业，但在50岁生日之际竟然发现自己罹患癌症晚期，于是毅然干起了制作冰毒的勾当，想趁人生最后时光"大干一场"，好给妻儿留些积蓄。Walter 先是通过他的一个学生 Jesse Pinkman 出货，因为 Walter 技术好，他制作的冰毒十分畅销，没过多久，就赚了第一桶黑金。他把钱藏了起来，但是这不是长久之计，他需要洗钱、让钱看上去来路正当。于是他的一个律师Saul Goodman想了个办法，找到他的黑客朋友通过Walter儿子建立的癌症捐款网站，一小笔一小笔地匿名捐款，达到洗钱目的。随着Walter生意越做越大，他的妻子知道了他的生意，虽然她很生气，但最终还是帮助丈夫一起洗钱。她买了很多数额较小的汇票，分别存往不同的银行账户。过了一段时间，Walter被大毒枭Gustavo Fring发掘，一起开了个大型工作室。随着经营扩大，收入几何倍增长，洗钱需求再一次升级。律师Saul曾建议他们投资一家反斗娱乐城，但是被Walter拒绝了，大毒枭Gustavo开了家连锁烤鸡店"Los Pollos Hermanos"用以洗钱，他就依葫芦画瓢收购了一家洗车店，将制毒所得收入伪装成洗车店的收入。然而他们的非法收入实在太多了，普通洗钱渠道已经完全不能满足需求，就只能直接把钱堆到了一个偏僻的仓库里。最后Walter没有死于癌症，而是在一场枪战中丢了性命，可谓是令人唏嘘。这部影视剧关于洗钱的情节展现了洗钱的几个基本阶段，即处置、离析、融合。

高净值人士在与金融系统发生业务关系时，会受到很多审查，其中反洗钱审查作为金融系统的合规底线是最重要的审查内容。资产隔离天然涉及分离实际受益人与名义所有人、对于实际权益所有者进行隐私化处理等操作，这些操作很可能被反洗钱审查机制反制。因此，了解反洗钱基本知识，有助于客户应对反洗钱调查，特别是在进行域外资产配置时，应对反洗钱调查更是所有配置的基础。

"洗"是比喻，意指将脏钱漂白，洗钱是指掩饰犯罪所得的非法资金、掩盖其真实来源的过程；肮脏的犯罪所得经历了某种转化过程，以一种完全不同的形式呈现，隔断犯罪所得属性，变得"干净"或者合法。洗钱可以是简单的将脏钱存入银行，也可以是非常复杂的跨国交易。只要存在某种"安排"，涉及到犯罪收益，洗钱就会发生。产生犯罪收益的行为被称为"上游犯罪"，上游犯罪是由犯罪客户实施的，随后任何协助实施隐瞒或掩饰上游犯罪收益的人都是洗钱者。

（一）国际政策演变

从历史上看，反洗钱政策和立法是全球打击毒品贸易的副产品。政府和执法机构意识到，打击毒品交易本身是极其困难的。因此，他们决定打击从事生产、运输和分销的犯罪组织的利润，其战略理论是，如果打击、削减、阻断从事毒品走私的犯罪组织所获得的利润，那么就攻击了该组织本身，使其资金匮乏。如果能阻止贩毒集团从其犯罪活动中获得任何利益，那么，这个组织就会消亡。

到了20世纪80年代，人们开始清楚地认识到，同样的政策不仅可以用于打击毒品交易，也可以用于打击所有有组织的犯罪。"反洗钱"政策扩大至打击所有犯罪行为的收益，而不仅仅是贩毒。

随后，国际社会在20世纪末采取了诸多打击恐怖主义融资的措施，"911"事件更加有力地推动了反恐怖主义融资的国际控制（CTF）。许多司法管辖区在2001—2003年推出了新的"反恐怖主义融资"法规，大多数司法管辖区现在将"反恐怖主义融资"和"反洗钱"法律作为同一程序的一部分来执行。

2008年金融危机发生后，为避免衰退而产生的巨额财政赤字，许多G20国家政府开始使用"反洗钱"措施来打击逃税。

（二）洗钱三步走

在研究打击洗钱的政策和法律之前，我们需要先了解洗钱过程本身。

洗钱通常需要一大批专业人士协助：银行家、受托人、律师、会计师、房地产经纪人、经纪人等。有些专业人士故意提供帮助，以赚取他们的费用，另一些人则在视而不见的情况下提供帮助，而大多数协助是在不经意、无意识地情况下发生的，这些人的合法服务被滥用。

2020年9月，美国财政部下设的金融犯罪防制署（FinCEN）文件泄露，揭露了摩根大通、汇丰、渣打集团、德意志银行、纽约梅隆银行等大型金融机构的又一桩丑闻。此次FinCEN文件共计泄漏了2 657个文档，其中核心是2 100个可疑活动报告（Suspicious Activity Reports，SARs）。SAR显示，1997—2017年，有2万亿美元的交易被认定为可疑活动，其中，摩根大通涉案金额达5 140亿美元、德意志银行涉案金额达1.3万亿美元、渣打银行达1 661亿美元。

FinCEN文件中还揭露了银行、个人转移赃款的一系列交易细节："汇丰银行曾经经手一场庞氏骗局的资金，允许欺诈者将数百万美元赃款转移到世界各地；摩根大通让一家不明身份的公司转移了超过10亿美元的资金，而后发现该公司的拥有者可能是黑手党头目、FBI十大通缉犯之一；德意志银行涉嫌帮助犯罪组织、恐怖分子和毒贩洗钱；巴克莱银行涉嫌为俄罗斯亿万富翁罗滕贝格开设秘密账户，帮助罗滕贝格逃离制裁、进行洗钱（2014年美国和欧盟对他实施了金融限制）。"国际金融报.这些你耳熟能详的世界级银行，竟然都在洗钱！［EB/OL］.［2020-09-21］.https：//www.yuanben.io/article/fa752371-6962-45c5-8170-c9349894e2f7.

FinCEN文件显示，2013年和2014年，汇丰银行在涉案金额达到8 000万美元、名为WCM777的投资骗局中，允许欺诈者通过其美国业务将资金转移到其香港的账户。这项投资骗局由一名居住在美国的中国男子徐明（音译，PhilMingXu）发起，受害人主要分布在美国、哥伦比亚和秘鲁的贫困社区。徐明最终在2017年被中国政府逮捕，并被判入狱3年。美国加州监管机构早在2013年9月就告知汇丰银行正在调查WCM777案，并提醒汇丰银行注意欺诈行为，汇丰方面也确实发现了通过其系统进行的可疑交易，但直到2014年4月，在美国证监会（SEC）提出指控后，汇丰在香港的WCM777账户才被关闭。清远传媒.汇丰银行又陷洗钱大丑闻？只因这份机密文件被悄悄公开［EB/OL］.［2020-09-22］.http：//www.gdqynews.com/money/20200922/400584.html. 美财政部货币监理署（Office of Comptroller of Currency）规定，初次侦测到可疑交易后，银行须在60天内提交可疑活动报告。然而，部分案例中，交易都已处理完毕，银行却在数月甚至数年后才提交报告。

FinCEN文件还显示，2011—2017年，汇丰发现了超过15亿美元的可疑交易，其中约9亿美元与各种犯罪活动有关，但是汇丰提交的可疑活动报告没有包括有关客户的关键事实、账户的最终受益所有者以及资金的来源。同时，汇丰因为2000至2006年违反了美国关于制裁和禁运的法规，进行了超过6.6亿美元的业务，而被美国司法部"盯上"，最终汇丰银行以承受高达19.2亿美元罚金的条件与美国司法部以"暂缓起诉协议"的形式达成和解。FinCEN文件中还披露其他银行也定期为在保密管辖区（避税天堂）注册的公司处理交易，至少有20%的报告涉及世界最大的离岸金融避风港之一英属维尔京群岛的客户，还有许多报告显示的客户地址是在英国、美国、塞浦路斯、阿拉伯联合酋长国、俄罗斯和瑞士等。国际金融报.这些你耳熟能详的世界级银行，竟然都在洗钱！［EB/OL］.［2020-09-21］.https：//www.yuanben.io/article/fa752371-6962-45c5-8170-c9349894e2f7.

洗钱的形式多种多样，但洗钱过程可以分为三个阶段：第一，处置，将犯罪活动所得的现金存入银行系统。第二，离析，通常涉及创建一个复杂的交易网络进行交易，旨在隐藏资金的真实来源。第三，融合，在处置、离析后犯罪收益的身份已被充分掩饰，资金似乎来自合法来源，这时便可将犯罪收益重新纳入主流经济体系。

1.处置

参与有组织犯罪的人往往以现金和小面额货币的形式获得大量资金，洗钱过程的第一个阶段是将现金注入金融系统。资金处置虽然可以通过许多方式实现，但却是洗钱犯罪分子最容易暴露、最容易被识破的阶段。

将犯罪所得注入银行系统最显而易见的方法是将赃款存入银行账户。在20世纪70年代，从事洗钱活动的人会把钱装箱拉到银行存入现金，然后把资金转移到海外。因此，执法机关要求银行加强控制，引入"客户尽职调查"或"了解你的客户（KYC）"的概念。美国的一项创新是要求银行机构以现金交易报告的形式报告所有超过10 000美元的现金交易，包括存款和取款。墨西哥和澳大利亚也建立了类似的机制。

犯上游罪行的人必须采取更隐蔽的手段，在不引起有关金融机构注意和触发报告程序的情况下，将他们的赃款存入系统，存入系统的现金越多，向司法机关发出资金可能来自非法来源的警报的风险就越大。因此，洗钱者发展了一些策略，以避免怀疑或提交现金交易报告，以下只是其中的一部分：

（1）伪装存款

洗钱者通常把一笔大额存款分成数笔少于10 000美元的小额交易，这个概念通常被称为"smurfing",往往通过下述方法完成:连续几天将多笔存款存入一个或多个账户;用假身份在同一家银行的不同分支机构开立多个账户进行存款;使用不同的银行,然后合并账户;将现金存入律师、房地产代理、经纪人、证券公司等第三方账户;贿赂银行职员协助存入现金,他们自己操纵存款,使资金看起来似乎低于报告的门槛,或根本无须提交现金报告。

(2)货币工具的使用

洗钱者可能购买货币工具(如汇票、邮政汇票、旅行支票或银行汇票),通过这种方式,他们将街头资金转换成金额相对较小的货币工具,然后将这些资金存到不同机构,并将这些资金整合到海外。

(3)混合

洗钱者经常将犯罪所得与合法所得混在一起,以掩饰资金的属性。混合通常涉及使用有合法业务的企业,将合法业务的现金收入混入犯罪所得的现金存入金融系统,合法业务通常为零售和杂货店、餐厅或货币兑换点,这些业务能合法大量收取现金,且不会引起金融系统或执法机关的怀疑。

对于洗钱者来说,还有一种更便宜但风险更高的选择,那就是建立一个壳公司。壳公司不拥有实物资产,也不进行交易,就是一家纸面公司。洗钱者为壳公司开设账户,把赃款存进去,假装这些钱是壳公司的收入。

(4)购买资产

洗钱者可能使用他们犯罪活动取得的现金购买资产,而不是将这些收益直接存入银行系统。房地产、钻石、黄金和其他贵金属、艺术品和古董都很受洗钱者欢迎,其他资产也可以用来洗钱。购买之后,洗钱者可以出售这些物品并转换成现金或者将资产运输到海外后再转换成现金,然后存入银行。

(5)投资金融产品与金融服务

洗钱者可能会用现金购买金融产品,如共同基金、大额人寿保单或债券,然后赎回以供使用或进一步离析。

2.离析

一旦犯罪收益成功地进入金融系统,洗钱者就可以进行无数笔交易和转账，以掩盖审计文件的踪迹。在这一阶段，洗钱者的目的是切断调查线索，并在非法所得资金的来源和它们的现状之间做到尽可能多的物理和纸面上的隔离。

洗钱者通常会将非法资金转移到另外一个离岸司法管辖区，使这些资金超出本国执法机构的直接管辖范围，执法机构的管辖范围一般限于最初犯罪活动发生的地理区域，加之离岸银行的保密条款，这种资金转移常常使反洗钱调查铩羽而归。

在洗钱过程的这一阶段，可能使用若干不同类型的交易来掩盖犯罪收益，并使资金来源在世界交易的洪流中被淹没。从历史上看，离析曾经是一件简单的事情，洗钱者可以指示银行将资金电汇到另一个管辖区的另一个账户。不过随着时代的进步和执法力量的加强，越来越多的离析套路出现，洗钱者在世界各地成立代理公司，使这些公司从表面上看存在交易往来。这种类型的交易可以在遥远的地方迅速进行，涉及离岸司法管辖区注册的许多公司，涉及的流动资金往往是对出售的货物或提供的服务（实际上并不存在）的付款。表面上的合法商业交易遮掩了刻意资金流动的痕迹，致使执法机关无法追查。

3. 融合

融合是犯罪收益回归合法经济体系的最后一个阶段。犯罪资金最初存入金融系统，随后通过足够数量的交易和电汇进行清洗，重新融入主流经济体系。为此，洗钱者希望这些资金现在以合法收入或来源可接受的资本的形式出现。此外，洗钱者使用了许多方法将资金重新纳入合法经济。这些方法通常包括使用某一离岸公司作为匿名账户持有人提供的服务，该公司实际上从犯罪所得中获利，通过将资金伪装成某种形式的合法支付或交易，将资金转移回国内，为犯罪组织谋取利益。举例如下：

（1）贷款

资金可以从洗钱者控制的离岸账户转移，使资金其看起来像是离岸公司向接收方提供的贷款。众所周知，洗钱者实际上会为这些所谓的贷款支付利息，并将这些利息算作一项业务费用，以抵销他们在国内的税负。

(2)虚假交易

虚假交易让洗钱者控制的离岸账户支付的款项看起来像是真实交易的收益。例如,一笔房地产交易,或知识产权使用费,或信托基金的分配,或是通过虚假交易,使得离岸公司看起来从洗钱者那里购买了货物或服务,并在发票上以严重夸大的价格显示出来。

(3)继承/受赠

洗钱者在海外持有的资金可能会作为赠与或作为继承财产被转移到国内。

(4)赎回人寿保单或类似投资

洗钱者将资金存入保险公司,在一段时间后将保单退保(或以保单为抵押借款),从而使这笔资金看起来来源合法。

(三)反洗钱执法的困难

由于洗钱的隐秘特性,洗钱的范围无法准确计算。多年来,人们对洗钱数额进行了各种推测:经合组织(OECD)估计,每年全球国内生产总值的2%到5%被清洗,金额在5 900亿美元到1.5万亿美元之间。洗钱和有组织犯罪在某种程度上涉及社会经济、政治的方方面面。在经济上,它对汇率和利率有影响,因为大量资金从一国转移到另一国,从而影响到通货膨胀、就业和经济稳定;在社会层面上,它往往导致一种不被课税和不受管制的地下经济的发展,洗钱所导致的税收流失往往会产生国家预算问题和政府财政赤字。

基于洗钱行为的巨大危害性,各国/各地执法当局一直将打击洗钱作为重要任务,但是执法当局在侦查、调查和起诉洗钱犯罪行为上面临相当大的困难。

1. 发现

洗钱者在资金处置阶段是最易露出马脚的,并且容易受到来自四面八方的"攻击",不过在此阶段,洗钱者的机敏、想象力和创造性也会被充分调动起来,使得侦查工作变得困难异常。即使金融服务提供商怀疑存在洗钱犯罪行为,他们因受到保密义务的约束也仅仅只是终止合作关系,而不会向有关部门报告此事。一旦犯罪收益在未被发现的情况下进入金融系统，由于全球电汇和货币转账的庞大交易数量，在后期离析阶段几乎不可能被确定为赃款。

另外，某些司法管辖区和金融服务对洗钱者更有利。洗钱者不喜欢透明的信息制度，他们更喜欢财产信息高度保密的司法管辖区。离岸公司之所以对洗钱者有吸引力，是因为当地的代理服务让他们更容易将自己的身份隐藏在服务提供商的身份背后。

2. 调查

不仅发现洗钱十分困难，事后对涉嫌洗钱的调查也举步维艰。当执法机构发现某一特定账户、公司可能被犯罪组织用作洗钱渠道时，往往很难获得针对洗钱者的确凿证据用于法庭的指控。反洗钱执行合作的国际立法进展缓慢，如果账户、公司或信托机构设在另一管辖区内，一国执法机构很难获取域外的金融信息。

原发犯罪的实际收益及其审计追踪往往是将犯罪组织与原发犯罪本身以及随后的收益洗钱联系起来的最有力的证据，一旦犯罪组织接到调查涉嫌洗钱的通知，它就可以简单地将赃款转移出司法管辖范围，超出调查机构的直接打击范围。国内调查机构在其管辖范围之外的权力有限，依赖于其他管辖范围的合作。因此，犯罪组织将通过在几个司法管辖区转移犯罪收益，逃出国内执法机构调查权力的范围，增加调查协作工作量，从而达到阻挠调查的目的。

3. 起诉

辩护律师可以利用刑事法规和其他法律的交叠，将洗钱的行为定性为普通违规或者民事行为，导致对洗钱者的追诉很困难。在现代"反洗钱"立法之前，并没有具体的洗钱罪，洗钱者经常被指控共谋原发犯罪或协助和教唆原发犯罪。然而，由于几乎没有证据表明洗钱者与上游犯罪有联系，他们往往不会受到刑事追究。

（四）金融机构的反洗钱义务

过去，离岸服务提供商只关心有没有业务，对客户背景和资金来源视而不见。面对刑事调查，这些服务提供商的辩护往往都是"不知情"。工作人员不知道客户是一个骗子、不知道资金是犯罪收益。然而，根据现行的"反洗钱"立法，这一辩解站不住脚了，因为服务提供商有法定义务进行充分的客户尽职调查。

金融服务行业最初采用的术语是"了解您的客户"（Know Your Customer，KYC）。金融行动特别工作组（FATF）认为这种表述具有误导性，因为KYC仅指获取客户身份验证等要求，因此，FATF现在采用美国的表达"客户尽职调查"（Customer Due Diligence，CDD）。新的CDD职责明确规定在FATF有关反洗钱的《四十条建议》中，建议第10项和第25项规定，包括：必须获取、核实和更新基本信息以确认客户的身份、资金来源，并在风险敏感的基础上仔细审查这些基本信息。

金融服务提供商主要的客户尽职调查职责如下所述：

1. 客户身份验证

服务提供商必须确定客户的身份，并通过可靠及独立来源的文件、资料来核实其身份。这一做法的目的是确保那些使用服务的人的真实身份被确定和记录在案。虽然这并不能证明当事人是否犯罪，但至少这是一个起点。

首先，应获得委托人和受益所有人的姓名、地址、出生日期和地点。这必须由一份（或两份）政府签发的文件进行验证，文件（如护照、驾照或国民身份证）中包含照片肖像和一份（或两份）来自受监管的专业人士（如银行、律师或会计师）的专业推荐信，互联网上电子验证或订阅网站也可以。监管机构认可这种方式。并且，客户电子足迹的大小与深度、广度和质量、数据和确证的程度的数据能为其身份的可信程度提供一个有用的评估依据。

FATF建议第10项还指出，金融服务提供商必须识别"客户"和"受益所有人"，并建立"所有权和控制结构"。

2. 账户设置的目的

CDD要求金融服务提供商确定账户的用途：例如，为了投资，为了贸易交易，还是为了保存、管理财富。此外，还必须确定预期交易价值和规模。例如，账户的预期用途可能是房地产的被动资产持有工具，或者是交易量高的账户有望收到许多定期向账户进行的高额频繁分配。在一开始确定这些信息，金融服务提供商就可以判断哪些交易正常、哪些交易反常或者可疑。

3. 资金来源

服务提供商必须确定转入账户的资金来源，包括初始财产和任何后续增加财产的来源。这要求服务提供商确定谁在转移资金。其次，服务提供商必须确定资金的直接来源，例如，确定产生资金的活动是继承、商业活动或投资交易，并通过独立的方式进行验证。尽管监管机构会对此发布指引，但指导说明的内容往往如下：服务提供商应该注意与该活动有关文件与副本，例如遗嘱认证和遗产账户的授权，公司账户或投资组合报表和估值等，这样的指导往往不具备实践性。反洗钱合规人员需要了解客户基本业务模式，客户也需要通俗、可信地向合规人员进行解释，力求双方达成共识。

4. 强化的尽职调查

基于风险敏感的要求，金融服务提供商对CDD初始阶段收集的基本信息进行初步研究，以确定整体洗钱风险状况。如果风险高于正常水平，则需要进行更多的信息核查和获取额外相关文件，持续监控，以进行更广泛的尽职调查，高风险客户必须接受更深入的审查。金融服务提供商会对以下种类或从以下来源获得财富的委托人和受益人进行强化的尽职调查：

武器经销商和制造商；现金交易业务，例如兑换处，汇款代理和货币服务业务；产生大量现金的企业，例如二手车经销商、饭店等，或通常不产生大量现金但预计会产生异常或异常金额的企业；赌场，博彩和赌博活动；高价值动产的经销商，例如珠宝商、珍贵的宝石经销商、美术和古董经销商、拍卖行；为客户守财的"门卫"，例如房地产经纪人、体育经纪人、会计师和律师；未注册的慈善机构和非营利组织；政治人物（PEP，指负有重要公共职能的人，例如国家元首、政府部长、国会议员、法官、大使、武装部队高级官员等）及他们的家人和密切相关人士。

当实际客户与服务提供商之间存在中介机构时，适当的CDD通常要求服务提供商进行增强的尽职调查，以确定中介机构所代表的委托人。然而，如果确认风险降低，服务提供商从中介机构接收指令、信息或资金时可能会降低CDD标准。FATF建议第17项允许一定程度地信赖另一受监管专业机构所进行的CDD，即使该受监管专业机构在另一司法管辖区；是否信赖取决于接受的司法管辖区对另一司法管辖区的反洗钱合规性规则和文化是否等感到满意。

高净值客户在进行财富规划时经常要面对反洗钱审查，从银行开户到购买保险到设立信托、购买房产，提供服务的金融机构都要审查资金合法性、基础交易的合理性，而且随着国际社会对于金融机构反洗钱义务的重视，金融机构基于审慎原则，不可避免会"误伤"客户。有客户在瑞士的银行账户因为CRS调查被冻结；有付款方银行因收款方香港公司在离岸地开立公司账户而拒绝支付；有客户银行账户因与从事虚拟货币交易的账户有过资产来往而被银行冻结……以至于应对金融机构的反洗钱调查成为一项独立的业务，从与国外金融机构会面，到提供境内交易文件和税务资料，到出具法律意见及税务意见……，缜密的事先规划、积极与真诚的反馈是应对反洗钱调查的不二法门。

（五）虚拟货币：反洗钱新课题

谈完反洗钱基本知识后，我们转向一种全新的资产形式——虚拟货币。依据FATF的定义，虚拟货币是基于共识产生的价值电子代表物，有如下功能：（1）交换功能；（2）账户功能；（3）价值储藏功能，但无法定清偿功能。各国对虚拟货币的态度基本上都是从最开始的完全不认可慢慢向有监管的认可方面转变。我们之所以要谈虚拟货币，是因为虚拟货币已经成为一种重要的财富创造、转移的方式，且因其属性复杂，与反洗钱、外汇管制等话题有较深的"纠葛"。

虽然虚拟货币在法律上还不被认定为法定支付工具（即不能被用来支付税金、偿还债务等），但比特币、以太币及USDT类稳定币已经被很多人接受为价值转移工具。基于虚拟货币的去中心化、支付成本低、匿名等特性，加之法律定性的难题，导致很多不法份子不但使用虚拟货币来购买或出售违禁物品及服务，也利用它进行洗钱、规避外汇管制、规避CRS。

虚拟货币的出现为洗钱行为各环节注入了新元素：

（1）上游犯罪。如以虚拟货币为对价出售违禁物品来筹集资金。

（2）处置、离析、融合。在虚拟货币与法币之间相互转化，将大额虚拟货币资金分割为多账户、小数额，在不同账户间、不同地理位置间、不同平台间转移虚拟货币，混淆非法资金来源，在虚拟货币交易平台上，使用现有金融系统将虚拟货币转化为法币并置入金融系统。

FATF在2014年发布了报告《虚拟货币——定义及潜在反洗钱、反恐怖融资风险》，较为全面地总结了虚拟货币对反洗钱、反恐怖融资的挑战。FATF认为虚拟货币可通过网络传输，易于匿名融资、匿名支付，很可能被用于洗钱及恐怖主义融资。虚拟货币无中心化的特点，导致缺乏履行反洗钱义务主体，很多虚拟货币的发行者及交易平台并未建立或严格执行反洗钱制度，也使得执法机关很难在某个机构、某个地点进行执法行为。基于虚拟货币的网络特性，虚拟货币易于跨境转移、跨平台转移，更增加了反洗钱执法难度。

如：犯罪份子在网络上出售违禁物品获取虚拟货币，然后在虚拟货币交易平台（未严格执行客户身份调查程序）以虚假身份注册很多用户，将获取的虚拟货币拆分成小额存放在这些账户，再将这些账户内的虚拟货币在不同平台出售给国外买家，将非法所得转化为法币存放在国外账户。

在上述环节中，虚拟货币的流动代替了货币资金的流动，但因很多国家/地区并未要求虚拟货币发行者或交易平台履行反洗钱义务，故使得国际社会基于金融系统的反洗钱努力很大程度上落空。由于使用、交易、提现虚拟货币本身并不违法，因此，若不在上游环节落实反洗钱制度，传统金融机构很难在最后"提现"环节起到阻拦作用。

各国立法、执法机关针对上述挑战，纷纷从立法、执法上作出回应，力争赋予虚拟货币法定货币的地位，以此要求虚拟货币发行方、交易平台落实反洗钱义务。

美国联邦反洗钱制度包括两部分：（1）金融机关有义务建立、遵守反洗钱制度；（2）联邦法律将洗钱及相关活动确定为刑事犯罪。但是上述反洗钱制度并未考虑到虚拟货币的威胁，对于虚拟货币是否属于货币，虚拟货币的使用者、发行者、交易平台的地位是什么，立法者、执法者及执法对象产生过很多争议。

美国财政部金融犯罪执法局（FinCEN）在2013年对此发表了指导意见，认为虚拟货币的发行者、交易平台是从事货币支付业务，故其应履行反洗钱义务。在过去十年中，美国联邦检察官及主管部门也成功将上述意见适用于对虚拟货币的发行者、交易平台进行反洗钱起诉或处罚。比较典型的案例有如下几个。

"Liberty Reserve案"：2013年，联邦检察官以洗钱罪起诉Liberty Reserve的创始人，联邦检察官认为其平台帮助用户以假名注册账户，以虚拟货币支付时隐匿账户信息，在2006年至2013年间洗钱数额涉及60亿美元。Liberty Reserve的创始人认为虚拟货币不是货币资产，故其未开展货币支付业务。法院最终认定"虚拟货币很容易转化为法币，是价值的标示，被用于开展金融交易"，最终Liberty Reserve的创始人被以非法从事货币支付业务及洗钱罪名定罪。

"Ripple币处罚案"：2015年，FinCEN拟处罚Ripple币的发行者及交易平台，理由是，Ripple币与法币可以自由兑换，故发行者及交易平台在未取得许可的情况下从事货币支付业务，未履行反洗钱义务。最终Ripple币的发行者及交易平台认罚。

基于上述认识及案例，在美国境内的虚拟货币的发行者、交易平台都应履行反洗钱义务。

与此相同的，欧盟理事会第5次指令（Fifth Money Laundering Directives）也明确要求虚拟货币平台及钱包方要采取预防措施，即客户尽职调查、可疑交易报告。

目前，中国对于虚拟货币持"一刀切"的禁止态度，主管部委在2017年9月发布了《关于防范代币发行融资风险的公告》，一再重申在中国境内禁止发行虚拟货币，禁止虚拟货币与法币的兑换服务，不得为虚拟货币提供定价及信息中介服务等平台服务，故虚拟货币平台机构目前均不在中国地区运营，不在中国地区推广业务，但因为虚拟货币网络化特性，上述法规不可能禁止中国居民使用、交易虚拟货币。事实上，很多虚拟货币及虚拟货币交易平台的主要交易参与者还是中国居民。

在虚拟货币发行方及交易平台的反洗钱义务方面，2013年12月五部委发布的《关于防范比特币风险的通知》明确了比特币登记、交易等服务机构的反洗钱义务，即"提供比特币登记、交易等服务的互联网站应切实履行反洗钱义务，对用户身份进行识别，要求用户使用实名注册，登记姓名、身份证号码等信息。各金融机构、支付机构以及提供比特币登记、交易等服务的互联网站如发现与比特币及其他虚拟商品相关的可疑交易，应当立即向中国反洗钱监测分析中心报告，并配合中国人民银行的反洗钱调查活动；对于发现使用比特币进行诈骗、赌博、洗钱等犯罪活动线索的，应及时向公安机关报案"。在后续案例处理中，也有司法机关确认平台机构应"履行客户身份识别、可疑交易报告等法定反洗钱义务"。

我国以《外汇管理条例》为基础建立了完备的外汇管理制度。《外汇管理条例》确立了"经常项下外汇需求不予限制，资本项下外汇需求需经批准"的原则，明确在中国境内经营外汇业务应当经外汇管理机关批准。但《外汇管理条例》仅将外汇定义为法币及其转化物，即"本条例所称外汇，是指下列以外币表示的可以用作国际清偿的支付手段和资产：（一）外币现钞，包括纸币、铸币；（二）外币支付凭证或者支付工具，包括票据、银行存款凭证、银行卡等；（三）外币有价证券，包括债券、股票等；（四）特别提款权；（五）其他外汇资产"，可见《外汇管理条例》并未将虚拟货币列为外汇。

虚拟货币因其发行主体非国家化及运行机制特殊化在中国法律意义上确实不属于外汇，虚拟货币交易也不属于外汇交易行为，虚拟货币交易平台也未在中国境内经营外汇业务，故不需要取得外汇经营资格。事实上，随着各种"稳定币"的出现，"稳定币"与美元直接挂钩，使得虚拟货币与法币兑换的波动性被克服，且"稳定币"场外交易量巨大，使得以"稳定币"为媒介、借助场外交易的资金跨境流动、外汇兑换活动拥有了巨大的空间。

A先生有外汇进出境需求，完全可以借助USDT等稳定币实现。A先生在境内以人民币购买USDT，然后在境外交易平台出售USDT收取外币；或是，在境外交易平台以外币购买USDT在境内以人民币出售。事实上，A先生还可以OTC（在交易所以外的场外交易）交易方式与特定的交易对手达成更复杂的交易方式，将买与卖伪装地更为巧妙。

我们在CRS章节中谈到，CRS关注的是金融资产，即四类金融机构（存款机构、托管机构、特定保险机构、投资机构）的存款、人寿保险或年金保险、公司股票、合伙权益、股权、债券、掉期（利率、外汇）产品等。虚拟货币不属于上述的任何一种，单纯持有虚拟货币也不需要进行CRS的信息采集及信息交换。如果虚拟货币得不到各国的在合法性上的认可，国际社会就无法将其纳入现有的金融信息交换体系，故目前尚未有任何官方的指引就虚拟货币在CRS中的性质进行解释。A先生在境内以人民币购买稳定币后，将稳定币转移至境外各交易平台，交易平台并不需要对A先生进行CRS项下的调查汇报。鉴于稳定币的流通性，A先生完全有可能以稳定币进行各项的支付交易，或是将其暂时储藏，待A先生的个人税收居民身份转换后，再将其卖出，进行"法币化"。

随着虚拟货币的发展与成熟，不但各国官方逐渐从以打压为主的思路转向对其进行监管的思路，投资界也逐渐肯定了它的投资价值，很多专业投资者、投资机构纷纷进行了虚拟货币的配置，这使得虚拟货币的价值性及流通性慢慢加强。虚拟货币为各国的金融管制提出了新问题，也给资产隔离话题提供了新思路。

二、跨境执行——债权隔山海

本部分讨论的跨境执行是指中国债权人在中国境内取得了针对债务人的生

效法院判决/裁决，被执行人（债务人）的主要财产在中国大陆域外，因此需要在中国大陆域外执行中国法院判决/裁决的情形。鉴于绝大多数国家/地区已经加入承认及执行仲裁裁决的《纽约公约》，故仲裁裁决的执行不存在法律障碍，这里我们主要讨论法法院判决/裁决的执行。

先看一个我们处理过的真实案例：

2012年，原告刘某与被告邹某、被告罗某（邹某之妻）及被告××开发公司签订《借款合同》一份，约定刘某向邹某借款1 000万元，借款利息按照月息1%计算，每月为10万元及利息，借款到期时一次支付，借款期限为6个月。借款期限届满后，因被告未能及时归还全部借款，原告遂诉至法院要求被告邹某、罗某偿还借款1 000万元，××房开公司承担连带偿还责任。法院判决支持了原告刘某的诉讼请求，判令被告邹某、罗某归还借款1 000万元及利息。刘某在国内申请执行被告邹某、罗某，执行未果。经多方了解，被告邹某、罗某在加拿大有财产（房产），刘某在加拿大提起诉讼要求承认并执行中国法院的判决。加拿大法院在简易程序（Summary Trial）中认定，认为刘某在中国境内起诉邹某、罗某的诉讼时未能尽最大努力向邹某、罗某送达，故不对该中国判决进行认可及执行。

刘某在加拿大起诉要求承认及执行中国判决的努力因为两国法院体系对于送达程序的认识不同而付诸东流，刘某要么在加拿大重新起诉要么放弃债权。

通过将中国境内的资产转移出境进而逃避中国的司法判决，是一些人选择的隔离之道，他们利用了不同法域之间法律"不融合"，增加判决执行的障碍。这种障碍来自于两方面：（1）除了少数国家、地区与我国有司法协助条约外，大多数法域法律对于中国法院判决的承认及执行存在法律障碍；（2）需要境外执行的判决，都是在中国境内经过法院审判（一审或二审），且在国内申请过执行的，为了诉讼及执行，债权人已经支付了很多诉讼费、律师费成本，面对域外执行的诸多不确定性及域外律师费的成本压力，很多债权人往往选择放弃。下面，我们就这两个障碍进行详细叙述。

（一）不同法域合作法律障碍多

国际间就承认域外的司法判决存有这样的惯例：（1）双方有关于承认及执行对方司法判决的双边条约的，按双边条约执行；（2）无条约的，双方基于互惠原则，当一方先承认了另一方的判决后，另一方就可以承认对方的司法判决。

世界上有两个主要法系——普通法系及大陆法系，英国、美国、加拿大、新加坡、中国香港地区等都属于普通法系，他们的法律有较大的相通性，他们之间的判决互认比较容易。中国属于大陆法系，与普通法系在很多地方存在较大差异，故基于互惠原则的判决互认不像英普通系国家和地区之间那样容易。

因此，当筹划在域外执行中国法院判决时，首先要查找中国与该国/该地之间是否签署司法互助条约或存在互惠关系。

1.司法互助条约

截至目前，我国与38个国家/地区签订了涉及法院民事判决承认、执行的司法互助双边条约，故我国法院判决在这个38个国家/地区的承认、执行都有法律依据，该38个国家/地区名单如下：

乌克兰、西班牙、罗马尼亚、科威特、意大利、法国、突尼斯、越南、阿根廷、俄罗斯、阿联酋、乌兹别克斯坦、白俄罗斯、哈萨克斯坦、保加利亚、老挝、秘鲁、立陶宛、巴西、蒙古、朝鲜、吉尔吉斯斯坦、埃塞俄比亚、塞浦路斯、阿尔及利亚、匈牙利、摩洛哥、波黑、希腊、土耳其、埃及、古巴、波兰、摩洛哥、塔吉克斯坦、中国香港、中国澳门、中国台湾。

这些司法互助双边条约基本上要求：（1）外国/域外民事判决、裁决是生效的；（2）经合法送达；（3）不对外国民事判决、裁决进行实质审查。

在受华人关注的国家/地区—中国香港、新加坡、美国、加拿大、澳大利亚中，目前与中国内地有明确的司法互助条约就只有中国香港地区。

中国香港地区：最高人民法院与中国香港特区政府签署并于2008年8月1日生效的《关于内地与香港特别行政区法院相互认可和执行当事人协议管辖的

民商事案件判决的安排》规定了双方认可及执行对方判决、裁定事宜；双方又于2019年1月18日签署《关于内地与香港特别行政区法院相互认可和执行民商事案件判决的安排》（尚未生效），故目前内地法院作出的具有书面管辖协议的民商事案件中作出的须支付款项的具有执行力的终审判决可以在香港申请认可及执行。

中国与新加坡之间虽没有关于相互认可和执行民事判决的双边条约，但是双方最高法院于2018年达成《关于承认与执行商事案件金钱判决的指导备忘录》，该备忘录虽然不具有法定条约性质，但其将双方互相执行对方商事判决的互惠关系以备忘录的方式进行了明确（虽然不是条约，但是提示双方司法机关已经建立了互惠关系），依据该备忘录，符合新加坡法院司法管辖权认定规则而由中国法院作出的终审判决的金钱判决可以在新加坡执行。

2. 互惠关系

除上述38个国家/地区外，中国法院民事判决/裁决在其他法域的承认、执行只能依据互惠关系。互惠关系的认定情况较为复杂，对于互惠关系的解读，若一国法院认为对方国家/地区法院必须首先有执行本国法院判决、裁决的先例，本国法院才可能去执行对方法院的判决、裁决，但对方也持有同样观点时，则两国不可能存有互惠关系。

下面，我们依据实际公开的案例，分国别对此进行阐述。

日本：1995年6月26日，最高人民法院在《最高人民法院关于中国人民法院应否承认和执行日本国法院具有债权债务内容裁判的复函》（〔1995〕民他字第17号）中称"经研究认为，中国与日本之间没有缔结或者参加相互承认和执行法院判决、裁定的国际条约，也未建立相应的互惠关系"，故中国法院拒绝承认与执行来自日本的民事判决、裁决。对此，在2003年，大阪最高法院拒绝承认来自中国法院的一个判决，作为对中国法院以缺少互惠为理由拒绝承认日本判决的"报复"。可见，中日就承认、执行对方国家法院民事判决问题陷入了拒绝与报复的恶性循环中。

韩国：早在1999年，韩国地方法院曾经承认过我国一个民事判决，但我国法院受制于早期日本"五味晃"案件㉙确立的事实互惠的保守立场，我国法院一直没有承认过韩国法院判决的案例。但在2019年，韩国法院的一个民事判决在山东省青岛市中级法院获得承认［（2018）鲁02协外认6号民事裁定书］，可见中韩双方正在逐渐提高互惠层级。

以色列：以色列特拉维夫法院于2015年承认了南通中院（2009）通中民三初字第0010号民事判决（Jiangsu Overseas Group Co. Ltd V. Isaac Reitman），2017年8月以色列高等法院支持了上述裁决。

英国：据报道，英国商事法庭在2015年承认、执行一份由山东高院一审、最高院终审的判决［Spliethoff's Bevrachtingskantoor Bv V. Bank of China Limited Neutral Citation Number：［2015］EWHC 999（Comm）］。

德国：据报道，德国柏林高等法院在承认无锡中院判决案中，驳回德国当事人提出的中德两国不存在互惠关系且中国法院曾有拒绝认可德国法院判决先例的抗辩意见，裁定承认中国法院作出的生效裁判。

加拿大：张某分别于2010年、2012年将两笔款项出借给唐山某房地产公司（下称"地产公司"），由其股东李某承担连带清偿责任。鉴于还款期限届满，地产公司未能如约偿还债务，张某于2014年将地产公司及李某起诉至我国某中级人民法院。在法庭主持的调解下，双方自愿达成协议并由法院出具调解书。然而调解书生效后，地产公司及李某拒不执行生效的民事调解书，执行程序难以推进。在得知李某在加拿大温哥华拥有资产后，张某于2017年2月向温哥华所在地的加拿大卑诗省最高法院申请承认与执行中国法院生效的民事调解书及财产保全申请，并于同日获得卑诗省最高法院法官签署的财产冻结令，顺利查封对方在加拿大拥有的2 050万加币（超过1亿元人民币）资产，其中包括位于

㉙ 1994年日本公民五味晃在我国申请承认和执行日本法院判决案基本奠定了我国"事实互惠"的认定标准，即在我国与他国之间未缔结或者参加相互承认和执行法院民事判决的国际条约时，申请人需证明相关外国已经承认和执行中国法院判决，才认定两国之间存在互惠关系。该案中，大连中院经审查发现我国与日本之间既没有相关国际条约，也没有相互承认和执行对方法院判决的互惠事实，因此经层报至最高人民法院之后，最终裁定驳回了日本当事人的申请。

第九章 其他——隔离与保护方案的基础环境

温哥华的两处别墅以及位于普林斯顿的一处农场。该案在历经8次庭审后于2018年上半年获得一审胜诉判决。一审判决不仅承认了我国法院生效民事调解书的效力,而且支持了申请人要求按照60%逾期年利率执行的主张,该利率为加拿大法律许可的最高利率。一审判决做出后,被申请人提起上诉,二审法院审理后认为一审判决并无不妥,驳回上诉,支持中国民事调解书在加拿大的承认与执行。

美国:2011年,在中国湖北葛洲坝三联实业股份有限公司等中方企业诉美国罗宾逊直升机公司飞机坠毁人身损害赔偿纠纷一案,湖北省高级人民法院的判决获得美国联邦法院加州总部地区法院承认并执行。2017年6月,武汉中院以(2015)鄂武汉中民商外初字第00026号裁定首次承认和执行美国法院判决,该案原、被告双方均为中国人,涉及在美公司股权转让纠纷,由美国加利福尼亚州洛杉矶县高等法院判决。申请人同样提交罗宾逊案,用以证明两国互惠关系的存在,武汉中院据此认定了中美双方互惠关系的存在,进行裁定承认、执行美国法院判决。

到目前为止,在美申请执行的中国判决共有6例,美国法院承认4宗中国判决,拒绝承认1宗中国判决。

澳大利亚:2020年5月,澳大利亚新南威尔士州最高法院认可并执行了青岛市中级人民法院的一份民事判决,这是新南威尔士州最高法院第一次认可和执行中国法院的民商事判决。在此之前,澳大利亚维多利亚州最高法院曾于2017年在被执行人缺席的情况下执行了南通市崇川区人民法院的一份民事判决;随后于2019年,同样是维多利亚州最高法院在被执行人出庭抗辩的情况下执行了苏州虎丘区人民法院的一份民事判决。

英属维尔京群岛:原告工银金融租赁有限公司诉被告 Xing Libin 债权债务纠纷经中国最高人民法院审理于2015年到2016年期间作出的三份民事判决书确定涉及金额3.25亿及利息,因被告无法履行,原告在中国香港和BVI法院进行了一系列的资产追索。2020年,英属维尔京群岛东加勒比最高法院根据原告的申请认命接管人接管被告BVI公司股份,该BVI公司持有一家香港上市公司股票(价值约1 920万美元)及其他资产。

可见，作为遵循普通法原则的主要发达国家均有承认与执行中国法院判决的先例。各国家对域外判决的执行都依据本国的法律原则进行，一般来说，对于来自不同法系的中国法院判决会进行更多的审查。但有先例也并不代表中国法院判决就一定能在该国得到认可与执行，还需要经历较为严格的法庭程序性调查及对方的抗辩。如在本节开始的那个加拿大案例，因为对方提出了中国法院送达程序的抗辩，并得到了加拿大法庭的认可，导致中国法院判决不能被认可。

（二）域外执行律师费用大

从上面的归纳来看，我国法院判决在主要法域的执行不存在绝对法律障碍，即不存在绝对不予执行的规定，只要符合目标国法律关于执行域外判决的规定即可。但是，实践中，我国当事人申请判决域外执行的案例（成功案例及失败案例）非常稀少。很少有中国债权人进行域外执行的很大一个原因是无法克服申请域外执行的费用障碍。本节所述域外执行的费用障碍对仲裁裁决的执行也同样适用。

中国金融机构聘请律师的付费习惯是不支付或少支付前期律师费用、愿意支付高额风险律师费用（contingent fee），但是风险律师费用在很多法域如中国香港、新加坡、澳大利亚都是违法的，当地律师绝对不会接受这样的付费方式，他们一般采用计时收费。中国金融机构在委托域外之前，已经就债权诉讼经历了一审或二审及执行法律程序，已经支付了巨大的律师费、诉讼费成本，此时再让金融机构支付计时账单，往往无法通过金融机构内部的合规审查。

以在新加坡执行为例，中国金融机构（客户）取得中国法院判决之后，被执行人在中国境内财产不足，但是客户掌握了一些被执行人在新加坡拥有财产（房产、公司等）的线索，想在新加坡申请认可及执行中国法院的金钱判决，诉讼成本如下：首先，需要聘请调查公司落实被执行人的财产信息，调查公司收费预估1万新币；其次，聘请律师在新加坡提起认可及执行中国法院的金钱判决的程序，新加坡律师收费预估600新币/小时。如果被执行人对此提出异议，整个的认可及执行程序时间以年计。若执行效果不佳，还可能要申请被执行人破产，破产管理人等费用也十分昂贵。可见，客户拟在新加坡进行域外执行工作时就要面临着巨额且开放的费用支出与不确定的回报的抉择问题；中国金融机构面临着内部考核及合规的压力，在这样的抉择前，往往放弃在域外申请执行，被执行人借此逃避了债务。

正是基于上述法律障碍及费用障碍，很多债务人或潜在债务人，通过各种方法将资产"倒腾"到境外，利用不同法域的隔绝，阻挡债权人的清偿请求。一方面，国内债权人忍受巨大损失，另一方面，债务人却在境外"逍遥自在"，各国也正为解决这样的不公平而努力，但是基于很多现实原因，这种不公平将在很长一段时间内继续存在。

三、个人破产制度——诚实而不幸者的福音

个人破产制度是指作为债务人的自然人不能清偿其到期债务时，由法院依法宣告其破产，并对其财产进行清算和分配或者进行债务调整，对其债务进行豁免以及确定当事人在此过程中的权利义务关系的法律规范。相较于个人破产，我们可能对公司破产制度较为熟悉，即公司在资不抵债时，经权利人申请，符合条件的由法院裁定破产，进行资产重组或清理资产后偿还债务。我国通过《企业破产法》建立了企业破产制度，但目前仍未设立自然人破产制度。因此，在司法实务中，遇到自然人债务人全部财产不足以清偿债务时，只能通过民事诉讼程序（主要是通过执行程序）解决该类纠纷，但往往是效果不佳。

从2019年开始，我国开始试点个人破产制度，温州出现全国首例个人破产案件，破产人蔡某对企业的200多万元债务承担连带清偿责任，个人无法偿还，但此案中最终取得4位债权人的谅解，只要按1.5%的清偿比例偿还3.2万元，清偿完毕满3年后，可以恢复个人信用。2020年，深圳市开始个人破产立法，颁布了《深圳经济特区个人破产条例》（简称《深圳个人破产条例》，2021年3月1日正式实施）。它规定，在债务人不能偿还债务时，债权人或债务人都

可向法院提出破产申请，经法院审核受理的，开始个人破产程序，债务人要承担一系列义务，如禁止进行高消费活动等。同时，债务人要按条例第三十三条进行财产申报：

第三十三条　债务人应当自人民法院受理破产申请裁定书送达之日起十五日内向人民法院和管理人如实申报本人及其配偶、未成年子女以及其他共同生活的近亲属名下的财产和财产权益：

（一）工资收入、劳务所得、银行存款、现金、第三方支付平台账户资金、住房公积金账户资金等现金类资产；

（二）投资或者以其他方式持有股票、基金、投资型保险以及其他金融产品和理财产品等享有的财产权益；

（三）投资境内外非上市股份有限公司、有限责任公司，注册个体工商户、个人独资企业、合伙企业等享有的财产权益；

（四）知识产权、信托受益权、集体经济组织分红等财产权益；

（五）所有或者共有的土地使用权、房屋等财产；

（六）交通运输工具、机器设备、产品、原材料等财产；

（七）个人收藏的文玩字画等贵重物品；

（八）债务人基于继承、赠与、代持等依法享有的财产权益；

（九）债务人在破产申请受理前可期待的财产和财产权益；

（十）其他具有处置价值的财产和财产权益。

债务人在境外的前款财产和财产权益，也应当如实申报。

该条文较为完整地涵盖了债务人的各种财产形式，让法院及破产管理人可以穷尽式地对债务人财产进行排查。债务人不但要申报自己名下的财产，还需要申报配偶、未成年子女以及其他共同生活的近亲属名下的财产。配偶名下的财产有可能是夫妻共同财产，其中债务人的部分是其个人财产；未成年子女以及其他共同生活的近亲属名下的财产有可能是债务人无偿赠与、没有收到相应对价的财产，这些非正常的财产处置可能被法院撤销。

对于应予申报的财产种类，除了大家熟悉的工资收入、投资所得、知识产权等类型外,还包括"债务人在破产申请受理前可期待的财产和财产权益",该类型就涵盖了如信托固定受益权、股票期权等。

此外,债务人还要申报受理破产申请之日前二年内的部分财产变动行为,包括:"(一)赠与、转让、出租财产;(二)在财产上设立担保物权等权利负担;(三)放弃债权或者延长债权清偿期限;(四)一次性支出五万元以上大额资金;(五)因离婚而分割共同财产;(六)提前清偿未到期债务;(七)其他重大财产变动情况。"

除了如实申报规定的财产外,以下是有重大欺诈债权人嫌疑的财产处置行为,可能严重侵害债权人利益,因此,破产管理人有权请求人民法院撤销破产申请提出前两年内债务人的下列行为:

(一)无偿处分财产或者财产权益;

(二)以明显不合理的条件进行交易;

(三)为无财产担保的债务追加设立财产担保;

(四)以自有房产为他人设立居住权;

(五)提前清偿未到期的债务;

(六)豁免债务或者恶意延长到期债权的履行期限;

(七)为亲属和利害关系人以外的第三人提供担保。

上述七种行为是很多债务人在债务危机"爆发"前经常采取的"债务规避"动作。时间的紧迫性及处置的非市场对价性是这些债务规避行为的基本特征,符合侵害债权人利益的判断标准。

裁定破产后,管理人开始处置财产,符合条件的债务人也可以申请破产重整。与此同时开启为期三年的考察期,债务人在考察期内应当继续履行人民法院作出的限制行为决定;考察期届满的,由法院裁定免除债务人未清偿债务,免除未清偿债务裁定的效力及于已申报和未申报的全体债权人。实施个人破产法后,一旦出现个人欠债不还、逃债的情况,债权人可以依法申请宣判债务人破产。债务人如果资不抵债,也可以依法自行申请破产保护,在个人生活受到极大限制、个人声誉受损的条件下,债务可以得到一定免除,并得到重新开始的机会。从这个意义上个人破产制度是为"诚实但不幸者"创造重生之机。

A先生在深圳经营一家高科技企业，生产某种医疗诊疗器械，雇佣员工几百人，对标国外某类型同等功能产品。2020年初，因为国际政治时局变化，其产品核心部件被禁运，公司不得不投入核心技术攻关，但一直未能攻克，导致公司生产停滞。公司欠付几家银行贷款2亿元，A先生作为公司大股东，为这些银行贷款提供了连带责任担保。按内部程序银行对公司及A先生提起了法律诉讼。2020年末，案件进入执行程序，对A先生个人采取了限制高消费措施，并查封了其个人财产。

A先生，这位"诚实而不幸"的企业家，面对银行的追讨及其连锁反应，很难逃脱命运残酷的碾压。适逢《深圳个人破产条例》在2021年3月1日起施行，为事件的处理带来了新思路。

A先生作为长期扎根深圳经济特区的企业家，符合"在深圳经济特区居住，且参加深圳社会保险连续满三年的自然人"的条件，也符合"因生产经营、生活消费导致丧失清偿债务能力或者资产不足以清偿全部债务的，可以依照本条例进行破产清算、重整或者和解"的规定。

A先生向法院提交了个人破产的申请文件（破产申请书、财产清册、债权债务清册等材料），经过法院审查，认为其符合破产申请条件，且不存在转移财产、恶意逃避债务、损害他人信誉等不正当目的及虚假陈述、提供虚假证据等行为，受理其个人破产申请。法院通知了债权人并确定破产管理人，并对债务人A先生作出了限制行为的决定，规定其不得进行高消费，不得对债权人进行个别清偿，A先生及配偶、子女要配合法院及管理人的调查，其他债权人对于A先生的财产保全、执行行为都要中止，起诉A先生的案件都要由深圳法院管辖。

A先生向法院申报了本人及其配偶、未成年子女以及其他共同生活的近亲属名下的财产和财产权益，法院有可能撤销A先生在破产申请两年内的部分财产处置行为（例如无偿处分财产或者财产权益、以明显不合理的条件进行交易、为无财产担保的债务追加设立财产担保、以自有房产为他人设立居住权、提前清偿未到期的债务、豁免债务或者恶意延长到期债权的履行期限、为亲属和利害关系人以外的第三人提供担保等)。

A先生的债权人向法院申报债权,组成债权人会议,对关键事项发表意见。在财产报告及债权申报等程序完成后,人民法院认为债务人A先生符合宣告破产条件,裁定宣告A先生破产,由管理人处置A先生财产,对于一般债权按统一比例(可能是10%或15%)进行偿还。自法院宣告A先生破产之日起的三年是A先生免除未清偿债务的考察期限,A先生在考察期内应当继续履行行为限制等相应义务。考察期届满,A先生可以向法院申请免除其未清偿的债务,经审查符合条件的,法院裁定免除A先生未清偿的债务,且解除对A先生行为限制的决定。

但个人破产程序为A先生债务处理带来了转机,由于新冠肺炎疫情的蔓延,A先生的公司转向防疫物品生产,A先生"有未来可预期收入",据此向法院提出个人破产重整申请,A先生的方案是:(1)金融机构中止目前的执行行为,解除对他个人的执行措施;(2)管理人向公司派驻财务管理人员;(3)两年之后按公允估值将A先生所持股份的80%变现用以偿还债务;(4)金融机构按原约定利息计息,不计罚息。金融机构经考虑认为,若目前处置A先生所有财产,仅可得到15%的清偿,依照A先生公司目前的经营情况,两年后A先生所持的80%股份价值很可能全部清偿债务本金及利息。经权衡,金融机构决定接受重整方案。法院裁定批准该重整计划,该重整计划对A先生和全体债权人均有约束力。A先生这位"诚实而不幸"的企业家,可以利用难得的商业机会,借助个人破产制度,施展自己的才华,从困境中挣脱出来。

个人破产制度就是为像A先生这样"诚实而不幸者"准备的资产风险最后的清算途径,通过这种总清算机制,为个人债务人提供了一个最终摆脱困境的机会。如果能像贾某某那样利用行业风口,像A先生那样利用商业机会,债务人完全有可能借此"反守为攻",与众多债权人谈判,要求债务减免、进行重组。因此,破产申请是高净值人士债务规划的一条路径,以法定的财产归集、统一债务偿还,代替对债务人的个体追偿行为。

当然，也会有人产生错误认识，认为个人破产后，"老赖"就不用还钱了，故尔产生滥用个人破产制度的想法。例如，有人可能事先恶意借贷并大肆浪费，尔后通过破产而逃避债务。因此，个人破产的适用必须设置严格的条件和程序。但是鉴于债务人处置财产的隐蔽性、长期性，以及法定财产归集的有限性，不排除有债务人在破产申请前进行长期的、有计划的财产处置行为，隐匿、转移、不当处分财产，再通过破产取得"法定解脱"，从而逃出生天。

《深圳个人破产条例》规定债务人要申报受理破产申请之日前两年内的部分财产变动行为，破产管理人可以撤销破产申请提出前两年内债务人的部分财产处置行为。英国《破产法》（1914年）第42条却规定"破产管理人有权撤债务人在破产两年前的财产处置行为"且"对于债务人在破产十年前的财产处置行为，除非债务人能证明其当时有能力清偿所有债务，否则，破产管理人也有权撤销"。可见《深圳经济特区个人破产条例》对于债务人较为"仁慈"，不排除有些债务人利用两年时限短的弊端，早早地、隐蔽地处理资产后，进行个人破产申请逃避债务，以一人之苦换全家之甜。

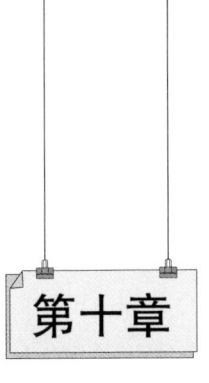

第十章

案例——一千个客户，一千种规划

前述谈到的资产风险隔离的种种方式并非孤立与固定的，从我们的实践经验讲，没有"一招鲜吃遍天"的固有套路，每个客户的资产状况及面对的外部环境差异很大，能接受的隔离操作时间及成本不同，使得资产隔离方案千变万化。更何况，客户的需求也往往是多样化的，在做到资产风险隔离的同时，还要兼顾婚姻财产规划、家族财富传承、投资安排等。因此，要综合调动法律、税务、金融等资源为客户进行筹划。本书第二章到第九章讨论的资产保护/风险隔离的原理、工具、制度等，看起来容易做起来难，成功案例建立在两个基础之上：（1）良好的客户关系。资产保护与风险隔离涉及客户敏感信息，客户与服务商之间在未建立足够信任前不可能敞开心扉披露自己的各种隐秘财产安排。当我们与客户有了长时间的服务关系，既往成功的服务经历让客户知晓到我们的服务能力，客户较容易听取、采纳我们的服务建议。而对于大多数新接触的客户，良好的客户关系的建立必须借助介绍双方认识的中间人，这些中间人多为客户提供其他服务（传统法律服务、金融产品、投资、移民、教育等等）的渠道商，如果渠道商对客户有较多了解，对客户有影响，则我们与客户建立服务关系的可能性就大。（2）客户必须承担一定的直接成本。财富规划的直接成本包括服务商费用及交易税费。在长期的服务过程中，我们发现很多客户忽视规划方案的独立价值，他们并不觉得规划方案很重要并值得付费。这些客户往往通过向A律师、B会计师、C财富规划师"白嫖"来获取片面的知识与见解,然后自己拼凑出一个整体方案。没有付费,A律师、B会计师、C财富规划师都不需要向自己的见解负责,就不需要认真给出建议,更不需要反馈调整方案,这样得出的方案容易出大问题。直接成本除了服务商费用外,还包括税费。财富规划的落地会产生交易税费,纳税意味着财富规划的合法性、稳定性得到认可,我们理解客户对于税费的敏感,但是客户不应该厌恶税费,树立合法纳税、合理筹划的意识才能长期享受财富。

某渠道推荐客户张先生,张先生想设立一个股权家族信托,问题是把家族企业的股权放入信托时税务成本太高,某律师建议直接把股权分给两个孩子,这样的股权转让没有税务成本。张先生想问问我们的意见或是方案。

张先生是个非常典型的客户画像,在向我们"寻医问药"之前,已经咨询了很多专家。他首先咨询了信托公司,设立家族信托是信托公司的业务领域,信托公司对其中各项细节非常熟悉,但是张先生对信托公司的答复不满意,信托公司的人员不是专业的税务人士,不能进行细节的税务规划、不能进行落地实操;于是,张先生又通过渠道找到某律师,既然张先生这么厌恶交税,某律师就推荐一个不用交税的方案——直接把股权过户给子女。张先生又觉得直接过户好像没有进行规划,于是心有不甘地让渠道再推荐专业人士,还要向第三位专业人士来求证前两位的说法。

我们在一个小时的"免费"咨询中向张先生提出:(1)在中国设立股权家族信托,把股权放入信托的过程视为交易。中间的税费首先要看公司股权结构,如果张先生个人直接持股肯定要交20%的个人所得税,但是也有规划空间,规划程度必须要了解公司的财务情况、与主管税务机关沟通完之后才能确定。除了直接的股权转让外,还可以采取其他的方案,但必须要与信托公司的合规部门沟通;(2)某律师直接将股权过户给子女的说法没错,但是没有任何规划功能,起不到隔离、保护、传承、治理等作用。

了解公司财务信息、与主管税务机关沟通、与信托公司沟通都是要实实在在地付出时间、精力成本,在张先生未支付方案咨询费用之前,我们无法提供更进一步的方案建议。通过三次咨询,张先生就只能从各方得出股权信托税务成本高的空泛概念，至于到底赋税多少、怎么规划、与其他方法如何接洽等问题，他无从知晓具体答案。股权家族信托可以为张先生提供隔离、保护、传承、治理等多种功能，但是这些功能的取得必须以承担税务成本为对价，"甘蔗没有两头甜"。

张先生最终未能与我们建立服务关系，这次客户接触的"失败"还是因本章开篇提到的两个基础不存在。张先生与我们没有良好的客户关系，使得张先生不愿意或不能过于听从我们的建议；张先生不愿意支付前期成本，导致没有服务商愿意或能够给出实操性方案，且张先生过于税收厌恶，导致他忽视财产规划带来的长远收益。

本书最后，我们通过三个案例来展示如何识别客户需求、选择资产隔离方法，体会在复杂情形下，作出相应资产安排的精髓所在。

案例1 识别客户需求|拨开迷雾见本质

赵老板从事外贸业务，在离岸地有商业体系，最近他遇到了些麻烦：一方面离岸地银行一直要求他补充银行资料，另一方面常住地的派出所也对他进行问询。"内忧外患"之下，赵老板犹如惊弓之鸟，通过网上搜索、熟人询问，他认为，一定是CRS制度的实施，使得他在境外的银行账户信息被交换回国，导致了这一系列的事件。谨慎的赵老板通过秘书李小姐向律师求证，李小姐作为代理人，也从免费的"简单聊一下"转变为"付费咨询两小时"，她向律师发来以下问题（仅对问题作脱敏处理）：

（1）我从事外贸物流行业，在某国有离岸公司，以公司和个人之名分别在新加坡开立了公户和私户，去年盈利暴增，个人账户和公户都翻倍进账，尤其是个人账户，直接从海外入账比较频繁，数额也比较高，这部分资金目前只能留在海外。如果面临交换，公户和私户分别会有什么直接影响？具体流程是什么？

（2）目前在新加坡某某银行的客户经理已经多次告知补充文件，那么，是不是只要补充文件就不用交换？还是补充文件只是保障某某银行不会销户，但是依然会交换回来？

（3）公户私户触发的交换具体是国内哪个部门负责，想了解，本人就是某市户籍，那么能否直接告知某市的哪些具体部门联系我本人？

（4）最坏后果，如果公安税务来找，是公安税务什么类别的部门来做联系和问询？具体流程是什么（想听细节）？

（5）主要要求配合什么问题的回答？要求配合提交什么文件？这些机关会不会直接查我的境外记录、流水？

（6）目前我已经在新加坡某某银行分别给家人开户，常规操作是离岸公司会将资金转给母亲，然后母亲再帮我打给个人。新加坡某某银行已经打过电话要文件，要求交付雇佣文件和借款凭证就可以满足银行账户正常使用。那么，我想知道，提交满足银行条件的文件是不是就意味着信息不会被交换回来了？说直白就是怎样处理才对我没有影响，年底之前预计会分别分散向账户转入50万美金，那么，按照CRS的管理条例，我是不是控制在高净值以及低净值范围内，就可以安心？

（7）目前，海外账户的钱都是我的上下游多渠道转入，想了解，如果我的账户被查，是否也会影响给我转钱的这些上下游关系？如果要查，查些什么？是否会要求看流水或者资金来源证明？如果要查，怎样才可以避免不查到我的渠道，怎么处理才能将责任由我自己承担？

（8）我在今年3月接到辖区派出所的电话，要求去派出所配合调查，电话中说，我去年出入境记录频繁，国内账户出入账也很频繁，要求去派出所接受调查。在确定了对方身份真实后，我去了派出所，解释说自己做外贸，所以入境频繁。这个事让我很不安，完全不能确定目前形势。如何能准确了解，这个调查是普遍针对出入境频繁的人还是因为银行监控我的出入账，从而报给派出所？

（9）国内账户资金频繁变动的情况，具体是经过什么流程会上报到更高机构？上报的顺序是什么？这些接收上报的机构是不是可以直接调取我银行记录？

（10）如果派出所要求，私下换汇会面临什么样后果？

（11）目前我已经在考虑通过外籍护照项目通过外商投资的方式规避一定风险，请问这种方式在案例中是否可以达到有效目的？不能的原因是什么？

（12）是不是更改税籍能达到规避CRS风险？

（13）目前我本人还没有被税务机关询问，但是由于海外资金账户未来还会源源不断地入账，所以，有效规避CRS的方案有什么建议？

（14）以你们专业处理案例，现阶段CRS国内人士处理最严重的结果是不是就是要求补税？还会牵扯刑事处罚吗？因为我所了解CRS是统一的标准，并不是法规，那么既然不是法规，是不是按照国内税务制度进行补税就可以？什么样的情况会触碰到国内的刑事处罚？

简而言之，赵老板在境外有商业体系，境外银行通过CRS机制将个人及公司的账户信息汇报给中国税务主管部门，得此信息后，税务主管部门（通过公安机关）对此进行了询问，期间还伴随着他私下换汇的问题。因此，赵老板的14个问题大部分集中在CRS，可见他对于CRS的机制，信息交换的后果等方面的具体规定和实践运作十分关注，此外他还关注资金出入境风险。但是赵老板这些问题是真的仅仅因为CRS制度吗？

1. 关于CRS

CRS是非居民金融账户涉税信息交换的简称，赵老板（及其家人）在新加坡某银行开户时，该银行根据赵老板的开户资料判定其是中国税收居民，将其账户信息上报给新加坡税务主管部门。对于赵老板的离岸公司，该银行基于审慎原则，很可能按照对于"消极非金融机构"（Passive NFE）的识别原则，穿透识别到实际控制人，即赵老板个人，将赵老板离岸公司的账户信息关联到赵老板个人，并上报至新加坡税务主管部门。中国与新加坡之间的非居民金融账户涉税信息交换机制已于2017年1月1日激活，故赵老板及其控制的公司的账户信息会在每年年底自动被新加坡税务主管部门传输给中国税务主管部门，账户信息包括：账户持有人姓名、税号（身份证号、公司注册号等）、开户银行、银行账号、期初余额、期末余额、期间进项。

在CRS制度实施的最开始两年，为了尽快完成对存量账户的调查，金融机构会将账户区分为高净值账户和低净值账户，对于高净值账户要尽快完成税收居民身份的识别，对于低净值账户可以放宽识别时限，但现在CRS制度已经实施几年，金融机构已经不再区分高净值账户和低净值账户，早已完成了对所有存量账户的调查。

金融机构担负着CRS调查、交换义务，其可以对敏感账户进行补充调查，若账户持有人不能在补充调查中提供合理的材料，金融机构有可能会关闭账户，关闭账户不影响对关闭之前账户信息的交换。

我国的CRS信息交换协调是由国家税务总局负责，域外信息会通过加密的交换路径回到国家税务总局，被妥善储存和分析，国家税务总局后期会按照税务征管需要进行调用。

通常情况下，CRS的数据交换不会直接引起税务稽查的风险，如果接到税务机关要求核实境外收入应税义务的通知，一般是由下述几种原因引起：

（1）税务机关接到举报线索，发现有中国居民纳税人在境外有应税所得而未申报完税的情形，要对于具体情况进行核实调查；

（2）中国居民纳税人有相应的收入信号被税务机关监测，并且有明确的线索表明其境外应税收入并未完税，税务机关可能通过通知申报或者其他形式要求纳税人进行申报；

（3）税务机关对于高风险个人的信息进行统一梳理排查，发现高风险个人有明确涉税风险的，布置相应任务，要求其就海外收入和所得的情况进行说明；

（4）其他案件或者事项引起其他部门的关注，例如外汇或者反洗钱的核查中发现相关的税务风险点，会移交给税务机关要求核实税务风险。

根据上述分析可知，由辖区派出所直接出面询问的事由，不太可能是基于CRS信托交换而引发的税务问题。

新加坡某银行要求赵老板补充资料不一定是基于CRS的要求，对于银行来说，反洗钱是一项比CRS更为基础的合规要求，是银行开展业务的生命线。银行通过反洗钱流程要确认客户资产不是来源于毒品犯罪、恐怖主义融资及其他有组织犯罪等,近年来,反洗钱也逐渐被用于打击税务侵蚀,即赵老板利用离岸公司进行关联交易减损在岸地的纳税义务的行为。新加坡某银行要求赵老板补充收款的交易文件,明显不是基于CRS调查的要求,而是基于反洗钱调查要求。

2. 关于私下换汇

因为赵老板境外账户堆积了大量美元,故有朋友借此,在境内向赵老板支付人民币、境外收取赵老板支付的美元的方式进行资金出境。从外汇管理局公布的处置案例看,个人对敲(境内收取人民币、境外支付美元)是个人外汇违法的主要情形,对于此类违法行为,若未到达刑事处置的情形,由外汇管理部门进行调查、处罚,处罚以没收、罚款、列入负面名单等为主。

若赵老板的个人对敲是种经常行为,并且涉及资金数量巨大、获利极多,有可能涉及刑事处罚,主要罪名是非法经营罪,由公安机关的刑事侦查部门进行调查,对于非法经营罪的处罚是有期徒刑及罚没资金。但从李小姐的补充陈述分析,赵老板为朋友进行的偶发对敲行为远达不到刑事处罚的标准。

3. 关于派出所询问

公安机关询问的原因主要有两种:当事人违法行为调查;或是对他人违法行为进行核实。基于"关于CRS"及"关于私下换汇"分析可知,对于税务或外汇问题的调查一般是由专门主管机关先发起,违法行为情况轻微的,由税务机关或外汇管理机关直接处罚;违法行为达到了刑事处罚标准后才会移交由公安机关进行刑事调查,故直接由公安机关进行调查的可能性不大。

派出所询问有可能并不是因为赵老板的CRS问题或是私下换汇问题,而是因为赵老板的其他业务问题,或是核实他人的相关违法行为。鉴于赵老板披露信息有限,我们无从得出结论。

赵老板需树立正确的合规观,只要违法行为发生在中国境内,中国司法、行政机关就可依据属地原则、属人原则进行管辖,通过贸易模式把资金转移境外不会影响在岸地的管辖。

4. 解决方案

赵老板以个人名义在离岸地直接注册离岸公司进行中转贸易、个人账户与公司账户互转的经营模式以前很常见，但是随着税务透明化进程的推进，该模式的生存空间越来越小。赵老板正确的做法是选择某一离岸地（有优惠税率）作为自己及公司的税收居民所在地并纳税，而不是刻意利用各法域的信息沟通障碍，完全逃避纳税义务。若赵老板由于业务原因不方便取得别国的税收居民身份，其可安排家庭其他成员在境外实际工作居住、注册运营公司，以完成税收居民身份的转换。

在财富规划上，客户的认知往往感性化、碎片化，容易被贩卖焦虑的网文误导。剖析问题、识别需求、提出方案应建立在对各项规则的深刻认知及实践处理上，而不可"听风就是雨"慌乱择路。

案例2　解除代持丨花式落袋为安

客户A先生，中国籍，已退休，退休前在第三方财富管理机构担任高管。A先生有两个女儿，大女儿35岁，新加坡籍，离异，育有一子；小女儿20岁，中国籍，大学就读。

财富管理行业经历了高速野蛮的生长和发展之后，进入到出清和洗牌的阶段，虽然A先生一年前从所任职的财富管理机构退休，但是A先生始终担忧任职时的业务合法性，担心"倒查"风险。

A先生生性谨慎，出于行业特点及隔离风险的考虑，其主要资产一直都是由他人代持，主要包括：（1）在境外大女儿名下的一部分现金资产；（2）由A先生哥哥代持的内地一家科技公司的股份，持股比例小于5%，；（3）A先生早年投资的经营性物业，经营性物业在一家公司名下，由A先生前妻持有该公司股权。

A先生觉得两个孩子比较单纯，特别是大女儿的离婚经历，让A先生很担心她们在婚姻方面上当受骗，虽然小女儿未婚，但追求者很多，A先生想为她们做婚前财产隔离。同时，A先生退休后想享受高质量生活，迫切想要"收回"代持资产及隔离任职期间业务合法性风险。

A先生的资产状况如图10-1所示。

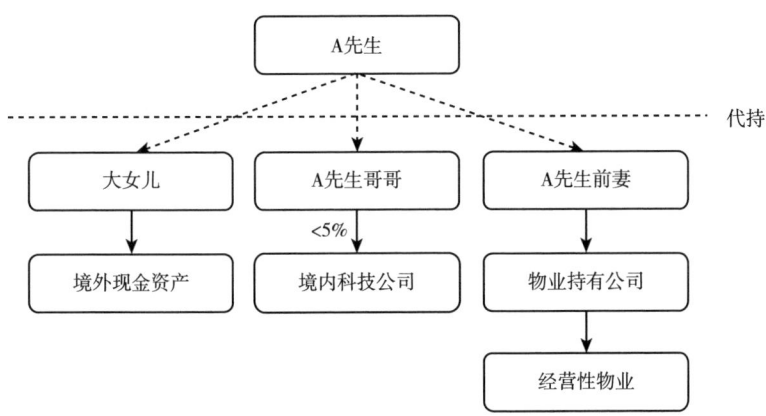

图10-1　A先生的资产状况示意图

要想达到A先生的三个诉求：（1）"收回"代持资产；（2）隔离任职期间业务风险；（3）传承且为女儿进行婚姻财产隔离，需要综合考虑时间、成本、合法性三个问题。从时间上看，A先生已退休，目前没有任何潜在的债务、责任，其对各代持人的控制力强，各方利益也较好平衡，此时是就A先生进行规划且落地的好时候；从成本上看，除现金类资产外，境内科技公司股权及经营性物业变更登记的税务成本太大；从合法性上看，基于税务成本及风险隔离的考虑，A先生目前不可能采用直接持有方式来收回代持资产，只能以将所有权、管理权、受益权分离的方式，间接收回。

目前的资产持有结构不稳固，是应对风险的一时之策，无法提供长远的隔离及传承功能。必须针对各项财产持有、运营的不同特征，采用一种或几种机制来达到诉求。

针对A先生的境内经营性物业，A先生目前不适合直接持有物业持有公司的股权，且股权变更登记税费很高。物业持有公司直接出租经营性物业房产税高，且由公司向个人股东分配利润公司所得税、个人所得税成本也高。

解决方案：

由A先生前妻设立境内家族信托，家族信托受益人是A先生、大女儿、小女儿。由信托公司在家族信托下成立信托资产持有主体公司SPV1，由小女儿成立特殊目的公司SPV2（也可由A先生及小女儿一同成立），A先生担任董事、法定代表人掌管运营SPV2。SPV1作为有限合伙人、SPV2作为普通合伙人组成有限合伙企业，有限合伙企业由SPV2运营，即由A先生运营，有限合伙企业利润的99%分配给SPV1，进入家族信托。

有限合伙企业与物业持有公司就经营性物业签署20年租赁协议，通过长期的租赁协议暂时锁定所有权风险。有限合伙企业与物业持有公司租赁价格稍低，以降低物业持有公司的房产税成本。有限合伙企业再将经营性物业以稍高价格向外出租，取得利润后，向家族信托分配。通过搭建家族信托，掌控经营性物业的出租，出租收益由有限合伙企业进入家族信托，又同时部分解决了原物业持有公司面临的"公转私"的税负问题。

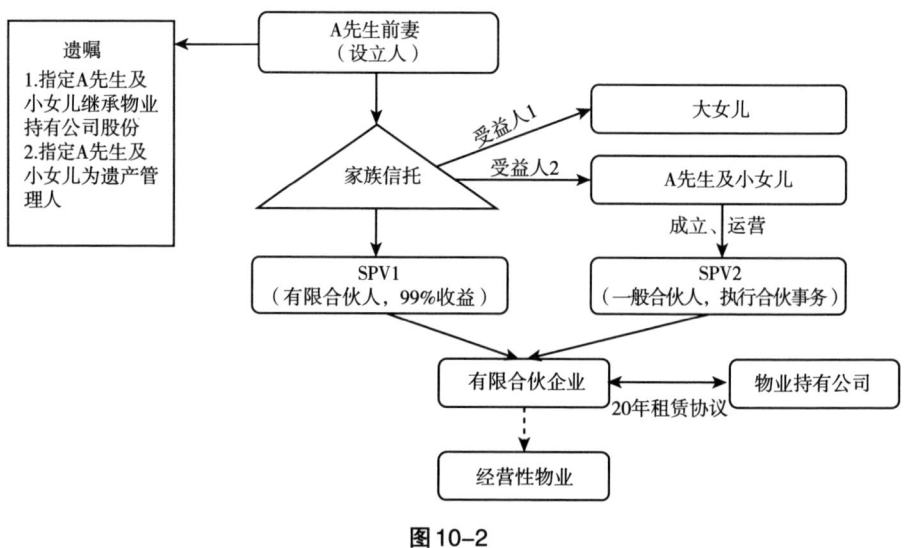

图10-2

为了"加固"这个结构，物业持有公司可以将经营性物业抵押给有限合伙企业，从所有权端减少风险。A先生前妻设定遗嘱，指定A先生及小女儿为遗产管理人，将家族信托作为物业持有公司股权的受遗赠人，或是直接设立个人信托（与信托公司担任受托人的商业信托相对信托受托人是个人），由A先生及小女儿担任信托受托人，A先生及小女儿可以直接将物业持有公司的股权

（或经营性物业）置入已经设立好的家族信托（要根据当时税收成本而定）或是由确定的继承人继承。

A先生以利用家族信托搭建有限合伙企业、与物业持有公司签订20年租赁的方式取得了经营性物业的管理权，将经营性物业出租后的收益分配给家族信托，家族信托向受益人再行分配。通过这样的方式，A先生较为合法、合规地收回了被代持的经营性物业，而且经营性物业的所有权人不是A先生，实现了A先生风险隔离的诉求。同时，A先生作为受益人，还可最终享有经营性物业的运营收益。

就为女儿进行婚姻财产隔离的诉求而言，女儿在SPV2中的股权在婚后也不会有太多增值，经营性物业的运营收益通过有限公司企业分流至家族信托，最终在家族信托层面，女儿作为受益人所获分配都是个人财产（无论婚前婚后），与婚姻状态无关。

为了加强对信托的控制，A先生还可以将自己设立为信托的保护人，将在信托中设立人A先生前妻的很多权利剥离到保护人身上，以便制衡信托公司，决定信托公司对于信托管理、分配等重要事项。在A先生不方便担任保护人时，还可以聘请自己信任的人担任保护人，以实现在信托层面的制衡与保护。

A先生以控制普通合伙人SPV2的方式从资产端控制经营性物业的运营，以家族信托保护人的方式从信托端控制信托运营及利益分配，较为稳固的控制了经营性物业。

对于被代持的境内科技公司股权基于风险隔离、隐私保护及税负的原因，也不可能直接变更为A先生持有。境内科技公司上市后会产生巨大的资本增值，而且该公司属于境外资本市场较为看好的行业，有很大的资本成长性，故该公司管理层正在筹划海外上市。为了境外上市，境内科技公司的原始股东们搭建了典型的VIE架构，即通过37号文报备的方式设立开曼上市主体，以开曼上市主体进行上市前的融资，且返程投到境内科技公司，由境内科技公司与WOFE签订一系列协议，达成协议控制。搭建VIE架构时，境内科技公司的股东都会"外翻"到境外持有开曼公司相应股份。A先生正好借助"外翻"之机实现收回代持股份的目的。

解决方案：

先由A先生大女儿设立境外家族信托，家族信托成立BVI公司，作为信托资产持有公司，将境外现金置入家族信托下的BVI公司。A先生出任BVI公司董事，掌管BVI公司运营。在搭建VIE架构之时，经与其他股东协议一致，由BVI公司直接持有A先生哥哥在开曼公司层面持股，完成代持股份的"收回"。

开曼上市公司上市后，BVI公司持有开曼上市公司股份可在境外交易所直接出售，出售所获资金直接进入境外家族信托，不需要"调回"境内。同时BVI公司持有的境外现金资产也由A先生进行投资管理。投资收益及开曼上市公司股份出售收益均进入家族信托，向A先生、大女儿、小女儿分配，A先生通过境外家族信托的方式完成了代持股份的收回、资产出境、投资管理、分配受益等多重目的。

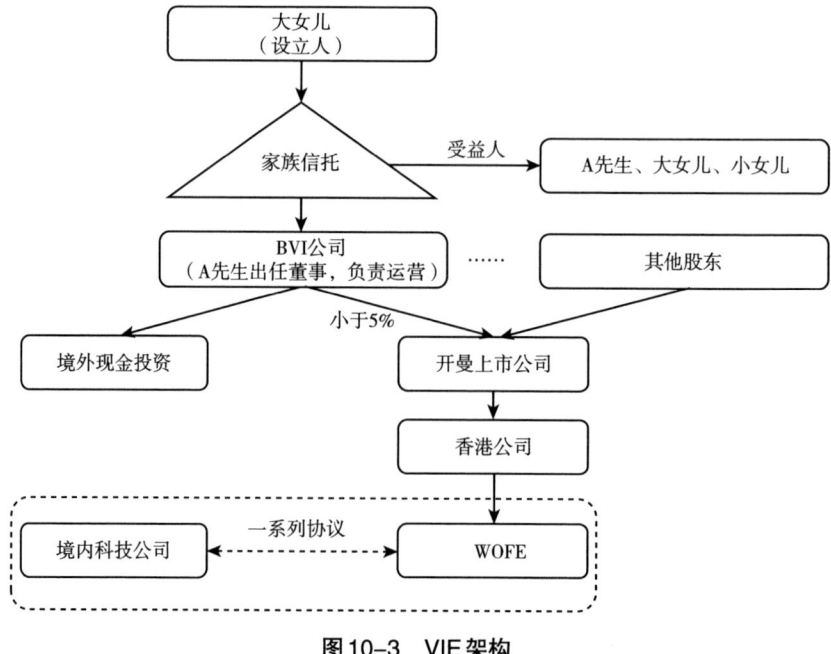

图10-3　VIE架构

A先生大女儿已取得境外身份,其设立境外家族信托,信托资产都是境外合法财产,故境外家族信托的资产保护及风险隔离性极强。同时,境外家族信托也可以实现传承且为女儿提供婚姻财产隔离的功能。

案例3　婚姻财产规划|能好聚也能好散

张先生与李女士都是勤奋且优秀的人。张先生毕业于知名高校某专业,在人工智能某细分领域有广阔的人脉资源,他毕业后就在该行业创业,亏过钱、碰过壁,一路磕磕碰碰摸打滚爬将自己的企业由小做大。李女士出身医药世家,父母住在三线小城,从小她就立志要去大城市发展,考985,出国留学,一路做到公司高管。后来她辞职了,凭借着对医疗服务行业的深刻了解和巨大热忱,创办了自己的企业,各处投资。机缘巧合,二人相遇,经过一年相处,张先生与李女士结婚,婚后育有一子,二人度过了幸福的一段时光。然而好景不长,因为公司的经营、孩子的照顾、性格的差异等,二人不复当初甜蜜,也逐渐因为各种事情开始争吵。在孩子10岁时,双方感情走到尽头,濒临破裂,但是由于种种原因却难以果断离婚。

对于企业家来说,夫妻关系的不和睦可能与这几点相关:

第一,多数企业家忙于工作与应酬,没有充分时间陪伴家人,久而久之夫妻关系就变得冷淡疏远。第二,部分企业家习惯将在外面的强势和霸道带入家庭生活,从而产生冲突。第三,因个人经历、性格不同,夫妻之间相互不理解,使得双方矛盾不可调和。

2015年时张先生与李女士的主要财产状况如下:

房产:北京市海淀区某处住房1,价值1 000万元,由双方父母出资共同购买,现出租;北京市海淀区某处住房2,价值4 000万元,家人日常居住,孩子就近接受小学教育;海南三亚某海滨别墅,价值1 300万元,平日由酒店运营公司打理用于出租,节假日供家庭渡假。

家族企业:张先生,几年前创办并运营AB科技有限公司,AB科技有限公司年营收约3亿元,现正于某创业投资机构商谈投资一事。AB科技有限公司目前的投股权结构为张先生持有60%,其他40%由几位关键合伙人持有。

李女士对健康医疗服务有深刻的认识，几年前曾投资民营医院，收获颇丰，目前对医美行业颇感兴趣，经一年多考察，成立了CD咨询管理公司，在北京、成都、武汉等地，设立门店，提供五官美容、美体塑形、祛斑美白等服务。

股权投资：除运营AB科技有限公司外，张先生还投资了多家股权投资基金。

上述家族企业及股权投资均在公开渠道查询得知。

流动性金融资产：现金、银行理财等4 000万元。

表10-1

所有人/持有人	财产	财产属性	备注
张先生、李女士	北京住房1	夫妻共同财产	非常典型的夫妻财产共有的模式，存有企业风险向个人传递、个人风险向家庭传递及婚姻变动风险
	北京住房2		
	海南别墅		
张先生	AB科技有限公司		
李女士	CD咨询管理公司		
张先生	股权投资基金		
张先生或李女士	现金、银行理财		

2020年时张先生与李女士的主要财产状况如下：

房产：

北京市海淀区某处住房1，价值1 200万元；北京市海淀区某处住房2，价值4 300万元，海南三亚某海滨别墅，价值1 300万元。

李女士在2019年参与欧洲某小国的购房移民项目，项目要求投资人在该国购买一定价值的房产或投资一定时间经过一段时间后，可以取得该国永久居留权，以此为跳板登陆欧洲。李女士投资了200万欧元参与该项目（包括购买了50万欧元的房产）。

家族企业：

张先生的AB科技有限公司顺利引入投资人，投资人对公司进行了业务及股权的改造。AB科技有限公司已经过VIE改造。经过几轮海外投资，张先生已经开始为境外上市做准备,从节税角度考虑,张先生按照惯例,将其持有的股权放入家族信托,信托的设立人是张先生,保护人是张先生律师,受益人是张先生家庭成员。在搭建VIE结构及设立离岸信托时,按照惯例签署了配偶同意函,放弃了权益要求。

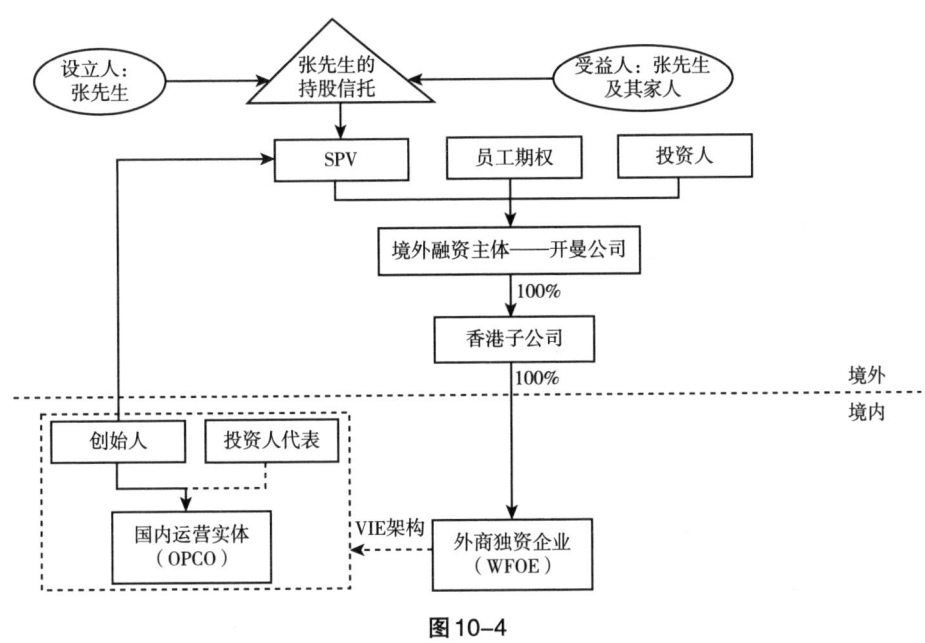

图10-4

李女士CD咨询管理公司也发展迅速,主要以李女士持股及李女士管理为主,小股东为各地分店的管理者及拥有医美行业资源者,CD咨询管理公司的现金流回报很好,面临着很大的所得税压力。为了减少税务压力及为了家庭债务隔离,李女士经张先生同意,将现金5 000万元赠于李女士父母,由李女士父母在某信托公司设立XYZ家族信托,XYZ家族信托将5 000万元出借给CD咨询管理公司,约定年利息20%,CD咨询管理公司每年向XYZ家族信托支付利息1 000万元,减少CD咨询管理公司的所得税压力。同时,CD咨询管理公司因业务发展需要,与国际品牌方开展授权合作,每年按协议向国际品牌方支付咨询服务费及知识产权使用费300万元美元。

股权投资：

张先生投资的多家股权投资基金，有的表现好，有的表现差，其中张先生在上海EF投资管理公司认缴出资900万元，股权占比10%，上海EF投资管理公司所投项目中有几个已经上市，张先生份额对应价值约2.5亿元。

听说张先生刚刚与张父进行仲裁程序，张父的仲裁请求是，上海EF投资管理公司认缴出资900万元是张父出资的，张先生是代替张父持有该股权，张父要求亲自持有该股权。张父提供了当时的转账记录及代持协议。EF投资管理公司其他股东也同意由张父取代张先生成为真正的股东。

仲裁庭根据张父提供的证明，综合全案事实，支持了张父请求，判决将EF投资管理公司10%股权转移至张父名下。

保险：

随着行业竞争加剧及商业环境的变化，为对抗风险及债务隔离，张先生及李女士进行了保险配置，李女士经同意将2 000万元交给李女士父母，由李女士父母作为投保人购买人寿保险，受益人是李女士的孩子，后来又将保险受益人改为XYZ家族信托。

珠宝：

李女士对钻石的审美价值及投资价值有特别的偏爱，通过知名钻石销售商为自己、女儿及李女士的母亲订做了一个系列的钻石配饰，每人一件，总价值近1 500万元。三人佩戴钻石配饰的照片在李女士朋友圈引得无数点赞。

张先生、李女士现正在考虑结束婚姻，需要进行夫妻共同财产的清点及处置，双方也都分别寻求自己律师的法律帮助，以期在离婚财产分割协议或诉讼中保护自己的合法权益。现逐一分析他们的财产：

（1）三处住房是婚后购买，无论是登记在谁名下，都是婚姻共同财产，而且有学区房及渡假房的实用功能，张先生、李女士可以根据离婚后孩子抚养等现实需要确定房产归属。

200万欧元的移民项目权益（包括50万欧元的房产）：法院一般不会对境

外资产进行调查、处理，若张先生主张分割，则需要提供与移民项目有关的具体资料，法院很可能建议张先生依据中国离婚判决去项目所在国重新提起分割诉讼。

（2）张先生的AB科技有限公司：为了境外上市，AB科技有限公司搭建了VIE结构，张先生在AB科技有限公司的股权权益已经顺利出境，在开曼公司层面有所体现。在搭建VIE结构时，李女士已经按商业惯例出具了配偶同意函放弃了权利要求。在开曼公司上市前张先生又将通过BVI持有开曼公司的股份置入家族信托，信托的受益人为张先生家人（包括李女士、孩子）。离岸信托大多数是保留权利信托，在委托人及保护人（委托人熟悉的律师）的指示下，可以将李女士从受益人中排除。在设立离岸家族信托时，李女士又再次出具配偶同意函，明确李先生有权处理上述股份。

故AB科技有限公司的股份及与之相关的开曼公司权益从原来的夫妻共同财产已经成为了独立的信托财产，应该按信托协议的规定持有、管理、分配，不在离婚分割范围。

李女士CD咨询管理公司欠付XYZ家族信托本金5 000万元及每年的利息1 000万元，该债务是真实有效的节税安排所致，是合法的且经过张先生同意的资金安排，家族信托本金5 000万元及每年的利息1 000万元属于信托财产，与张先生或李女士无关，李女士的父母作为该XYZ家族信托设立人很可能依据信托协议将张先生从受益人范围中剔除。每年300万美元的对外付款也是合理的商业安排，是正常的运营成本。CD咨询管理公司的在扣除债务本金、利息、运营成本后的权益属于夫妻共同财产。像CD咨询管理公司这样的轻资产公司，如果以净资产评估，公司价值并不大。

（3）张先生在EF投资管理公司中的权益。原本张先生在EF投资管理公司中的权益价值2.5亿元应该是属夫妻于共同财产，但因为张先生与张父就该权益存有代持关系，且代持关系被仲裁裁决认定（建立在投资款的转账记录、书面代持协议、EF投资管理公司其他有认可等证据之上），张先生名下的EF公司的股权被回转登记至张父名下。因此，EF投资管理公司中的权益不是夫妻共同财产，不在分割范围。

（4）保险。李女士将2 000万元交给李女士父母投保是经张先生同意的赠与行为，且该保险的投保人是李女士父母，与张先生无关，受益人原为李女士的孩子，后来受益人改为XYZ家族信托，保险金已成为信托财产，与张先生和李女士无关，李女士父母有权依据信托协议确定信托受益人及受益金额。

（5）珠宝。李女士为母亲、女儿及自己订做的钻石配饰，是经张先生认可的财产处置行为，母亲、女儿的钻石配饰很可能被认定为夫妻双方对岳母及女儿的赠与，李女士自己的钻石配饰为个人财产（但在某些情况下也可能被法院认定为夫妻共同财产）。钻石配饰是实物资产，价值高度浓缩，不过有遗失、被盗风险。

表10-2

所有人/持有人	财产	财产属性	备注
张先生及李女士共有	北京住房1	夫妻共同财产	
	北京住房2		
	海南别墅		
境外家族信托	AB科技有限公司及其对应开曼公司股东	家族信托财产	该信托是正常的境外上市架构，李女士有可能被从受益人中剔除
李女士	CD咨询管理公司股权	股权的经济权益是共同财产	公司与家族信托的债务、向国际品牌方的付款都是合理的商业安排
张先生父亲	EF投资管理公司中权益	张先生代父亲持有	代持行为被仲裁裁决确认
XYZ家族信托	保险金	保险受益人为家族信托	XYZ家族信托以保护李女士利益为主
	5 000万元本金信托资金及每年CD咨询管理公司支付的1 000万元利息	所有权人为家族信托	
李女士	珠宝	李女士的钻石配饰可能是夫妻共同财产	岳母及女儿的钻石配饰很可能不是夫妻共同财产

张先生及李女士基于正常的商业需求（融资上市、税收规划、境外支付）、风险隔离需要（保险、保险金信托、代持）、投资需要（投资移民项目、实物投资）等进行了上述财产规划操作，客观上完成了夫妻共同财产向其他财产的

转化,极大地减少了双方共有的财产数量,为双方以协商或调解分割余下共同财产打下了基础。上述财产规划操作都是建立在正常、合理的商业需求之上,并非是二人关系破裂时才仓促为之,故这些安排的合法性强,被挑战的可能性小。即便是后续双方对之前的安排产生争议,在"基本面"已确定的前提下,对抗程度也会极大降低。

高净值人士本身或其家人的婚姻财产规划需求旺盛,但婚姻财产规划也一直是个比较有争议的话题。很多高净值人士在离婚诉讼之前会根据"专业人士"的建议采用取现、向亲属转款、低价处理公司股权等方法"隔离"夫妻共同财产。经司法实践检验,这种直接以减少降低共同财产为目的、没有合理商业基础、为了应对离婚诉讼一时之急的操作,都是缺乏合法性的,必定会被另一方所挑战。婚姻财产规划有较强的时间敏感性,最好能在婚前通过实物、保险、信托等方式完成某些财产的"个人化"处理,对于婚后所得财产,如果没有像张先生及李女士这样具有商业合理性的规划操作,很容易被另一方击破,而导致无法落实。可见,如何创设商业合理性才是婚后婚姻财产规划的重点。

至此,本书对资产保护与风险隔离做了一个大致讲解。生活是一座取之不尽用之不竭的宝库,最珍贵、最深刻的感悟和体会往往需要生活教给我们。《左传》云:"居安思危,思则有备,有备无患。"在安全的处境下,时刻保持一颗对危机警觉的心,才是真正的安全。

与诸君共勉。

反侵权盗版声明

中国财政经济出版社依法对本作品享有专有出版权。任何未经权利人书面许可，复制、销售或通过信息网络传播本作品的行为，歪曲、篡改、剽窃本作品的行为，均违反《中华人民共和国著作权法》，其行为人应承担相应的民事责任和行政责任，构成犯罪的，将被依法追究刑事责任。

为了维护市场秩序，保护权利人的合法权益，我社将依法查处和打击侵权盗版的单位和个人。欢迎社会各界人士积极举报侵权盗版行为，本社将奖励举报有功人员，并保证举报人的信息不被泄露。

举报电话：（010）88190744
　　　　　（010）88191661
QQ：2242791300
通信地址：北京市海淀区阜成路甲28号新知大厦
　　　　　中国财政经济出版社总编室
邮　　编：100142